素养导向下表达与交流理论主张与实践案例

SUYANG DAOXIANGXIA
BIAODA YU JIAOLIU
LILUN ZHUZHANG
YU SHIJIAN ANLI

高谊 主编

重庆出版集团 重庆出版社

**图书在版编目（CIP）数据**

素养导向下表达与交流理论主张与实践案例 / 高谊
主编. -- 重庆：重庆出版社，2025.1. -- ISBN 978-7-
229-19552-6

Ⅰ. G623.202

中国国家版本馆CIP数据核字第20258DS070号

**素养导向下表达与交流理论主张与实践案例**
SUYANG DAOXIANG XIA BIAODA YU JIAOLIU LILUN ZHUZHANG YU SHIJIAN ANLI

高谊　主编

责任编辑：叶　子　黄　浩
责任校对：刘小燕
封面设计：张少南

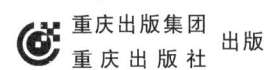

重庆出版集团　出版
重庆出版社

重庆出版社职教分社出品
重庆市南岸区南滨路162号1幢　邮政编码：400061　http://www.cqph.com
重庆市开源印务有限公司印制
重庆出版社有限责任公司职教分公司发行
E-MAIL:cqphzjfs@163.com　联系电话：023-61520630
全国新华书店经销

开本：787mm×1092mm　1/16　印张：18.5　字数：296千
2025年1月第1版　2025年1月第1次印刷
ISBN 978-7-229-19552-6
定价：69.80元

如有印装制量问题，请向本社职教分公司调换：023-61520629

版权所有　侵权必究

# 编委会

主　　编：高　谊
副主编：曾杰琳　沈佳星　杨子谊　李　欣
编　　委：(排名不分先后)
　　　　　刘　敏　袁　鸿　罗玉婷　肖　冯
　　　　　黄　昊　肖　婧　陈　佳　孔雨顺
　　　　　许　枫　万先应　李小涵　肖　刚
　　　　　陈虹宇　程　琼　黄　英　周士淇
　　　　　赵　霖　杨　璐　罗先芬

# 前言

素养导向下的小学语文教学作为基础教育的重要组成部分，帮助学生打下坚实的语言文字基础，强调言语表达、交流合作、亲身体验、综合实践、思维创造，既有深远的实用价值，又有重要的育人意义。学生学习语文的历程，实质上是累积语言素材、把握表达技巧、构建知识体系、实现语言有效运用及全面提升语文素养的过程。这一过程呈现出从言语输入到知识内化与加工，再到言语输出的动态循环。因此，表达与交流不仅是学生学习语文的最终目标之一，也是语文教学活动中至关重要的组成部分。

本书中，素养导向下的表达与交流教学即口语交际与习作教学。口语交际指向口头语言表达，是多元对话、思想交互；习作指向书面语言表达，是自我对话、思维外化。前者是外显的交际活动，后者是隐藏的交际活动。两者虽呈现形式不同、特征有异，但内核一致，共同构成表达与交流的整体。通过口语交际与习作教学，能提升学生的语言应用能力和表情达意能力。本书从知识能力梳理与构建、理论研究、实践案例三个方面，系统讲解表达与交流教学的目标、内容、方法，为小学语文教师提供口语交际与习作教学的方向引导与技术支撑。

具体而言，知识能力梳理与构建部分，聚焦口语交际和习作的学段要求、类型范围、训练要素、方法提示、能力构成、能力提升建议及策略，详细阐述了不同单元口语交际和习作教学的目标、重点，及对应关键能力的培养路径，提示教师应围绕语文核心素养，依据课程标准要求、教材编排特点、学生学习情况，开展有针对性的教学活动。理论研究与实践案例部分，基于知识能力梳理与构建内容，分别展示了优秀教师的教学理念和教学设计。理论研究是素养导向下的方法论，实践案例是方法论支撑下的典型示范,两者互为印证,为教师提供了全面的、系统的、可操作、可复制、可延展的范例。

建议教师使用本书时,关注各部分逻辑关系,尤其注意把握素养导向下口语交际与习作教学的主要知识结构和能力培养要求,参考不同教师的思维路径和教学风格,对比同一课文的不同切入角度和呈现方式,结合自身教学实际,选择性吸纳教学建议,创造性使用教学方法。

编者

2024 年 9 月

# 目录

## 第一章　素养导向下表达与交流教学的知识能力梳理与建构

第一节　口语交际知识能力梳理与建构 …………………………………… 002

第二节　习作知识能力梳理与建构 ………………………………………… 015

## 第二章　理论研究

创设交际语境，提升写作能力 ………………………… 李欣　肖冯/036

培养学生的想象力 …………………………………………… 曾杰琳/041

以事塑人，以情动人 ………………………………………… 陈虹宇/053

搭建支架，提升表达能力 ……………………………………… 陈佳/058

我手写我心，我心吐真情 ……………………………………… 程琼/063

创设真实情境，践行交际育人 ………………………………… 黄昊/069

留心观察，绽放儿童眼中的多彩世界 ……………………… 孔雨顺/073

由读到写，落实习作目标 …………………………………… 李小涵/077

搭建习作支架，助力习作能力发展 ………………………… 沈佳星/080

童境·童趣·童评　让独白类交际活起来 ………………… 万先应/085

借助多元评价，激发学生习作兴趣 …………………………… 肖刚/090

创设真实情境写书信 ………………………………………… 肖婧/097

搭建习作支架，助力书面表达 ………………………………… 许枫/102

多元支架，建构交际能力 …………………………………… 杨璐/108

信息技术将写作思维可视化 …………………………… 袁鸿　沈佳星/113

通过事例和具体表现，让人物特点亮出来 ················· 赵霖/117

智慧课堂赋能小学语文习作教学 ················· 黄英 周士淇/122

统整教学分步推进 提高习作单元教学效率 ················· 高谊 杨子谊/133

## 第三章 实践案例

有趣的动物——二年级上册一单元口语交际 ················· 万先应/140

写日记——三年级上册二单元习作 ················· 程琼/148

我来编童话——三年级上册三单元习作 ················· 肖刚/152

我们眼中的缤纷世界——三年级上册五单元习作 ················· 许枫/161

我们眼中的缤纷世界——三年级上册五单元习作 ················· 孔雨顺/171

那次玩得真高兴——三年级上册八单元习作 ················· 沈佳星/181

我会大胆想象——三年级下册五单元习作 ················· 曾杰琳/188

身边那些有特点的人——三年级下册六单元习作 ················· 赵霖/199

身边那些有特点的人——三年级下册六单元习作 ················· 陈虹宇/206

身边那些有特点的人——三年级下册六单元习作 ················· 沈佳星/212

生活万花筒——四年级上册五单元习作 ················· 李小涵/220

安慰——四年级上册六单元口语交际 ················· 黄昊/228

书信——四年级上册七单元习作 ················· 肖婧/236

写信——四年级上册七单元习作 ················· 杨子谊/245

我的"自画像"——四年级下册七单元习作 ········· 罗先芬 肖冯 李欣/256

我的"自画像"——四年级下册七单元习作 ················· 陈佳/263

自我介绍——四年级下册七单元口语交际 ················· 罗玉婷 刘敏/273

我是小小讲解员——五年级下册七单元口语交际 ················· 杨璐/282

# 第一章

## 素养导向下表达与交流教学的知识能力梳理与建构

# 第一节
# 口语交际知识能力梳理与建构

《义务教育语文课程标准(2022年版)》提出:"语文是人们生活中关键的交际工具。"[1]现代语言学认为,口语交际是交际双方(交际对象),为了特定的目的,运用口头语言和适当的表达方式(交际手段)进行信息传递和思想感情交流的一种言语活动。[2]梳理口语交际知识体系、厘清口语交际能力结构要素,对培养和提升小学生的口语交际能力具有重要意义。

## 一、口语交际知识梳理

基于各学段学生学习行为和特征,《义务教育语文课程标准(2022年版)》明确了第一学段、第二学段、第三学段学生口语交际知识的具体表现,展现了口语交际知识培养的阶段性。结合学生核心素养发展水平,在分学段的学业质量描述中,课程标准强调各个学段相互联系、前后衔接,让不同学段学生的口语交际所学知识得到针对性的训练,以期学生口语交际能力的螺旋式上升,促成口语交际总目标的达成。

(一)课程标准口语交际要求梳理

2022年4月,教育部印发的《义务教育语文课程标准(2022年版)》将《义务教育语文课程标准(2011年版)》学段目标中的"写作"与"口语交际"合称为"表达与

---

[1] 中华人民共和国教育部.义务教育语文课程标准(2022年版)[M].北京:北京师范大学出版社,2022.
[2] 何兆熊,梅德明.现代语言学[M].北京:外语教学与研究出版社,1998.

交流",以下是《义务教育语文课程标准(2022年版)》中"表达与交流"涉及口语交际部分的相关梳理。

总目标：

1.学会倾听与表达,初步学会用口头语言文明地进行人际沟通和社会交往。能根据需要,用书面语言具体明确、文从字顺地表达自己的见闻、体验和想法。

2.能借助不同媒介表达自己的见闻和感受,学习发现美、表现美和创造美,形成健康的审美情趣。

学段要求：

第一学段(1—2年级)：

1.学说普通话,逐步养成说普通话的习惯,有表达交流的自信心。

2.能认真听他人讲话,努力了解讲话的主要内容。

3.听故事、看影视作品,能复述大意和自己感兴趣的情节。

4.能较完整地讲述小故事,能简要讲述自己感兴趣的见闻。

5.与他人交谈,态度自然大方,有礼貌。积极参加讨论,敢于发表自己的意见。

第二学段(3—4年级)：

1.乐于用口头、书面的方式与人交流沟通,愿意与他人分享,增强表达的自信心。

2.能用普通话交谈,学会认真倾听,听人说话时能把握主要内容,并能简要转述。能就不理解的地方向人请教,就不同的意见与人商讨。

3.能清楚明白地讲述见闻,说出自己的感受和想法。

4.讲述故事力求具体生动。

5.能主动参与日常生活中的文化活动,根据不同的场合,尝试运用合适的音量和语气与他人交流,有礼貌地请教、回应。

第三学段(5—6年级)：

1.听人说话认真、耐心,能抓住要点,并能简要转述。

2.乐于表达,与人交流能尊重和理解对方。注意语言美,抵制不文明的语言。

3.表达有条理,语气、语调适当。

4.参与讨论,敢于发表自己的意见,说清自己的观点。

5.能根据对象和场合,稍作准备,作简单的发言。

综上所述,通过对"表达与交流"各学段目标的梳理与分析,《义务教育语文课程标准(2022年版)》由浅入深、层层递进,较为全面地规定了"口语交际"在各个学段的具体教学目标,其中包括良好语感的培养、倾听与交际心理品质和行为习惯方面的能力提升、用口语的形式清晰表达自己的观点以及根据不同场合和情境和他人进行交流和沟通等有关语言运用能力方面培养的要求。可见,在课程总目标和学段目标中,有关"表达与交流"的内容都侧重对学生语言运用能力的培养,更多关注语言的表达与交流。

(二)教材口语交际知识梳理

与人教版教材相比,统编版小学语文教材中的口语交际几乎都是每册四篇,除了六年级下册只有三篇。毋庸置疑,口语交际的篇目相较于人教版教材大大减少,但小学语文统编版教材口语交际版块,首次作为独立部分出现在教材目录中,可见口语交际在小学语文教材中定位更加明晰了。

通过梳理,统编版小学语文教材总共编选了47次口语交际,根据话题的种类和特点,可分为以下5种训练方式:独白类、交往类、介绍类、讨论类、表演类。不同类型的口语交际都旨在培养学生的口语交际能力,但教学目标、情境创设和具体的教学方法上存在一定的差异。因此一线教师在教学时,有必要根据口语交际的内容分类厘清能力培养目标,选择恰当的教学方式,从而提高教学效果,落实核心素养的培养。

1.独白类

独白类口语交际是指以独白方式为主要交际方式的口语交际活动,即交际的一方以独自进行的较长而连贯的言语活动为主要方式向另一方传达自己的见闻、感受、思想、情感等。[①]这类口语交际主要是以说话者为口语交际的主体,注重输出信息,交际的内容相对单一、独立,但交际时,不仅要求内容正确,避免科学性错误,还要求表达有顺序、有层次、有条理,且选取的材料能反映表达的主题。

---

① 费蔚.小学口语交际教学理论与示例[M].北京:人民教育出版社,2009.

表1 独白类口语交际训练要素及方法提示

| 单元 | 训练要素 | 方法提示 |
| --- | --- | --- |
| 二年级上册三单元 | 做手工 | 按照顺序说。注意听,记住主要信息 |
| 二年级上册七单元 | 看图讲故事 | 按顺序讲清楚图意。认真听,知道别人讲的是哪幅图的内容 |
| 二年级下册三单元 | 长大以后做什么 | 清楚地表达想法,简单说明理由。对感兴趣的内容多问一问 |
| 三年级上册一单元 | 我的暑假生活 | 选择自己暑期生活中的新鲜事,把经历讲清楚。能选择别人可能感兴趣的内容讲,并借助图片或实物讲 |
| 三年级上册四单元 | 名字里的故事 | 能了解自己和他人名字含义或来历,把了解的信息讲清楚。听别人讲话的时候,可以有礼貌地回应 |
| 三年级下册一单元 | 春游去哪儿 | 能向同学推荐春游去的地方,说清楚想法和理由。耐心听别人讲完,尽量不打断别人的话 |
| 三年级下册八单元 | 趣味故事会 | 运用合适的方法,把故事讲得更吸引人。认真听别人讲故事,记住主要内容 |
| 四年级上册八单元 | 讲历史人物故事 | 用卡片提示讲述内容。使用恰当的语气和肢体语言,可以让讲述更生动 |
| 四年级下册二单元 | 说新闻 | 准确传达信息,清楚连贯地讲述 |
| 四年级下册七单元 | 自我介绍 | 根据不同的对象和目的,合理选择介绍的内容 |
| 五年级上册三单元 | 讲民间故事 | 讲清楚故事细节。讲故事时可以配上相应的动作和表情 |
| 五年级上册六单元 | 父母之爱 | 选择恰当的材料支撑自己的观点,尊重别人的观点。对别人的发言给予积极回应 |
| 五年级下册一单元 | 走进他们的童年岁月 | 根据提问对象提出恰当的问题。认真倾听,在交流时能边听边记录 |
| 六年级上册七单元 | 聊聊书法 | 有条理地表达,如分点说明。对感兴趣的话题深入交谈 |

2.交往类

交往类口语交际的关键在交往,即以问题、对话、交流等方式,解决生活、学习中的困难和问题。[1]交往类口语交际是指交际主体,要有你来我往的回应对话,重在"互动",讲究双方相互配合的口语交际活动的类型。这类口语交际要求交际双方要根据不同的情境、交际对象的身份阐述观点,从而解决生活中的实际问题,提高日常交际能力。

---

[1] 谢雄龙.小学口语交际教学导引[M].上海:上海教育出版社,2005.

**表2　交往类口语交际训练要素及方法提示**

| 单元 | 训练要素 | 方法提示 |
|---|---|---|
| 一年级上册四单元 | 我们做朋友 | 说话的时候,看着对方的眼睛 |
| 一年级上册六单元 | 用多大的声音 | 有时候要大声说话,有时候要小声说话 |
| 一年级下册三单元 | 请你帮个忙 | 学会请别人帮忙,并且使用礼貌用语。礼貌用语:请,请问,您,您好,谢谢,不客气 |
| 一年级下册五单元 | 打电话 | 给别人打电话时,要先说自己是谁。没听清时,可以请对方重复 |
| 二年级下册一单元 | 注意说话的语气 | 说话的语气不要太生硬,避免使用命令的语气 |
| 三年级上册八单元 | 请教 | 有礼貌地向别人请教,不清楚的地方及时追问 |
| 三年级下册七单元 | 劝告 | 根据具体的情境选择恰当的方式,尝试劝告别人。注意说话的语气,不要用指责的口吻,多从别人的角度着想 |
| 四年级上册六单元 | 安慰 | 选择合适的方式进行安慰。借助语调、手势等恰当地表达自己的情感 |
| 四年级下册一单元 | 转述 | 弄清要点,转述时不要遗漏主要信息 |

3.介绍类

介绍类口语交际是指学生以介绍的方式进行双向或多向的信息传递、思想交流、情感沟通等的口语交际活动。[①]表达者抓住介绍对象特点,按一定的条理顺序,通过语言表达的形式将其客观真实地呈现出来。学生若想讲好介绍类交际类型,就需要认真观察介绍主体,并对言语信息进行充分的吸收、内化、整理和揣摩,从而达到交际目的。

**表3　介绍类口语交际训练要素及方法提示**

| 单元 | 训练要素 | 方法提示 |
|---|---|---|
| 二年级上册一单元 | 有趣的动物 | 吐字要清楚。有不明白的地方,要有礼貌地提问 |
| 二年级下册八单元 | 推荐一部动画片 | 注意说话的速度,让别人听清楚。认真听,了解别人讲的内容 |
| 四年级下册七单元 | 自我介绍 | 根据不同的对象和目的,合理选择介绍的内容 |
| 五年级上册八单元 | 我最喜欢的人物形象 | 分条讲述,把理由讲清楚。听人说话能抓住重点 |
| 五年级下册七单元 | 我是小小讲解员 | 选择合适的材料并恰当地组织在一起。列提纲,按一定的顺序讲述 |

---

① 谢雄龙.小学口语交际教学导引[M].上海:上海教育出版社,2005.

### 4.讨论类

讨论类口语交际是以口语为载体的信息交流活动,是交际双方围绕共同话题,说出自己的理解,并且根据对方的话语来调整表达内容的言语活动。这类口语交际体现了交际双方你来我往的互动过程,需要双方互相配合进行言语活动,参与对话的人既要认真聆听,还需要根据实际情况表达自己的想法,回应对方的问题,因此在口语交际过程中交际双方互为主体,在交流过程中助推学生思维、强化学生的表达能力。

**表4 讨论类口语交际训练要素及方法提示**

| 单元 | 训练要素 | 方法提示 |
| --- | --- | --- |
| 二年级上册五单元 | 商量 | 要用商量的语气。把自己的想法说清楚 |
| 二年级下册五单元 | 图书借阅公约 | 主动发表意见。一个人说完,另一个人再说 |
| 三年级上册七单元 | 身边的"小事" | 清楚地表达自己的看法。汇总小组意见时,尽可能反映每个人的想法 |
| 三年级下册二单元 | 该不该实行班干部轮流制 | 一边听,一边思考,想想别人讲得是否有道理。尊重不同的想法 |
| 四年级上册一单元 | 我们与环境 | 围绕话题发表看法,不跑题。判断别人的发言是否与话题相关 |
| 四年级上册三单元 | 爱护眼睛,保护视力 | 小组讨论,注意说话的音量,避免干扰其他小组。不重复别人说过的话。如果想法接近,可以先表示认同,再继续补充 |
| 四年级下册六单元 | 朋友相处的秘诀 | 根据讨论的目的记录重要信息。分类整理小组信息 |
| 五年级上册一单元 | 制定班级公约 | 发言时要控制时间。讨论后做小结,既总结大家的共同意见,也说明不同意见 |
| 六年级上册四单元 | 请你支持我 | 先说想法,再把具体理由讲清楚。设想对方可能的反应,恰当应付 |
| 六年级上册六单元 | 意见不同怎么办 | 准确把握别人的观点,不歪曲,不断章取义。尊重不同意见,讨论问题时,态度要平和,要以理服人。表达观点时,要简洁明了,要有根据 |
| 六年级下册二单元 | 同读一本书 | 引用原文说明观点。分辨别人的观点是否有道理,讲的理由是否充分 |
| 六年级下册五单元 | 辩论 | 听出别人讲话中的矛盾或漏洞。抓住漏洞进行反驳,注意用语文明 |

5.表演类

表演类口语交际是指用有声语言、形体语言等表达方式,将自己知道的事物、道理、思想、情感等向别人传达的口语交际活动[1],是以语文综合实践活动为主要特征的口语交际类型。学生通过参与课本剧、演讲等活动,遵循一定的表演要求,精心设计一定的表演体态语言展开口语交流。这一类口语交际需要设计具体的交际任务,将任务有机地渗透到表演活动的各个环节中去,学生完成任务时,其实是一个从内部语言转换为外部语言的过程,这个过程中既有口头表达,也有判断、理解、分析等思维过程,学生不仅要思考说什么,还要考虑怎么说。

表5 表演类口语交际训练要素及方法提示

| 单元 | 训练要素 | 方法提示 |
| --- | --- | --- |
| 一年级上册一单元 | 我说你做 | 大声说,让别人听得见。注意听别人说话 |
| 一年级上册八单元 | 小兔运南瓜 | 在交流中大胆说出自己的想法 |
| 一年级下册一单元 | 听故事,讲故事 | 听故事的时候,可以借助图画记住故事内容。讲故事的时候,声音要大一些,让别人听清楚 |
| 一年级下册七单元 | 一起做游戏 | 一边说,一边做动作,这样别人更容易明白 |
| 五年级下册二单元 | 怎么表演课本剧 | 主动参与讨论课本剧。通过表情、动作等肢体语言来反映人物的性格 |
| 五年级下册八单元 | 我们都来讲笑话 | 避免不良的口语习惯。用心听,做一个好的关注者 |
| 六年级上册二单元 | 演讲 | 语气、语调恰当,姿态大方。演讲时利用停顿、重复或者辅以动作强调要点,增强表现力 |
| 六年级下册一单元 | 即兴发言 | 提前打腹稿,想清楚先说什么,后说什么,重点说什么。注意讲话的场合和对象 |

## 二、口语交际能力建构

从听说教育到口语交际教学,不仅仅是教育观念的改变,同时也是教育实践上的另一个飞跃。我们注意到,口语交际能力并不是对听说技巧的简单堆砌,是以主体社交活动的完成为目标导向,以联系日常生活、协助学习者完成个人社交为核心的一种能力。

随着时代发展的脚步,听说能力逐渐被口语交际能力所迭代。20世纪70年代,法国母语教育的主要目的已不再被理解为"学习读和写",而被确定为"帮助儿童交流和思考"。[2]随着信息时代的飞速发展,个体与社会之间的交流变得更为方

---

[1] 谢雄龙.小学口语交际教学导引[M].上海:上海教育出版社,2005.
[2] 朱绍禹,庄文中.国际中小学课程标准教材比较研究丛书:本国语文卷[M].北京:人民教育出版社,2001.

便,可以说,口语交际能力所具备的重要特征,是信息化社会对新时代人才提出的新要求。

(一)口语交际能力构成

教材是课程实践的基础,对学科所实现的交际功能层级,课程标准都有明确要求。课程标准明确提出义务教育阶段"口语交际"的总目标为:"具有日常口语交际的基本能力,学会倾听、表达与交流,初步学会运用口头语言,文明地进行人际沟通与社会交往。"[1]教师在厘清课程目标学段任务后,我们可以按照内容层次一一细分,从而制定出不同的细则和要求。

通过整理与分析,小学阶段要培养的口语交际能力包含:倾听、表达、交流,并且要培养文明有礼貌的交际礼仪。"听"是口语交际的前提条件,关于"倾听"能力,不同学段的具体要求:认真听别人讲话→耐心听→抓住要点,并简要转述;"表达"是口语交际的核心要义,关于"表达"能力,不同学段的具体要求:较完整讲述→清楚明白讲述→有条理讲述;"交流"是口语交际的重要途径,关于"交流"能力,不同学段的具体要求:从有礼貌→有自信→尊重理解对方(见下表6)。

表6 学段内容要求

| 内容 | 第一学段 | 第二学段 | 第三学段 |
| --- | --- | --- | --- |
| 普通话 | 学说普通话,逐步养成说普通话的习惯 | 能用普通话交谈 | |
| 倾听 | 能认真听别人讲话,努力了解主要内容 | 学会认真倾听,不理解的向人请教,能把握主要内容,并简要转述 | 听人说话时认真、耐心,能抓住要点,并能简要转述 |
| 表达 | 1.听故事、看影视作品,能复述大意和自己感兴趣的情节<br>2.能较完整讲述小故事 | 乐于书面表达,清楚、明白讲述见闻,力求具体生动 | 1.表达有条理,语气、语调适当。语言美,抵制不文明语言<br>2.能根据对象场合,稍作准备,做简短发言 |
| 交流 | 1.与他人交谈自然大方、有礼貌。<br>2.有表达的自信心,积极参加讨论,敢于发表自己的意见 | | 1.与人交流能尊重、理解对方<br>2.乐于参加讨论,敢于发表自己的意见 |

在学习语言的过程中,倾听、表达、交流是相互融合、难以分割的,它们互相影

---

[1] 中华人民共和国教育部.义务教育语文课程标准(2022年版)[M].北京:北京师范大学出版社,2022.

响、互相促进。尽管在不同学段中都有不同的交际目标,但就总体而言,每一个阶段的小学生总体心理发育程度都相差无几。因此,根据《义务教育语文课程标准(2022年版)》对于小学生口语交际能力的课程目标、学习目标介绍,本文将从三个不同年龄阶段,对统编版小学语文教材的交际类型加以分析,以期增强学校语文口语交际课程的实效性,从而为一线教师课堂教学提供参考借鉴。

(二)口语交际能力概述

口语交际是社会主体之间的一种直接交往活动,受个体交际水平、对语境的理解程度、话语表达形式等因素的影响,小学生口语交际能力从低年级到高年级经历了一个由简单到复杂的发展变化阶段。根据小学生年龄特征,对应第一学段、第二学段、第三学段,我们分别将其概括为培养基本的口语交际能力、建立理解的口语交际能力和形成迁移的口语交际能力。

1.第一学段:培养基本的口语交际能力

低年级学生年龄较小,处于语言能力形成的初级阶段,表现为一方向另一方传递信息的过程,其交际内容主要为日常生活的口头语。在交际过程中,当传递者是教师,他向交际者(学生)提供的是书面化的言语;另一方(即学生)是理解者,他通过简单理解性的听以及听后讲述等行为,表现其语法理解能力和逻辑思维能力,这是初级的交际形式。

第一学段的学生刚刚升入小学阶段,进入小学以后,学习、生活各方面都与幼儿园大不相同,甚至对自己的小学生活感到迷茫。这一时期的孩子虽然有较强的交流倾向,但由于身心发展、心理状态等原因不清楚应如何与同学、老师进行交流和沟通。因此,教材编选了较多的相处话题,帮助学生学习相处的秘诀,总体来看,第一学段训练方式以独白类为主。独白类口语交际注重信息的输出,它的目标是通过介绍物体、阐述事情、摆明道理,使信息接收者从中获得信息,进而产生理解。换句话说,独白类口语交际更加强调表达。

该学段口语交际的话题多是"相处和想象"。相处话题主要渗透到学生的日常生活,想象话题则符合该学段学生想象力丰富的特点。以一年级上册八单元《小兔运南瓜》一课为例,小贴士明确要求"大胆说出自己的想法",可以看出,本堂课的教学目标不是让学生将小兔运南瓜的方法说清楚、说完整,而是鼓励其"大胆"。学生的想法是无法预设的,或脱离实际,或前言不搭后语,对此,教师的教学设计要充分抓住学生学段特点,提前做学情调研,让班级性格分明的孩子进行不同的表达,促使课堂"大胆"的孩子越来越多。口语交际课谈论的话题来源于生活,但其目的不只是生活中的情感交流和信息传递,而是培养学生的口语交际能力、养成文明交际的习惯。教师在口语交际教学过程中,也应注重学生的年龄特点和认知水平,且全程关注情境创设的真实性,让学生勇于表达、乐于表达,使学生初步具备适应该阶段的口语交际能力。

2.第二学段:建立理解的口语交际能力

中年级学生在这一阶段,交际双方处于平等交流的一种态势,双方都以自然的情境信息作为交际内容,并以语言为媒介,以进行人际沟通为交际目的,交际双方能够初步合作,可互为传递者和理解者,这是中级的交际形式。

根据皮亚杰的认知发展阶段论,第二学段的学生开始从前运算阶段过渡到具体运算阶段,具体运算阶段的儿童出现了显著的认知发展。这一阶段儿童的认知结构已经发生了重组和改善,思维得到进一步发展并且开始具有可逆性。但他们没有形成概念,发现问题、解决问题都必须与他们熟悉的物体或场景相联系,还不能进行抽象思维。[1]因此,皮亚杰认为,对这一年龄阶段的儿童应多做事实性、技能性的训练。第二学段作为第一学段和第三学段间的过渡阶段,教材编写者在口语交际的编选上亦体现了过渡这一功能。第二学段的口语交际话题主要是生活和自然,总体来看,第二学段以交往类为主。交往类口语交际强调的主体是交际双方,交际双方要有你来我往的回应,对话才能进行下去,讲究的是双方的配合。交往类口语交际更加强调交流,当然,倾听和表达都是同步进行的。

《义务教育语文课程标准(2022年版)》强调"统筹规划课程内容,加强不同学段之间的衔接"。第二学段的口语交际教学,相对于第一学段有所提高,并逐渐向第三学段靠拢。维果斯基的"最近发展区理论",认为学生的发展有两种水平:一种是学生的现有水平,指独立活动时所能达到的解决问题的水平;另一种是学生可能的发展水平,也就是通过学习所获得的潜力。教师在口语交际教学过程中,应着眼于学生的最近发展区,为学生提供带有难度的内容,调动学生的积极性,发挥其潜能,

---

[1] [美]巴里 J·沃兹沃思.皮亚杰认知和情感发展理论[M].上海:华东师范大学出版社,2022.

超越其最近发展区而达到下一发展阶段的水平，然后在此基础上进行下一个发展区的发展。①

例如二年级上册七单元"看图讲故事"，提到"按顺序讲清楚图意。认真听，知道别人讲的是哪幅图的内容"。而到了四年级上册八单元"讲历史人物故事"，则强调"用卡片提示讲述内容，使用恰当的语气和肢体语言，可以让讲述更生动"。两次口语交际都是"讲故事"，四年级"讲历史人物故事"对于学生的要求明显比二年级"看图讲故事"提高了。毫无疑问，第二学段的要求既是对第一学段的承接，也是在第一学段基础上的发展，是学生口语交际能力得到进阶的有效途径。

3.第三学段：形成迁移的口语交际能力

高年级学生在这一阶段，交际一方向另一方传递的是不确定信息，其交际内容之所以不确定，主要在于一方的交际内容要由另一方的反馈所决定，这些内容在交际前是不确定的，其交际动机为交际一方试图让另一方接受自己的观点，这是比较高级的交际形式。

第三学段学生的思维，逐渐从具体形象思维上升到抽象逻辑思维，是思维发展过程中的再一次进阶。这一时期培养学生思维能力符合学生现有的思维发展水平，换句话说，是学生思维发展的关键期。第三学段口语交际话题以文化和综合为主，总体来看，第三学段以表演类为主。表演类口语交际具有让学生乐于参与、主动参与的特点，且强调互动性、调控性、情境性。

现代教育家叶圣陶说过："作者胸有境，入境始与亲。"为此，教师更需要深入引领学生走进文本，走进情境，发展抽象性思维或深度思维。该学段教材里的口语交际插图明显减少，综合性较强。不置可否，即便到了高年级，很多学生也是表层思维，思考问题难以深入，在这样的情况下教师在教学口语交际时可以帮助学生搭建有效支架，降低口语交际难度，深化思维程度。②前面提到，《义务教育语文课程标准（2022年版）》专门将"习作"和"口语交际"整合成了"表达与交流"一个大版块，可见，读和写是无法分割的。以六年级下册五单元"辩论"一课为例，学生可以在辩论前，提前准备辩论稿，那么写辩论稿就成为"辩论比赛"的学习支架。基于此，教师应

---

① 维果茨基.维果茨基教育论著选[M].北京：人民教育出版社，2005.
② 米丁等.马克思列宁主义哲学问题论文集[M].北京：生活·读书·新知三联书店，1953.

整合教学设计,结合不同的话题,构建不同的学习支架,形成思维的条件反射,促使学生掌握并形成具有迁移应用的口语交际能力。

(三)口语交际能力提升建议

基于小学语文课程改革背景,口语交际能力,作为学生语文素养内涵不可或缺的重要组成部分,提升小学生口语交际能力意义重大。口语交际的核心是"交际",更强调"双向""互动",要落实好课程标准要求,提高口语交际教学效率和质量,小学语文教师需要处理好以下三种关系。

1.处理好训练性与实践性的关系

口语交际专题训练能使学生比较系统、全面地掌握口语交际的相关知识,提高相关技能。基于课程标准的学段要求和课本的结构,课堂教学中有很多机会可以体现这种专题训练方式。和其他版本的教材相比,统编教材在口语交际的编排上有着鲜明的特点,一到六年级建构了清晰的目标体系,更重视学生的交际能力与交际习惯的养成,各年级训练要点清晰,便于一线教师操作。

但在实践过程中,教师不能重训练,轻实践。《义务教育语文课程标准(2022年版)》指出:"语文课程是一门学习语言文字运用的综合性、实践性课程。"[①]课程标准重视语文教育的实践性,注重发挥师生双方的主观能动性,重视情感、态度、价值观的导向作用。教师要不断培养学生口语交际的实践技能,在多种情境中进行口语实践。例如将口语交际融入校内生活、家庭对话以及其他各类交往活动中,利用或角色扮演、或演讲辩论、或即兴演练等方式,随时随地随处进行实践性演练。

2.处理好独立性与层次性的关系

统编版小学语文教材中口语交际首次作为独立的版块出现,换句话说,口语交际在形式上具有独立地位,这是以往教材所不具备的。因此,教师应当根据学生的学段特点,建立口语交际与读写之间的联系,保持口语交际的独立性,不断提高学生的口语交际水平。

除了体现口语交际的独立地位,教师在组织课堂教学时,应当在口语交际内容上突出层次性。所谓层次性,就是强调能力的螺旋上升和前后关联,需要教师"因地

---

[①] 中华人民共和国教育部.义务教育语文课程标准(2022年版)[M].北京:北京师范大学出版社,2022.

制宜",不能"顾此失彼"。在指导不同话题时,针对不同学段的学生,划分具体且细致的教学目标,使学生的口语交际能力得到真正有效的提升。

3.处理好过程性与评价性的关系

《义务教育语文课程标准(2022年版)》中指出:"关注学生在发言和倾听发言时的规则意识和交际修养,借助评价引导学生反思学习过程。组织学生互相评价时,教师要对同伴评价进行再评价,提出指导意见,引导学生内化评价标准、把握评价尺度,在评价中学会评价。"[①]在实施评价的过程中,应将教师的评价、学生的自我评价与学生间互相评价相互结合,只有充分发挥不同评价主体的不同作用,才能促进学生口语交际能力的不断发展。

在评价的方式上、评价的实施上、评价结果的反馈上应该是丰富多彩的。例如利用行为观察记录、问卷调查、成长记录袋等方式进行多样性评价。口语交际的听说应对能力,实际上反映的是一个连贯的思维过程,正是有各个方面的配合,口语交际才能做到"言之规范、言之得体、言之有物、言之有序、言之有理、言之有情",所以我们在教学中必须处理好教学过程与教学评价的关系,不断完善相应的评价体系,从多个角度全面评估学生的交际能力。

(本节由高谊、刘敏、罗玉婷整理撰写)

---

[①] 中华人民共和国教育部.义务教育语文课程标准(2022年版)[M].北京:北京师范大学出版社,2022.

# 第二节
# 习作知识能力梳理与建构

"习作"指学生运用书面语言练习写作的思维和实践活动,指向阶段性的实践过程。随着《中国学生发展核心素养》的颁布与语文学科核心素养的具体说明,小学阶段的习作知识与能力要求也趋向于追求学生素养的培养,以期为学生进入更高学段的学习与现实运用打下基础。在此背景下,对小学习作知识与能力进行系统梳理,有助于教师明确小学习作关键能力要素及其培养路径。

## 一、习作知识梳理

小学语文习作知识包含课程标准和教材两大部分,二者均从不同层面指向学生语文学科素养的塑造。其中课程标准中的习作知识从不同学段分别进行了统整性提示,教材中的习作知识则在单元语文要素与人文主题双线组元的背景下,明确了具体的习作任务与方法提示,以便促进学生习作能力的达成。

(一)课程标准习作要求梳理

《义务教育语文课程标准(2022年版)》指出,义务教育语文课程培养的核心素养,是学生在积极的语文实践活动中积累、建构并在真实的语言运用情境中表现出来的,是文化自信和语言运用、思维能力、审美创造的综合体现。其中语言运用指向的就是学生的表达与交流,是学生在丰富的语言实践中,通过主动的积累、梳理和整合,初步具有良好的语感;了解国家通用语言文字的特点和运用规律,形成个体语言经验;具有正确、规范运用语言文字的意识和能力,能在具体语言情境中有效交流沟通;感受语言文字的丰富内涵,对国家通用语言文字具有深厚感情。

下面从学段层面分别将总目标中的各个子目标进行拆解,具体如下:

1.第一学段(1—2年级)

(1)对写话有兴趣,留心周围事物,写自己想说的话,写想象中的事物。在写话中乐于运用阅读和生活中学到的词语。

(2)根据表达的需要,学习使用逗号、句号、问号、感叹号。

2.第二学段(3—4年级)

(1)乐于用口头、书面的方式与人交流沟通,愿意与他人分享,增强表达的信心。

(2)观察周围世界,能不拘形式地写下自己的见闻、感受和想象,注意把自己觉得新奇有趣或印象最深、最受感动的内容写清楚。能用便条、简短的书信等进行交流。尝试在习作中运用自己平时积累的语言材料,特别是有新鲜感的词句。

(3)学习修改习作中有明显错误的词句。根据表达的需要,正确使用冒号、引号等标点符号。课内习作每学年16次左右。

3.第三学段(5—6年级)

(1)懂得写作是为了自我表达和与人交流。养成留心观察周围事物的习惯,有意识地丰富自己的见闻,珍视个人的独特感受,积累习作素材。

(2)能写简单的纪实作文和想象作文,内容具体,感情真实。能根据内容表达的需要,分段表述。学写读书笔记,学写常见应用文。

(3)修改自己的习作,并主动与他人交换修改,做到语句通顺,行款正确,书写规范、整洁。根据表达需要,正确使用常用的标点符号。习作要有一定速度。课内习作每学年16次左右。

(二)教材习作知识梳理

统编语文教材"在重视培养阅读理解能力的同时,加大语言表达特别是书面表达在教材内容中的比重,达到阅读理解和语言表达内容上的均衡,以引导语文教学更加关注表达,促进学生语言运用能力的提高"。[①]通过对小学统编语文教材进行系统梳理可以发现,小学习作知识包含叙事、写人、状物、写景、实用文及想象六大类

---

① 陈先云.义务教育课程标准小学语文实验教材编制的回顾与思考[J].小学语文,2019(7-8):19.

别。在充分尊重学生认知发展规律的基础上,这六大类别的习作知识秉循"知道—理解—迁移—运用"的语用逻辑,按照由浅到深、由易到难、前后衔接的顺序,主要分布于第二、第三学段的教材之中,体现了学生习作能力的螺旋式进阶。

1.叙事

从第二学段开始,统编教材对叙事类习作的编排按照螺旋上升、梯度递进的学习特点,对学生的叙事能力要求从写一件事到写多件事、从写清楚到写出情感逐渐递进,涵盖习作框架、选材布局、语词选择、运用场景、细节描写等综合性方法提示,以便学生根据表达需要灵活运用恰当手法叙事,引导学生留心生活,观察生活,培养学生热爱生活的精神品质。

表1 叙事类习作训练要素及方法提示

| 单元 | 训练要素 | 方法提示 |
| --- | --- | --- |
| 三年级上册四单元 | 尝试续编故事 | 写好后小声读一遍,用学过的修改符号把有明显错误的地方改过来<br>和同学交流习作,说说自己更喜欢谁写的故事 |
| 三年级上册八单元 | 学写一件简单的事 | 正确使用标点符号<br>写好以后大声读一读,看看自己写的内容有没有表达出当时快乐的心情。可以看照片帮助回忆,也可以跟当时和自己一起玩的人聊一聊<br>和同学交流习作,跟他们分享自己的快乐。如果有让同学看不明白的地方,可以试着修改一下,让别人更明白 |
| 三年级下册三单元 | 收集传统节日的资料,交流节日的风俗习惯,写一写过节的过程 | 可以写自己家过节的过程,也可以写节日中发生的印象深刻的故事 |
| 四年级上册五单元 | 写一件事,把事情写清楚 | 写之前,仔细想想这件事的起因、经过、结果是怎样的<br>写完后,读给同学听,请同学说说这件事是否写清楚了,再参考同学的建议修改 |
| 四年级上册六单元 | 记一次游戏,把游戏过程写清楚 | 游戏前,你做过哪些准备?<br>游戏中,自己做了些什么?印象比较深的是什么?<br>游戏后,自己有什么想法和感受?<br>根据这些问题,把游戏写清楚,还可以写写自己当时的心情。写好后自行修改,最后誊写清楚 |
| 四年级上册八单元 | 写一件事,能写出自己的感受 | 将描写心情的词语运用到习作中 |

(续表)

| 单元 | 训练要素 | 方法提示 |
|---|---|---|
| 四年级下册六单元 | 按一定顺序把事情的过程写清楚 | 你是怎样一步步学会做这件事的？<br>学习过程中遇到了哪些困难？是怎么克服的？<br>有哪些有趣的经历？心情有哪些变化？<br>写完后，自行修改不通顺的地方。和同学互评学习的过程是否写清楚了 |
| 五年级上册三单元 | 提取主要信息，缩写故事 | 摘录、删减。判断哪些内容必须保留，哪些内容可以删去，不要改变故事的原意。概括、改写。把长句子缩为短句子，把几句话合并成一句话，或者用自己的话把故事中具体的描写改得更简洁<br>缩写完成后，与原文比较一下，看看故事是否完整，情节是否连贯，语句是否通顺 |
| 五年级下册一单元 | 把一件事的重点部分写具体 | 写完后和同学互评，看是否把"那一刻"的情形写具体了，根据同学的意见进行修改 |
| 六年级上册二单元 | 尝试运用点面结合的写法记一次活动 | 写清楚活动过程，把印象深刻的部分作为重点来写<br>写活动的场面时，既要关注整个场景，也要注意个别同学的表现，写一写他们的动作、语言、神态<br>把活动中的体会写下来<br>写完和同学互评，根据建议自行修改 |
| 六年级上册五单元 | 从不同方面或选取不同事例，表达中心意思 | 先确立中心意思，再围绕中心意思，从不同的方面或选择不同的事例来写<br>写之前，可以拟个提纲，看看选择的材料是不是能够表达中心意思<br>写完后和同学互评互改 |
| 六年级上册七单元 | 写自己的拿手好戏，把重点部分写具体 | 要把过程写清楚，要有典型事例<br>按照一定的顺序写，详略得当<br>可以仿照教材的例子列一个提纲<br>写完后读一读，根据要求自行修改 |
| 六年级下册一单元 | 习作时注意抓住重点，写出特点 | 若介绍一种风俗，写之前，先多途径深入了解这种风俗，明确它的主要特点，再从不同方面介绍，要有重点。介绍时，可以适当写写自己对这种风俗的实际体验<br>若写自己参加风俗活动的亲身经历，则可以把这种风俗的特点或来历自然地穿插在合适的地方，重点描写活动现场的情况和自身的感受，也可以表达自己对这种风俗习惯看法<br>写好后和同学互评互改 |
| 六年级下册二单元 | 学习写作品梗概 | 读懂内容，把握脉络。理清书籍内容的基本框架，把握要点<br>筛选概括，合并成段。保留"主干"，去除"枝叶"；用简明的叙述性语言概括每个章节的内容<br>锤炼语言，连贯表达。适当补充内容，自然过渡，使语意清楚连贯<br>写好后和同学互评互改 |

(续表)

| 单元 | 训练要素 | 方法提示 |
|---|---|---|
| 六年级下册三单元 | 选择合适的内容写出真情实感 | 把印象深刻的内容写具体,把情感真实自然地表达出来。如果在事情发展的过程中,情感有所变化,要把情感的变化也写清楚<br>写完后和同学互评互改 |

2.写人

统编教材中的写人类习作从学生自我发展需求出发,将学生与自我、他人及社会联系起来,强调学生自我的成长。自第二学段开始,"教材有意引导学生在写人习作中不断深化对自我的认识,逐步扩大交际范围,识别与协调交往关系,润物无声地培养具有正确价值观、交往观与社群观的现代社会小公民"。[1]

表2 写人类习作训练要素及方法提示

| 单元 | 训练要素 | 方法提示 |
|---|---|---|
| 三年级上册一单元 | 体会习作的乐趣 | 你选的是谁?他有哪些特别的地方?选择一两点写下来<br>注意写作格式。写好以后,读给同学听,看看他们能不能猜出你写的是谁 |
| 三年级下册二单元 | 把图画的内容写清楚 | 先仔细观察图画,想一想:<br>图画上有哪些人?他们在干什么?<br>他们的动作分别是怎样的?可能说了哪些话?<br>写的时候,要把自己看到的、想到的写清楚<br>写完后和同学互评互改 |
| 三年级下册六单元 | 写一个身边的人,尝试写出他的特点 | 取题目时,用上表示人物特点的词语,如"我们班的昆虫迷""家有虎妈""戏迷爷爷"等。<br>还可以给自己写的那个人看看,听听他的评价 |
| 四年级上册二单元 | 写一个人,注意把印象最深的地方写出来 | 你的家人和哪些动物比较像?什么地方像?每天生活在这个"动物园"里,你感觉怎么样?<br>写好后读给同桌和家人听,请他们评一评 |
| 四年级下册七单元 | 学习从多个方面写出人物的特点 | 可以围绕自己的外貌、性格、爱好、特长等方面展开介绍,用上典型事例来说明<br>选择自己最想介绍的几方面内容写下来。写完后,根据家人的建议修改 |
| 五年级上册二单元 | 结合具体事例写出人物的特点 | 先想想自己的老师在外貌、性格、喜好等方面有什么突出的特点,再选择一两件能突出其特点的事情来写<br>写完后,问问所写老师对你的习作有什么意见或建议 |

---

[1] 阎晶晶."课程育人"视域下的写人习作价值分析与实践策略[J].语文建设,2023(14):43-47.

(续表)

| 单元 | 训练要素 | 方法提示 |
|---|---|---|
| 五年级下册四单元 | 尝试运用动作、语言、神态描写，表现人物的内心 | 可以从多个角度写一个人当时的表现：语言、动作、心理、神态、外貌、侧面描写等。写完后和同学互评互改 |
| 五年级下册五单元 | 初步运用描写人物的基本方法，具体地表现一个人的特点 | 首先，选用典型事例，把他写具体；<br>其次，用多种方法表现人物的特点；<br>此外，也可以描写周围人的反应，间接写出人物的特点 |
| 六年级上册八单元 | 通过事情写一个人，表达出自己的情感 | 看到"有你，真好"这句话，你想到了谁？<br>为什么觉得有他"真好"？<br>哪件事或哪几件事让你感触比较深？<br>当时的场景是怎样的？<br>写完后读一读，看看是不是把事情写具体了，是不是融入了自己的情感 |

3.状物

根据学生认知发展规律，小学阶段状物类习作大致分为三个阶段：切身观察、清楚记录；搜集信息、完善记录；恰当表述、突出重点，强调学生"通过倾听、阅读、观察、获取、整合有价值的信息，根据具体交际情境和交流对象，清楚得体表达，有效传递信息"。[①]

**表3  状物类习作训练要素及方法提示**

| 单元 | 训练要素 | 方法提示 |
|---|---|---|
| 三年级上册五单元 | 仔细观察，把观察所得写下来 | 观察时要细致一些<br>观察时要调动多种感官，要注意事物的变化 |
| 三年级下册一单元 | 试着把观察到的事物写清楚 | 写之前，调动多种感官再去观察一下<br>写的时候，试着把观察和感受到的写清楚<br>写完后，和同学互评互改 |
| 三年级下册四单元 | 观察事物的变化，把实验过程写清楚 | 写之前，可以先借助图表整理小实验的主要信息<br>写的时候，可以用上"先……接着……然后……最后……"这样的句式，把做小实验的经过写清楚；还可以写一写自己做实验时的心情、实验中有趣的发现等<br>写完后和同学互评互改 |
| 三年级下册七单元 | 初步学习整合信息，介绍一种事物 | 可以参考教材中提供的信息，也可以再查找资料，补充其他内容<br>写完后自评互评 |
| 四年级上册三单元 | 进行连续观察，学写观察日记 | 主要记录观察对象的变化，还可以写写观察的过程、观察者当时的想法和心情，可以附上图画或照片<br>整理观察日记，在小组内分享互评 |

① 中华人民共和国教育部.义务教育语文课程标准(2022年版)[M].北京：北京师范大学出版社，2022.

(续表)

| 单元 | 训练要素 | 方法提示 |
| --- | --- | --- |
| 四年级下册四单元 | 写自己喜欢的动物，试着写出特点 | 可以写你熟悉的动物<br>写之前想一想，你打算从哪些方面介绍它，它在这些方面有怎样的特点<br>写完后和同学互评 |
| 五年级上册一单元 | 写一种事物，表达自己的感情 | 围绕心爱之物，从不同方面进行介绍，突出它的主要特点，写出自己的喜爱之情 |
| 五年级上册五单元 | 搜集资料，用恰当的说明方法，把某一种事物介绍清楚 | 写清楚事物的主要特点<br>试着用上恰当的说明方法<br>可以分段介绍事物的不同方面<br>写好后与同学交流分享 |
| 五年级上册八单元 | 根据表达的需要，分段表述，突出重点 | 推荐理由可以只写一点，也可以写几点，注意分段写<br>把重要的理由写具体。如果推荐的是一本小说，可以结合书中的相关情节、人物、对话或插图等来说明你的理由；如果推荐的是一本科普读物，可以说说自己获取到哪些有趣的知识或独特的想法。另外，还可以转述或摘录书中的精彩片段，引用别人对这本书的评价<br>写好后，把自己的习作读给同学听 |

4.写景

统编教材中选编的写景类习作要求学生用细致生动的描写，呈现一幅幅优美动人的自然画面，在此过程中或直抒胸臆，或融情于景，营造出一种深远的意境，同时又将写景方法自然而然地蕴含在字里行间的表述中。旨在引导学生观察与感受自然，学会用恰当的方式表达自己独特真实的感受，从而培养学生的文学鉴赏与创造能力，提高自身的审美素养。

表4　写景类习作训练要素及方法提示

| 单元 | 训练要素 | 方法提示 |
| --- | --- | --- |
| 三年级上册六单元 | 试着围绕一个意思写 | 写之前仔细观察，看看这个地方有些什么，是什么样子的<br>写的时候，试着运用从课文中学到的方法，围绕一个意思写<br>写好后自己读一读，改正错别字，然后读给同学听，和同学分享你发现的美景 |
| 四年级上册一单元 | 推荐一个好地方，写清楚楚推荐理由 | 你打算推荐什么地方？这个地方在哪里？它有什么特别之处？<br>写出推荐的理由，吸引大家去看看<br>写完后，自评互评 |
| 四年级下册一单元 | 写喜爱的某个地方，表达出自己的感受 | 写之前，可以照教材表格样子确定习作内容<br>写完后，把习作读给同学听，让他们也来感受你的快乐 |

(续表)

| 单元 | 训练要素 | 方法提示 |
| --- | --- | --- |
| 四年级下册五单元 | 学习按游览的顺序写景物 | 可以先画出游览路线图,理清思路。重点介绍印象深刻的景物,把它的特点写出来<br>可以用过渡句,使景物的转换更自然<br>写完后,与同学互评互改 |
| 五年级上册七单元 | 学习描写景物的变化 | 按照一定的顺序描写景物<br>注意写出景物的动态变化,使画面更加鲜活<br>写好后自行修改 |
| 五年级下册七单元 | 搜集资料,介绍一个地方 | 有目的地搜集相关资料,把资料来源记录下来。根据要介绍的内容分类整理资料。<br>剔除无关信息,若资料不够完善,可以继续搜集、补充<br>将整理后的资料用自己的话写下来,也可以引用别人的话,但要注明资料来源<br>可以使用图片、表格等辅助形式 |

5.实用文

相较于其他习作类型,统编教材中实用文写作的文艺性质较为薄弱,倾向于更为客观的现象、事实与观点陈述,具有比较明显的交际对象与实用性,旨在激发学生主动思考,勇于发表自己真实的见解,其议论性质与模式化特征更为明显。也正因如此,学生并非提笔能写,需要做前期的准备工作,需要教师根据学情准确定位,帮助学生树立习作对象意识,提升其思维水平。

**表5  实用类习作训练要素及方法提示**

| 单元 | 训练要素 | 方法提示 |
| --- | --- | --- |
| 三年级上册二单元 | 学习写日记 | 注意格式正确,内容真实 |
| 三年级上册七单元 | 留心生活,把自己的想法记录下来 | 要把这种现象和自己的想法写清楚。如果有改进的办法或建议,也可以写下来<br>写好后和同学互评互改 |
| 四年级上册七单元 | 学习写书信 | 书信包含称呼、问候语、正文、祝福语、署名和日期。要注意它们的格式 |
| 五年级上册六单元 | 用恰当的语言表达自己的看法和感受 | 对不同的对象说,要有不同的表达内容和表达角度,称谓也要有差别 |
| 五年级下册二单元 | 学习写读后感 | 先简单介绍一下文章或书的内容,可以重点介绍自己印象最深的部分<br>再选择一两处感触最深的内容,写出自己的感想,感想要真实、具体。可以联系自己的阅读积累和生活经验,也可以引用原文中的个别语句<br>题目可以是"读《×××》有感"或"《×××》读后感",也可以将它作为副标题,再自拟主标题<br>写完后自行修改,再和同学交流 |

(续表)

| 单元 | 训练要素 | 方法提示 |
| --- | --- | --- |
| 五年级下册三单元 | 学写简单的研究报告 | 可借鉴教材提供的范文与案例 |
| 五年级下册八单元 | 看漫画,写出自己的想法 | 看看漫画画的是什么内容?<br>借助漫画的标题或简单的文字提示,联系生活中的人或事,思考漫画的含义,获得启示<br>写作时先写清楚漫画的内容,再写出自己的思考<br>写完后,和同学互评互改 |
| 六年级上册三单元 | 写生活体验,试着表达自己的看法 | 写之前想一想它是怎么影响你的生活的,为什么让你觉得生活更美好,要把原因写具体 |
| 六年级上册六单元 | 学写倡议书 | 标题要鲜明<br>依据倡议的对象写称呼。有时也可以不用称呼,在正文中点出即可<br>正文写清楚倡议的内容,可以分点说明<br>最后要署名并写上日期<br>要注意使用正确的格式 |
| 六年级下册四单元 | 习作时选择适合的方式进行表达 | 写之前想一想,选择什么材料能够更好地表达自己的心愿<br>再根据想表达的内容,选择一种适合的方式来写<br>写好以后自行修改 |
| 六年级下册六单元 | 策划简单的校园活动,学写策划书 | 填写时间轴。借助时间轴回忆六年的小学生活,记录值得细细回味的点点滴滴。可以把印象最深的人或事填写在相应的时间点上,还可以把照片贴在旁边<br>分享难忘回忆。选取时间轴上有代表性的内容与同学分享<br>制作成长纪念册。一起回忆小学生活之后,用心制作一本成长纪念册,珍藏这段难忘的成长记忆 |

6.想象

想象类习作在培养学生想象力的同时,还要培养学生通过生动准确的语言,描绘想象中的人、事、物,进而体现自己的内心世界与价值取向。统编教材基于学生的认知发展特征,按想象能力的高低,有序编排了想象类习作的训练,帮助教师明确"在发展语言能力的同时,发展思维能力,激发想象力和创造潜能"。[①]

---

① 中华人民共和国教育部.义务教育语文课程标准(2022年版)[M].北京:北京师范大学出版社,2022.

※素养导向下表达与交流理论主张与实践案例

表6 想象类习作训练要素及方法提示

| 单元 | 训练要素 | 方法提示 |
| --- | --- | --- |
| 三年级上册三单元 | 试着自己编童话,写童话 | 故事里有哪些角色?<br>事情发生在什么时间?在哪里发生的?<br>他们在那里做什么?他们之间发生了什么故事?<br>写完后自行修改,注意题目要居中 |
| 三年级下册五单元 | 发挥想象写故事,创造自己的想象世界 | 写完后,和同学互评互改 |
| 三年级下册八单元 | 根据提示,展开想象,尝试编童话故事 | 写完后自行修改 |
| 四年级上册四单元 | 展开想象,写一个故事 | 把自己的想法和小组同学说一说,再写下来。写完后,听听同学的意见,认真修改,最后誊写清楚 |
| 四年级下册二单元 | 展开奇思妙想,写一写自己想发明的东西 | 可以参考教材的提示,想想自己要写的内容。还可以把你想发明的东西画出来,帮助自己描述<br><br>（会飞的木屋思维导图：木屋下面有四个轮子、遨游太空、木屋两侧有机翼、样子、功能、自动除尘……）<br><br>写完后,把习作读给同桌听,请同桌说说你是否写清楚了 |
| 四年级下册八单元 | 按自己的想法新编故事 | 先设想一下故事的结局；然后可以想象新的故事情节；编完后,可以配上插图,把习作贴在教室的墙报上,大家一起分享 |
| 五年级上册四单元 | 学习列提纲,分段叙述 | 首先要大胆想象,二十年后的家乡会发生什么巨变；然后参考教材的例子,把想象到的场景或者事件梳理一下,列一个习作提纲,明确自己要写什么,从哪些方面来写<br><br>习作提纲<br>→题目：二十年后的家乡<br>→开头：穿越到二十年后,看到了我的家乡。<br>→中间<br>  1. 环境的变化：河水清澈,绿树成荫。<br>  2. 工作的变化：机器人在照料着果园。<br>  3. 生活的变化：遇到老同学开着3D打印的汽车去郊游。<br>→结尾：表达我对二十年后家乡生活的向往之情。 |

(续表)

| 单元 | 训练要素 | 方法提示 |
| --- | --- | --- |
| 五年级下册六单元 | 根据情境编故事,把事情发展变化的过程写具体 | 你希望和谁一同去探险?从下面两列人物中各选一个,和你一起组成一支探险小队<br>人物<br>经验丰富的探险爱好者　　好奇心强、性格活泼的妹妹<br>知识渊博的生物学家　　　胆子大但行事鲁莽的表哥<br>见多识广的向导　　　　　心细而胆小的同学<br>你想去哪儿探险?打算带上哪些装备?可能会遇到什么险情?下面的提示供你参考:<br>场景　　　　装备　　　　险情<br>茫茫大漠、热带雨林、　指南针、地图、　遭遇猛兽、暴雨来袭、<br>海中荒岛、幽深洞穴、　饮用水、食物、　突发疾病、断水断粮、<br>南极冰川……　　　　　药品、帐篷……　落石雪崩……<br>写的时候要展开丰富合理的想象,把遇到的困境、求生的方法写具体,如果能把心情的变化写出来就更好了<br>写完后,认真修改自己的习作 |
| 六年级上册一单元 | 习作时发挥想象,把重点部分写得详细一些 | 大胆想象,你可以变成任何事物<br>变形后,把你生活发生的改变写清楚<br>写完后和同学互评互改 |
| 六年级上册四单元 | 发挥想象,创编生活故事 | 故事要围绕主要人物展开<br>把故事写完整,情节尽可能吸引人<br>试着写出故事发生的环境,还可以写一写人物的心理活动 |
| 六年级下册五单元 | 展开想象,写科幻故事 | 写之前和同学交流:你印象最深刻的科幻故事是什么?故事里写了哪些现实中并不存在,却看起来令人信服的科学技术?这些科学技术对人们的生活和命运产生了什么影响?<br>交流之后大胆设想:在你的笔下,人物的生活环境会是怎样的?他们可能运用哪些不可思议的科学技术?这些科学技术使故事中的人物有了怎样的奇特经历?放飞想象,让你的故事把读者带进一个神奇的科幻世界<br>写好以后和同学互评 |

## 二、习作能力建构

习作能力建构关系着习作教学和习作能力提升的效度。从语文核心素养和语文要素中分解出具体的习作能力提升点,有助于教师找准习作教学目标,把握习作训练要点,落实习作教学策略。

(一)习作能力构成

2014年,教育部颁布的《关于全面深化课程改革　落实立德树人根本任务的意见》中讲道,各级各类学校要依据学生实情,在学科教学中落实核心素养。"核心素养"的概念第一次出现在国家正式文件里。2016年,《中国学生发展核心素养》明确了"核心素养"的定义,即"学生在接受相应学段的教育过程中,逐步形成的适应个人终身发展和社会发展需要的必备品格与关键能力"。[①]在《义务教育语文课程标准(2022年版)》中,指出"义务教育语文课程培养的核心素养,是学生在积极的语文实践活动中积累、建构并在真实的语言运用情境中表现出来的,是文化自信和语言运用、思维能力、审美创造的综合体现"。[②]其中,语用是文化自信、思维能力和审美创造的基础,其他素养跟随学生语言经验与能力的发展过程逐步提升。

同时,统编教材在教材内容编排上,特别是三年级至六年级教材,既突出了普通单元习作目标的达成,又为了凸显习作的独立地位,补充了习作单元,从集中力量培养习作能力的角度出发,设置了"精读课文""交流平台""初试身手""习作例文""习作"等一系列训练环节,确保学生在某项习作能力方面有突破和提升。由此可见,统编教材和课程标准要求一致,更加注重习作教学力度,不仅关注阅读理解,也关注语言表达和运用能力。

虽然课程标准对于语文课程培养的核心素养已经做出了明确的说明,但是对于小学阶段学生应该具备的习作能力,却缺少清晰的指示。为了帮助小学语文教师有效开展作文教学,切实提升学生习作能力,对小学阶段习作能力进行梳理尤为重要。依据2016年国家发布的统一核心素养内容,语文学科应包含四个核心素养:语言建构与运用、思维发展与提升、审美鉴赏与创造和文化传承与理解。课程标准中提及的核心要素:文化自信、语言运用、思维能力和审美创造与之对应。四点核心要素是提炼和分解习作能力的重要因素。

文化自信在习作方面主要体现为对语言文字的热爱,愿意用文字表情达意;语言运用在习作方面主要体现为增加语言储备、形成语言经验、合理语境运用的能力;审美创造在习作方面主要体现为用语言文字表现美、创造美的能力;思维能力在习作方面主要体现为材料选取、谋篇布局的能力。其中文化自信与审美创造偏向情感层面,而语言运用和思维能力是能力提升的重点部分,也是习作能力的主要来源。在对四点核心要素进行理解的基础之上,结合课程标准对不同学段习作的要

---

① 林崇德.21世纪学生发展核心素养研究[M].北京:北京师范大学出版社,2016.
② 中华人民共和国教育部.义务教育语文课程标准(2022年版)[M].北京:北京师范大学出版社,2022.

求,以及统编教材习作内容的分类,根据写事、写人、状物写景、实用文、想象文等不同文体的特点和要求,大致可将习作能力确定为:观察能力、取材能力、想象能力、叙事能力、描写能力、议论能力。

由于小学低段主要要求学生有写话的兴趣,能写一两句完整的话,能用简单的标点符号,所以习作能力主要集中体现在三至六年级的教材之中。本书要阐释的习作能力也主要结合中段及高段教材内容。

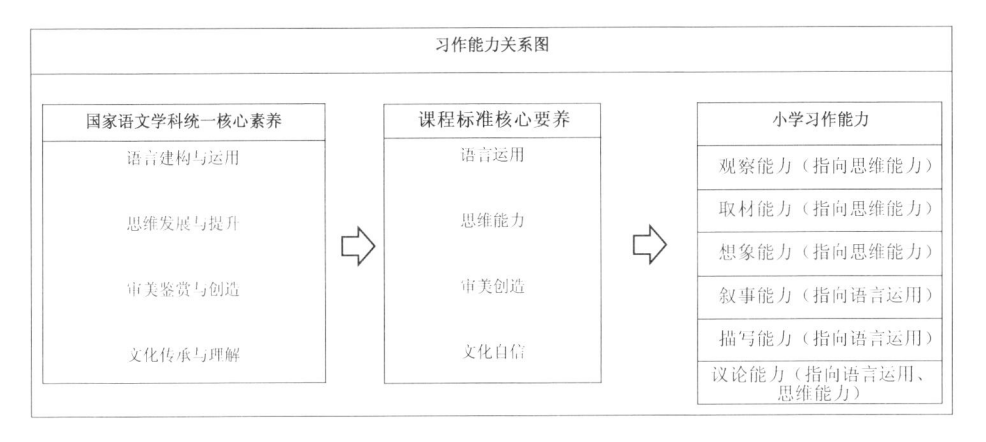

习作能力关系图

| 国家语文学科统一核心素养 | 课程标准核心要养 | 小学习作能力 |
| --- | --- | --- |
| 语言建构与运用 | 语言运用 | 观察能力（指向思维能力） |
| 思维发展与提升 | 思维能力 | 取材能力（指向思维能力） |
| 审美鉴赏与创造 | 审美创造 | 想象能力（指向思维能力） |
| 文化传承与理解 | 文化自信 | 叙事能力（指向语言运用） |
|  |  | 描写能力（指向语言运用） |
|  |  | 议论能力（指向语言运用、思维能力） |

(二)习作能力概述

小学统编教材一共有12册书,从三年级教材起,共62个单元,每单元均有习作要求。观察能力、取材能力、想象能力、叙事能力、描写能力、议论能力在不同单元中体现,同时又有交叉。但是总体而言,从三年级教材至六年级教材,以上六种能力呈现螺旋上升序列,即能力要求由易到难,最终引导学生完成能力的逐步提升,达到作文教学目标。

通过对教材习作内容进行梳理,以上六种能力要求大致分布在如下:观察能力要求集中在三年级上册五、七单元;三年级下册一、二、四单元;四年级上册三单元。取材能力要求集中在三年级下册七单元;五年级上册三单元;六年级上册五单元;六年级下册二、三单元。想象能力要求集中在三年级上册三单元;三年级下册五、八单元;四年级上册四单元;四年级下册二、八单元;六年级上册一、四单元;六年级下册五单元。叙事能力要求集中在三年级上册八单元;三年级下册三单元;四年级上册五、六、八单元;四年级下册六单元;五年级下册一单元;六年级上册二、七、八单元。描写能力要求集中在三年级下册六单元;四年级上册二单元;四年级下册一、

四、七单元;五年级上册一、二、七单元;五年级下册四、五单元;六年级上册二、八单元。议论能力要求集中在四年级上册一单元;五年级上册六单元;五年级下册八单元;六年级上册三单元。

1.观察能力

三年级上册五单元是小学语文教材中第一个习作单元。这个单元的主题就是留心观察,在习作中要求学生仔细观察,认真发现,记录观察时印象深刻的事物或者场景。这是习作中第一次明确提出观察的要求。而七单元要求留心生活,关注生活中的现象,根据自己的发现写出想法。三年级下册一单元要求观察植物,并把观察写清楚。二单元要求仔细观察图画,把内容写清楚。四单元则要求做小实验,把观察到的事物的变化过程写清楚。四年级上册三单元提出连续观察的要求,学生根据连续观察写观察日记。纵观三年级上册五单元到四年级上册三单元,不难发现,习作对于学生观察能力的要求逐步提高,从留心观察,发展到将观察内容写清楚,再发展到学会连续观察并写观察日记。而观察的内容也十分广泛,包括事物、场景、植物、图片、实验等,观察从静态到动态,从点到面。

| 观察能力提升序列 |||
| --- | --- | --- |
| | 能力目标 | 对应单元 |
| 1.留心观察 | 记录观察 | 三年级上册五单元 |
| 2.留心生活 | 写出对于生活现象或问题的想法 | 三年级上册七单元 |
| 3.把观察写清楚 | 把观察到的内容写清楚 | 三年级下册一、二单元 |
| | 把观察到的变化过程写清楚 | 三年级下册四单元 |
| 4.连续细致观察 | 写观察日记,清楚记录收获 | 四年级上册三单元 |

2.取材能力

三年级下册七单元安排写国宝大熊猫,为了引导学生写出真实可靠的内容,习作提示查找资料,初步整合信息,围绕提示的问题介绍大熊猫。这一训练过程可指导学生根据名称、类别、食物、分布地区等针对性筛查资料,对信息进行整合。五年级上册三单元要求运用在精读课文中学习的方法,照样子,提取主要信息,缩写指定故事或者其他故事。六年级上册五单元是习作单元,主题是围绕中心意思写,要求从教材提供的汉字或其他汉字,选择其一写感受,写时围绕中心意思合理选择事例。而六年级下册二单元要求选取书中重要信息写梗概。三单元要求选取印象最深的感受,写出真情实感。从最初查找资料、整合信息,到最后筛选最突出的材料写出情感,取材能力训练逐步从单一的取材练习,发展到根据情境自如合理取材形成文章。

| 取材能力提升序列 ||
| --- | --- |
| 能力目标 | 对应单元 |
| 1.查找资料,初步整合　围绕焦点问题筛查整理所需材料 | 三年级下册七单元 |
| 2.提取信息,浓缩内容　提取故事关键信息进行缩写 | 五年级上册三单元 |
| 3.合理选材,突出重点　围绕中心意思选取典型事例 | 六年级上册五单元 |
|                     提取书本关键信息,并提炼 | 六年级下册二单元 |
|                     选取突出事例,写出真情实感 | 六年级下册三单元 |

## 3.想象能力

三年级上册三单元的内容是编写童话,学生借助提示发挥想象捋清角色、时间、地点、故事内容,编写童话。三年级下册五单元是关于大胆想象的习作单元,这个单元鼓励学生通过走进想象的世界,感受想象的神奇,激发想象的欲望,然后大胆想象,创造自己的想象世界。八单元给定动物作为主角,要求根据提示展开想象,写出趣味。四年级上册四单元规定了和神话或者童话中的人物度过一天,写出自己这一天和人物度过的内容。四年级下册二单元要求根据提示写自己想要发明的物品,介绍它的外观、功能等。八单元的习作内容是将老故事创造性地改编成新故事。六年级上册一单元要求写变形后的经历,把重点部分写详细。四单元习作要根据主要人物创编故事,做到故事完整、情节动人,并融入环境描写、心理活动描写。六年级下册五单元要求写科幻故事,记录天马行空的想象。关于想象能力训练的习作,基本呈现了想清楚、大胆想、想出趣味、创造性想象的过程。想象的内容可以是开放的,也可以在规定范围中延展。

| 想象能力提升序列 |||
| --- | --- | --- |
| 能力目标 || 对应单元 |
| 1.发挥想象,写完整 | 写清楚童话故事要素 | 三年级上册三单元 |
| 2.大胆想象,写清楚 | 大胆想象,写出神奇 | 三年级下册五单元、四年级上册四单元 |
|                 | 根据提示想象,写出趣味,写出新意 | 三年级下册八单元、四年级下册二单元、四年级下册八单元 |
| 3.大胆想象,有重点 | 写清楚经历,并且把重点部分写详细 | 六年级上册一单元 |
| 4.大胆想象,写生动 | 情节吸引人,融入环境描写和人物心理活动描写 | 六年级上册四单元 |
| 5.写科幻故事 | 扩大想象范围,增加想象创造力 | 六年级下册五单元 |

### 4.叙事能力

三年级上册八单元要求记录一件自己印象深刻的简单的小事。三年级下册三单元写传统节日的度过过程,把过节的过程或者节日中深刻的故事写清楚。四年级上册五单元要求写印象深刻的事,同时指出不仅要把事情写清楚还要写出顺序。六单元记一次游戏,除了把游戏写清楚,还要写出心情和感受。八单元聚焦几件让自己心理产生波动的事情,写出情感变化。四年级下册六单元要求写自己学会的事情,同样也要写清楚经历和体会。五年级下册一单元写成长中印象最深刻的事情,聚焦"那一刻"的情形写具体,写出真感受。六年级上册二单元要求写一次活动,要使用点面结合的方法,突出重点内容。七单元写拿手好戏,要写出顺序,详略得当。八单元要求学生通过事情写人,事情具体,有真情实感。整体而言,从叙事能力这个角度,习作对学生的要求从写清楚、写具体、写出情感,提升到灵活运用手法叙事。

| 叙事能力提升序列 |||
| --- | --- | --- |
| 能力目标 || 对应单元 |
| 1.把一件事写清楚 | 写清楚事情构成要素 | 三年级上册八单元、四年级上册五单元 |
| | 写清楚事情发展过程 | 三年级下册三单元、四年级上册六单元、四年级下册六单元 |
| 2.重点部分写具体 | 短时间的重点内容写具体 | 五年级下册一单元 |
| | 一件事的重点内容写具体 | 六年级上册七单元 |
| 3.聚焦事情,写出情感 | 写出心理感受 | 四年级上册六单元、四年级上册八单元 |
| | 写出真情实感 | 六年级上册八单元 |
| 4.运用一定手法叙事 | 运用点面结合的手法写事 | 六年级上册二单元 |

### 5.描写能力

三年级下册六单元要求写出身边人的特点。四年级上册二单元同样要求写人,先找到家庭成员与某种动物的相似之处,再对家庭成员进行描写。四年级下册一单元安排描写自己喜欢的地方,写出自己的感受。四单元写自己喜欢的动物,并且向他人介绍出这个动物的特点。七单元从不同方面描写自己,形成"自画像"。五年级上册一单元写心爱的物品,写出喜爱之情。二单元写老师,用一两件事突出老师特点。七单元描写自然现象或者景物,描写时有顺序,体现动态变化。五年级下册四单元用动作、语言、神态等描写方法体现人物内心。五单元是习作单元,要求学生掌握用描写人物的基本方法表现人物特点的能力。六年级上册二单元描写活动场面,要关注场面,同时还要写出人物的动作、语言、神态等。八单元通过写事写人,并表达情感。对比以上不同单元可见,描写能力的提升经历了描写清楚、从不同方面和角度描写、描写生动、灵活运用描写方法进行描写的过程。

<table>
<tr><th colspan="3">描写能力提升序列</th></tr>
<tr><th colspan="2">能力目标</th><th>对应单元</th></tr>
<tr><td rowspan="2">1.描写清楚</td><td>写清楚对象的基本特征</td><td>三年级下册六单元、四年级上册二单元、四年级下册四单元</td></tr>
<tr><td>写清楚自己的感受想法</td><td>四年级下册一单元、五年级上册一单元</td></tr>
<tr><td rowspan="2">2.多方面描写</td><td>从不同方面突出特点</td><td>四年级下册七单元</td></tr>
<tr><td>用不同事件突出特点</td><td>五年级上册二单元、六年级上册八单元</td></tr>
<tr><td>3.描写生动</td><td>写出动态变化</td><td>五年级上册七单元</td></tr>
<tr><td rowspan="2">4.运用一定方法描写</td><td>使用动作、语言、神态等描写方法描写</td><td>五年级下册四单元</td></tr>
<tr><td>灵活运用多种描写方法突出人物特点</td><td>五年级下册五单元、六年级上册二单元</td></tr>
</table>

6.议论能力

四年级上册一单元安排了向同学推荐好地方的习作内容,要求写清楚推荐的理由。五年级上册六单元要学生通过写信的方式表达感受,说出看法,提出建议。五年级下册八单元提供漫画供学生观察,思考,写出自己得到的启示。六年级上册三单元要求根据话题,结合生活体验,思考某些事物让生活变得更加美好的原因,并把原因写具体。议论能力主要聚焦事物或者现象,激发学生产生思考,形成自己的独特见解。议论能力既反映语言运用素养,又反映思维能力素养。对比以上单元习作内容,不难看出,从较低年级到较高年级,议论能力的培养从写清楚观点向把观点写具体发展。

<table>
<tr><th colspan="3">议论能力提升序列</th></tr>
<tr><th>能力目标</th><th></th><th>对应单元</th></tr>
<tr><td>1.把观点写清楚</td><td>写清楚理由、看法、建议、启示等</td><td>四年级上册一单元、五年级上册六单元、五年级下册八单元</td></tr>
<tr><td>2.把观点写具体</td><td>把理由、看法、建议、启示等写具体</td><td>六年级上册三单元</td></tr>
</table>

### (三)习作能力提升建议

习作内容可分为写事、写人、状物写景、实用文、想象文等不同文体,每一种文体的特点和书写技巧虽然有所区别,但语言运用和思维能力的培养是贯穿于所有文体中的。本书提出的观察能力、取材能力、想象能力、叙事能力、描写能力、议论能力等六种习作关键能力,基本可以涵盖不同文体和不同习作要求。从能力提升的全局出发,习作教学还应处理好三个关系。

**1. 处理好整体能力螺旋上升与个别能力循环巩固的关系**

从整体看,以上六种习作能力呈螺旋上升序列,习作能力训练难度与年级增长对学生的要求保持一致。但是,从能力提升序列梳理内容来看,并非所有单元习作能力都按照能力等级严格排序。仔细分析,有多个单元习作内容体现一个习作能力训练点的情况,也有靠后单元习作内容体现靠前习作能力训练点的情况,或者靠前单元习作内容体现靠后习作能力训练点的情况。这样的习作内容安排不仅是为了紧扣单元主题和单元教学目标,还体现出习作能力在后续学习中的巩固训练。所以教学时,不能将能力目标和单元绝对一一对应,要根据实际情况,灵活安排教学的重点。

**2. 处理好整体能力训练和单个能力突破的关系**

从不同单元习作内容能力目标梳理情况看,有的习作内容不仅反映一个习作能力。而教材中的习作单元则重点突破某个习作能力。在研读教材时,对于包含多个习作能力的习作内容,要严格根据单元习作要素进行针对性学习和训练。对于习作单元,要把握习作单元指向的某个习作能力在该习作能力的完整序列中的位置和等级。例如,三年级上册五单元是教材中首个习作单元,为了符合学情,且让学生充分适应习作教学的新模式,这个单元指向的观察能力处于整个观察能力序列的最低等级,重在发现和写下观察所得,是后续观察能力习得的基础。教学时,不能提高难度,要夯实基础。

**3. 处理好阅读教学与习作教学的关系**

统编教材每个单元都是一个指向语文综合能力提升的立体网络,各版块均承担相应训练任务,相辅相成,共同推进学生语文核心素养发展。而每个单元学习目标的达成是通过"读写结合"的方式完成的。通过对精读课文或者略读课文的学习,掌握和巩固语文要素,再将已经掌握和巩固的具体方法进行内化与转化,用自己的语言,通过口头表达或者习作的方式进行输出。所以,每个普通单元均含有课文阅读理解和习作训练,在指向习作能力专项突破的习作单元也仍然包含课文和习作例文。阅读教学时,要积极关联习作要求,进行语用训练。习作教学时,要灵活运用单元课文的示范作用。

(四)习作能力提升策略

处理好如上三个关系,是提高习作能力的基础,可以帮助教师鸟瞰习作能力发展全局,把握习作能力提升方向。除处理好三个关系外,还需深入研究习作能力提升的具体策略。六种习作能力虽各有侧重,但编排模式与训练方式大致相同,所以本书提出的具体策略对不同能力均适用。同时,为体现能力提升序列前后连接的关系,培养学生习作整体思维,不宜将具体策略依据高、中、低学段彻底割裂开来。

1.展示能力量表,熟悉梯度,明确目标

语文统编教材总主编温儒敏强调,"习作"是有梯度的。教师要根据不同习作知识和习作能力,在不同阶段合理安排习作教学梯度,将习作能力的单个训练点连接成完整的习作能力链。教师不仅要精准掌握能力提升序列量表,还应向学生展示量表,引导学生建立能力提升整体思维,熟悉能力提升梯度,明确不同年级应达成的习作学习目标。

以描写能力为例,其能力提升序列包括:描写清楚;多方面描写;描写生动;运用一定方法描写。四个目标的水平等级呈现渐进趋势,后者基于前者,对学生提出了符合其能力发展程度的更高要求。如,"写清楚对象的基本特征"安排在三年级下册六单元,要求学生初步感知,而在四年级上册二单元成为习作正式要求。五、六年级则把"写清楚对象的基本特征"作为描写能力的基本要求。再如,"运用一定方法描写"在小学阶段初步要求学生掌握"运用多种描写方法突出人物特点",为初中描写奠基。教师让学生知晓其所处能力阶段和具体要求,引导学生准确定位,通过精心设计教学流程,指引学生达成既定能力目标,为学生追寻更高能力水平做铺垫。

2.用足用好范例,对比模仿,巩固写法

模仿学习是"以仿效榜样的行为方式为特征的学习模式"[1],可以强化习得,调节认知。统编教材不论普通单元还是习作单元,均安排习作任务。普通单元内的"精

---

[1] 林崇德.心理学大辞典[M].上海:上海教育出版社,2003.

读课文""略读课文"和习作单元内的"精读课文""习作例文"均对习作练习提供方法引导和例文示范。在教学时，教师应充分利用课文资源对学生进行习作指导，或指引学生参照范例对比模仿，巩固方法，对症修改，提升习作能力。对课文和例文的使用，既可出现在讲解方法时，又可出现在订正片段、自评自改时。

以观察能力为例，三年级上册五单元作为习作单元，专项突破初级观察能力。整个单元围绕"体会作者是怎样留心观察周围事物的"和"仔细观察，把观察所得写下来"两个要素展开。精读课文《搭船的鸟》《金色的草地》为学生展示了作者的观察内容和观察方式。"交流平台"进一步提示学生留心观察和细致观察，"初试身手"要求试写观察片段。教师应引导学生通过学习精读课文感受作者观察的过程，学习留心观察和细致观察的方法。在方法习得与巩固、写作实践与再实践的学习过程中，习作例文《我家的小狗》《我爱故乡的杨梅》除展示出这类习作应包含的要素，还提示学生可以从方位变化和对象变化的角度去有序地仔细观察，并抓住某些特征写详细，为学生提供了高水准示范。学生可通过模仿例文写法进一步掌握观察方法，提高观察能力。

3.重视课后练笔，勤于书写，丰富言语

六种习作能力的提升，均要在反复的写作实践中达成。写作活动需充分调动各种感官，综合阅读、观察、思考、书写等行为。阅读、观察、思考为形成习作提供语言支撑、素材支撑、逻辑支撑、情感支撑等，书写行为则帮助学生形成肌肉记忆。反复多次、有重点的写作实践是学生提升写作能力的基础和载体。

统编教材在"精读课文"与"略读课文"课后均编排指向语文要素训练的课后题。其中不乏大量与习作知识与能力结合的小练笔。例如，六年级上册四单元习作"笔尖流出的故事"要求学生大胆联想，创编生活故事，做到"情节吸引人，融入环境描写和人物心理活动描写"。此单元中精读课文《穷人》一课，课后小练笔为：沉默中，桑娜会想些什么呢？联系课文内容，写一写桑娜的心理活动。小练笔既紧扣语文要素，又回应单元习作关于联想和写出人物心理活动的要求。教师指导学生在学习课文后，适时进行片段练习，有助于学生完成本单元想象能力训练。统编教材中其他类似小练笔众多，不再一一举例。教师教学时，应充分利用课后小练笔布置习作实践任务。

(本节由高谊、杨子谊、袁鸿整理撰写)

ature, thin epidermal walls, smooth cuticle and absence of tris
# 第二章 理论研究

# 创设交际语境，提升写作能力

重庆市南岸区南坪实验小学校　李欣

重庆市南岸区南坪实验外国语小学校　肖冯

《义务教育语文课程标准（2022年版）》（以下简称"新课标"）将"作文"定位为"表达"，在课程总目标中阐述为"能根据需要，用书面语言具体明确、文从字顺地表达自己的见闻、体验和想法"，并将这种能力贯穿于阅读、探究、审美和跨学科学习中。这意味着作文教学的定位需要着眼于学生的核心素养，需要体现语文课程综合性、实践性的特点，要强化积极的语言实践活动，借助真实的语言运用情境，在各科的学习和生活实践中，通过语言文字来连接学习，连接生活，连接社会，连接思考，连接自我。

## 一、概念阐释

（一）内涵诠释

"交际语境"，又称为情境语境，是指为完成一个交际意图所涉及的交际主体（作者）、交际对象（读者）、交际目的和交际话题等构成的一个场域。

交际语境写作也可以叫作真实写作。交际语境写作就是在真实或拟真的语境下的书面表达。教授李海林曾指出，真实的文章并不仅仅是指其内容的真实性，更重要的是其"写作"的真实性。因此，教师需要尽可能地设定与生活相关或具体的写作任务：文章的读者是谁？为何要写这篇文章？写作的主题是什么？完成的任务是什么？只有在具体的任务环境下进行交际写作，才能满足当前社会对真实写作技巧的需求，才能适应那些对写作缺乏兴趣和动力、不明白为何要写作、厌恶书面表达的学生，这样可以解决写作教学中更深层次的动机缺失问题。

(二)价值追求

在小学作文教学中,创设交际语境具有深远的意义。

1.激发学生的写作兴趣

交际语境的创设可以为学生提供真实或模拟的交际场景,让学生在这种场景中体验不同的角色和情感。这种身临其境的体验能够激发学生的写作兴趣,使他们更加主动地参与到写作活动中来。

著名特级教师于永正的每次作文课都会精心创设交际情境,让学生在真实的活动情境中表达。最具代表性的就是于老师的"转述通知"一课。

上课了,于老师还未到教室,取而代之的是自称来自教育局的方老师,他向学生透露了于老师需在午后前往教育局开会的消息。不久,于老师步入教室,孩子们急切地将方老师所述事进行转告。不知不觉间,学生已投入于老师精心创设的交际情境中。为了清晰描述这位方老师的容貌以及准确复述他带来的通知,学生你争我夺地参与讨论,展现出浓厚的表达兴趣,表述也越来越清晰。

可见,通过创设交际语境,学生可以在写作中表达自己的观点、情感和经历,从而感受到写作的乐趣和价值。

2.提高学生的写作能力

在交际语境中,学生需要更加注意语言表达的准确性和得体性,以及文章的逻辑性和连贯性。这种要求能够促使学生更加认真地思考和构思,提高他们的写作能力。同时,交际语境的创设还能够为学生提供更多的写作素材和灵感,使他们的作文更加丰富多彩、生动有趣。

3.培养学生的社交能力

在交际语境中,学生需要与不同的人进行交流和沟通,这种交流能够培养学生的社交能力。通过写作,学生可以学会如何倾听他人的意见、表达自己的观点以及处理不同的交际冲突。这些技能在未来的生活和工作中都是非常重要的。

4.促进学生的全面发展

创设交际语境的小学作文教学不仅关注学生的写作能力,还注重培养学生的思维能力、创造力和情感态度等方面。这种全面的教育能够促进学生的全面发展,使他们在未来的学习和生活中更加自信和成功。

因此，在小学作文教学中，我们应该注重创设交际语境，让学生在真实的交际场景中体验写作的乐趣和价值。

## 二、研究的缘由

传统的作文训练常常与学生的交际活动实践割裂开来，学生只是为了完成一个写作任务，或者是为了追求写作高分，对写作背后的真正目的和文章的实用性、重要性一无所知。教师往往只关注习作重点的提炼、素材的挑选、整体的构思以及表达的技巧，而忽略了学生交际活动实际以及习作如何发挥作用的问题。出题方面常脱离学生的日常生活，导致学生因缺少可表达的内容而不得不用虚构的故事、空泛的言辞或套话应付。为了引导学生表达真挚的情感，体会写作的真实价值与深远意义，作文教学应当建立在一定的交际情境之中，使学生以实际应用为写作目的。

## 三、实践策略

（一）创设贴近生活的交际语境，激发写作动机

在以往的作文教学中，我们很少关注学生的写作动机，"记一次游戏""那一刻，我长大了""我的乐园"等是我们常见的作文命题，学生的写作动机是完成一项作业。然而，写作真实的初始动机很可能是生活中的事物、事件、人物所触发，抑或仅仅因为内心的某个念头，想表达或分享的冲动，当你带着明确目的去写作时，就更容易激发写作动机。于是作文课堂可以创设这样的"交际语境"，比如我们在课堂中做游戏，游戏后再记录游戏过程，让学生在经历真实的生活后，激发起写作的兴趣。

创设交际语境，教师应利用无时不有、无处不在的语文学习资源与实践机会，引导学生关注家庭生活、校园生活、社会生活等相关经验，如我们可创设这样的场景：

1. 你作为网红城市——重庆的一员，请你编写一个图文结合的旅游宣传手册，向游客介绍重庆风光。

2. 就小区宠物随地大小便的问题，给宠物主人们写一封信，劝说他们爱护小区公共环境卫生。

3. 你竞聘上了植物园的"小小解说员",请你为植物园拟一份解说词。

由于上述这些作文题目中的情境是源于现实,任务又十分清晰,学生的创作热情被点燃,进而产生真实的表达欲望。

(二)创设开放的交际情境,促成个性表达

在确保真实写作的基础上,还需要关注目标读者群体,以实现特定的交际功能。在交际语境中,教师可以引导学生思考"他们已经知道或想知道什么""我要跟他们讲什么""我要达到什么目的""我要采用什么文体""材料如何选择""采用直白还是华丽的语言"等语境因素。比如,统编版四年级下册四单元习作"我的动物朋友",教材用创设不同情境的方式,强调了要根据交际和表达需要,抓住动物的特点向特定的对象进行介绍。这一要求和以往描写小动物的习作不同,旨在启发学生根据不同的情境,针对不同的表达对象需要,选取不同的角度,抓住动物的特点进行介绍,从而使学生明白交际需要不同,习作内容也会不同,了解习作在实际生活中的应用价值。在教学过程中,教师请学生先选择其中一个情境,然后进行如下思考:针对这一情境的需求,应该着重介绍哪一方面的情况?需要抓住动物什么特点?三个提示图提示的三种描写角度都是为情境服务的,引导学生根据需要选择内容,写出动物特点。

| 情境1(目的) | 重点介绍角度 | 哪些特点 | 习作提示 |
| --- | --- | --- | --- |
| 寻找 | 外形特点 | 头 | 按照顺序 突出特点 |
|  |  | 四肢 |  |
|  |  | 尾巴 |  |
|  |  | 毛发 |  |
|  |  | 身体 |  |

| 情境2(目的) | 重点介绍角度 | 哪些特点 | 习作提示 |
| --- | --- | --- | --- |
| 喂养 | 生活习性 | 脾气 | 外形略写 习性详写 |
|  |  | 饮食 |  |
|  |  | 睡眠 |  |
|  |  | 活动时间 |  |
|  |  | …… |  |

| 情境3(目的) | 重点介绍角度 | 哪些特点 | 习作提示 |
|---|---|---|---|
| 收养 | 生活趣事 | 进食<br>嬉戏<br>休息<br>…… | 突出可爱<br>引起兴趣 |

如果没有养过这几种动物,教材也提示了可以写自己熟悉的其他动物,要鼓励学生自己创设情境,引导学生从生活中去寻找、提炼习作素材。

在筛选的过程中,学生逐渐清晰自己的写作思路,完善写作构思,最终达到有个性的表达。

(三)采用多元评价,引导互评互改

评改作文是作文教学的重要环节,目的是让学生知道自己写作的优势与不足,从而提高自己的习作水平。作文的修改评价不仅要注意学生修改作文内容的情况,还要关注学生修改作文的态度、过程和方法。

新课标明确提出:"让学生学会评价与修改自己的作文。就是要引导通过学生的自改和互改,取长补短,促进相互了解和合作,共同提高写作水平。"但是作文评价一直没有科学量化的指标,学生一直困惑:该如何去修改自己的作文?

在交际语境中写作,由于必须考虑读者、目的、体式、语言的要素,达到交际的作用,所以作文修改也有了相应的依据。在教学活动中,教师可以将教学目标和技能要求转换成学生能具体操作的评价量表,有效地引导、监控学生的作文修改。例如,在统编版四年级下册七单元习作"我的'自画像'"这一交际语境写作时,考虑到它的语境因素,我给学生这样的评价量表:

1. 是不是真实的自己?(他人评价:家人、教师、同学)

2. 是不是用事例说明特点?

3. 是不是清楚地突出特点?

学生以这些要点为中心,进行自我评价和小组互评,这样就避免了在评价过程中缺乏目标,陷入无目的状态。

在这一过程中,学生可以将习作还原到交际语境中去,使评价变得具体化、易操作化。这样,作文的修订过程就转化为一个可评估、可管理、可实施且能持续完善的练习过程。

# 培养学生的想象力

重庆市南岸区南坪实验小学校　曾杰琳

想象习作教学是提升学生想象力和写作能力的重要方式。它不仅能让学生锻炼自己的想象力,还能培养他们爱想象、敢想象、会想象的核心能力。

## 一、概念阐释

### (一)内涵诠释

想象作文,可以简单地把它分为两大类:

第一类是以想象出来的人、事、物、景为背景而写的想象作文。比如学生学过的很多童话故事都属于这一类型的想象作文。在三年级下册五单元中,习作例文《尾巴它有一只猫》也是属于这种类型。也就是说,这种类型的想象作文在文章中没有任何一处有关于现实场景的描写。我们以《尾巴它有一只猫》为例,文章一开头就这样写:"有一条尾巴,它很自豪地说:'我拥有一只猫!'"这句话就表明了整篇文章就是以想象出来的人、事、物、景为背景而写出来的一篇童话故事。

第二类是以记录自己怎么发挥想象,并且想象到了一些什么东西的这个过程为文章主要线索的想象作文。比如三年级下册五单元课文《宇宙的另一边》《我变成了一棵树》、习作例文《一支铅笔的理想》都是属于这一类型。从本质上讲,这种类型的想象作文其实还是属于纪实作文,只不过记的是发挥想象的这个过程的"实",并且在文章中会有现实场景的描写。我们以课文《宇宙的另一边》为例,首先看文章开头的这句话:"我趴在窗台上,看着浩瀚的星空",是不是现实场景的描写?再看文章的主要内容里,不断地出现"那个孩子是另一个我吗?""在宇宙的另一边,雪是在夏天下的吗?""在宇宙的另一边,太阳是从西边升起的吗?"这样的疑问句。这些都说明了这篇文章写的是现实中的事。现实中的什么事呢?"我想象在宇宙的另一边,会不会有一个和现实世界一样的地方"这件事。

分析想象类习作在统编版教材编排(如下表),发现教材对想象类习作的重视程度显而易见,在每一册书的习作板块中都精心安排了想象作文的训练。这些想象作文的分布十分均衡,占据了相当大的比例,为师生提供了丰富的素材和灵感。由于想象作文一直是师生关注的焦点,很多学生常常感到无从下手,缺乏想象力和创造力。然而,有了这套教材的引导,学生得以深入学习和探索,逐渐克服了对想象作文的畏惧,并更加深刻地感受到了想象的魅力。这样的学习过程不仅提高了学生的写作能力,也激发了他们的创新思维和想象力,为未来的学习和成长奠定了坚实的基础。

| 年级 | 作文总篇数 | 想象作文篇数 | 想象作文所占比例 |
| --- | --- | --- | --- |
| 三年级上册 | 8 | 2 | 25% |
| 三年级下册 | 7 | 2 | 28.6% |
| 四年级上册 | 8 | 1 | 12.5% |
| 四年级下册 | 7 | 2 | 28.6% |

(二)价值追求

1.开阔学生思维,激发习作兴趣

小学生正处于一个充满活力和好奇心的年龄阶段,他们的思维活跃,对周围的一切都充满了好奇心。对于这个阶段的学生来说,想象习作不仅仅是一项学习任务,更是一种表达自我、发挥想象力的方式。教师可以通过培养学生的想象力来激发他们的写作兴趣,让他们在习作中找到乐趣,更加积极主动地写作。在写作过程中,学生可以借助想象力对写作素材进行丰富的想象和加工,这样可以使自己的写作更加新颖、独特。同时,学生也可以通过想象,将一些抽象的概念具象化,让自己的习作更加生动有趣,激发学生的习作热情和创造力。

2.促进学生的创新思维,提升习作水平

在想象习作教学中,激发学生的想象力是至关重要的。想象力的激发不仅可以帮助学生摆脱传统写作模板和套句子的束缚,还可以培养他们的创新思维和独立思考能力。通过个性化写作,学生可以自由发挥自己的创意,表达自己的思想和感受,这不仅可以提高学生的写作技巧,还可以培养他们的创新意识和创造力。激发学生的想象力不仅有助于提高学生的习作技巧,更有助于培养他们的创新思维和独立思考能力。在未来的学习和生活中,这些能力将对学生产生积极的影响。因此,在想象习作教学中,我们应该注重激发学生的想象力,以促进创新思维的发展。

3.帮助学生更好地理解和表达情感

表达真情实感在写作中占据着至关重要的地位。它不仅是习作的灵魂,更是连接作者与读者的桥梁。通过发挥想象力,学生可以深入探索自己的情感世界,发现那些隐藏在内心深处的喜怒哀乐。这不仅有助于提升他们的写作技巧,还能让他们更好地理解自己和他人。而当学生能够将自己的情感巧妙地融入文字之中时,他们的习作将更具真实感和生命力。只有将情感巧妙地融入文字之中,才能创作出真正触动人心的习作。

4.激发学生无限的创造力

创造力在写作中扮演着至关重要的角色。它是一种无形的力量,能够让学生在表达过程中发挥无限的想象力,创作出独特、有创意的习作。要想培养这种能力,需要借助想象力的翅膀,通过发挥想象力,学生可以在脑海中构建出丰富多彩的世界,创造出各种各样的情节和角色。这样不仅可以丰富作品的内容,还可以让读者感受到作者的独特创意和想象力。此外,在写作过程中,学生需要运用自己的语言和表达能力,将想象中的场景和情节转化为文字。通过不断的练习和尝试,学生的写作技巧和表达能力将得到提高,从而提升他们的写作水平。

## 二、研究的缘由

我的研究起源于一次表达课,在学习了统编版教材四年级下册习作"故事新编"后,课上以"新龟兔赛跑"的故事作为例子,启发学生如何改编故事:1.有鲜明特点的角色;2.有想象奇妙的情节;3.有符合特点的言行。方法可以改编故事的开头,改变故事的结局,根据结局来设置故事情节等。接着,课后让学生改编自己喜欢的童话故事或者寓言故事。

第二天,练笔本整齐地摆放在我的办公桌上,学生会想象出怎样的"原生态的故事"呢?好奇心驱使我急切地打开了他们的练笔本,细细品读学生的习作,一些学生的想象力吸引了我,不过读着读着,我发现学生在创编过程中,只把熟悉的故事用自己的话重新复述了一遍,可能很精彩,但没有新情节、新角度,只在故事的结尾处稍加改动,并不符合创编故事的要求。

  他又再次叫住了乌鸦,这让乌鸦非常生气,他对乌鸦说:"乌鸦先生,听说您的歌声非常动听,您可以唱一首歌吗?"乌鸦听了很开心,因为第一次有人说他的歌声好听。他立刻唱起了歌。唱着,唱着,他手中的肉就掉了下来,突然,一只老鹰飞了过来,把肉吃掉了。

——选自《乌鸦喝水》新编

故事语言要求生动、形象,对故事中人物的言行进行细致生动的描绘。但在学生的习作中,学生只用三言两语就把故事情节写出来,缺少趣味。

  过了好久,乌鸦在石头旁找到了一根吸管,并把吸管放在瓶子里,因为它的身材矮小,就飞了起来,对着吸管咬去。乌鸦终于喝到了水,开心地在天空飞翔。

——选自《乌鸦喝水》新编

  创意是创编故事的灵魂,具有创意的情节会给新编的故事增色不少,但大部分学生创编故事的新情节缺少创意。

  于是,老虎就跟在狐狸后面,动物们一看吓坏了,四处逃窜。这时突然有一个动物说:"狐狸你身后有一只大老虎!"说完老虎好像听懂了什么,刚要准备吃掉狐狸时,小动物们为了救狐狸,抬起狐狸,撒腿就跑。

  老虎看见这一幕彻底懂了,立马追了过去,可是老虎怎么都追不上,就站在原地大吼了一声说:"你们不要跑!"这声音震耳欲聋,把抬着狐狸的动物们吓得愣在了原地,老虎一看说:"我不吃你们了,你们不用跑了!"小动物们怀疑是不是听错了。老虎就放走了他们,狐狸也把骗人这个行为改了。

——选自《狐假虎威》新编

我与不同教龄和学段的小学语文教师及学生进行了研讨,并结合自身的教学经验,对想象作文教学进行了分析。发现教师在教学想象作文时存在缺乏有效的教学策略、未能充分激发学生的想象力等问题。

(一)教学缺失儿童立场

目前,还有很多教师的教育理念与时代变革、科学技术的发展步伐不一致,在习作教学活动中,很多教师没有从儿童立场出发来设计教学环节。尤其是对于年龄较小的学生,他们的知识接受能力有限,教师在习作教学中时常忽略了这一点,为了发挥学生的想象力去完成习作,教师往往会整节课进行写作知识和题材的讲解,然后直接让学生写,最后对作文进行批改后,把自己的想法告知学生以便进行修改。这种固定的作文形式限制了学生的想象力,降低他们的学习兴趣,甚至让他们对作文产生抵触心理,这不仅不利于他们的进步,反而增加了他们的学习压力。

(二)学生想象缺乏内部动机

学生对于想象习作的积极性不高,主要是因为教师在教授写作知识和布置习作任务时,往往仅限于教材内容,其目的是完成一篇习作,没有关注能力和素养的培养,这导致学生对习作内容缺乏兴趣,学习积极性无法提高。此外,写作选题过程缺乏学生的参与,教师对学生的热点话题和兴趣爱好了解不足。为了提高学生的学习兴趣,教师可以适时布置一些与他们兴趣相关的写作任务,但需要注意防止学生过于关注兴趣而影响学习专注度。

(三)想象内容缺乏创新

学生在面对想象习作时,常常感到无从下笔,不知如何让内容充满新意。他们往往过于依赖老师所教授的技巧和内容,缺乏自己的独特思考。大多数学生倾向于按照教师的指导来完成作文。这种做法虽然能让他们更容易完成作文,但也导致了学生不愿挑战固有思维,缺乏创新精神。究其原因,与学生日常积累不足、缺乏丰富的表象积累有关。只有当学生学会联系生活进行想象,找到支撑点,他们才能展开有力的想象翅膀!

(四)忽视想象习作教学的评价

课堂教学评价的核心目标是评估教学目标的实现程度,从而优化教学,使教学目标得到更好的实现。因此,课堂教学评价应当与教学目标紧密相连。然而,在想象习作的实际教学中,评价往往与教学目标相脱节,导致其导向功能无法充分发挥。另外,教师过于强调教与学的重要性,而忽略了评价在课堂教学中的地位。教师在教学过程中往往忽视对教学目标的诊断,这使得他们无法及时了解教学目标达成的情况,也无法及时调整教学方案,从而影响了习作教学的效果。因此,教师在想象习作课堂教学中应重视评价的作用,紧密围绕教学目标展开评价,以确保教学的高效性。

### 三、实践策略

(一)加强教师的理论素养,夯实教学实践能力

1.更新观念,学习新方法和技能

在当今快速发展的时代,我们需要不断更新自己的观念,学习新的方法和技能,以适应教育改革的变化。为了提升自身的教学水平,教师应当积极参与各种关于表达课理论和教学方法的培训活动。通过培训,教师可以吸收新的教育理念,掌握想象习作教学方法,尤其对于想象作文的教学,教师需要对相关理论和方法有深入的了解。只有当教师熟悉了这些理论和方法,才能有效地引导学生写出优秀的想象作文。除了理论学习,教师还需要通过课堂观摩活动来实践所学的理论,观摩优秀课例可以获得更多的教学灵感和创意,特别是在当前互联网高度发达的时代,教师可以利用网络资源参加各种关于想象作文的培训活动。教师在教学中应积极与同行进行交流,在同年级、同办公室的沟通交流中,教师可以相互学习、共同进步,共同提升教学水平。

2.遵循课标,紧扣教材,明晰目标

教师在进行想象习作教学时,需要明晰教学目标,这就像航海者需要指南针一样。明晰教学目标,遵循课程标准和教材,是实现精准教学的关键。课程标准强调,学生应能够以丰富的情感书写精彩的片段,教学应该从段落写作逐渐过渡到完整的篇章。同时,要鼓励学生热爱写想象作文,使用生动有趣的语言来表达自己的想法。而统编版教材特别重视引导学生创作积极向上的内容,教材中有很多童话类想象作文,这些童话通常以美好的结局收尾。教材还配有大量有趣的图片和文字作为辅助学习材料,因此,学生不能凭空想象,教师也不能随意设计教学方案。为了更好地教学,我们应该引导学生创作美好的故事,这也是统编版小学语文所倡导的文化自信的体现。想象习作的教学目标与单元要素和具体的习作要求紧密相连,从教材的编排特点来看,每一篇想象习作的目标都与单元要素紧密相关。因此,为了有效地进行想象习作教学,教师必须遵循课程标准的精神,紧密结合教材内容。

3.加强写作素养,提升教学能力

作为语文教师,我们需要以研究者的姿态和作家的身份来要求自己。随着课程

改革的深入,提升自身的综合素养变得尤为重要。为了建立起更加完善的知识体系,我们需要不断地学习和提升,就像俗话说的"给孩子一碗水,自己要先有一桶水"。教师的写作能力是学生写作路上的重要偶像,为学生树立良好的写作榜样。为了做到这一点,教师需要经常写作,以提升自己的写作素养。想象是思维的重要过程,完成想象作文的过程也是思维逐渐成熟的过程。如果教师不能将想象倾注于笔端,那么就难以与学生产生思想上的共鸣,也难以发现学生在创编想象习作过程中遇到的困难,学习的难点在哪里。因此,教师需要加强自身的专业学习,提升知识储备和写作能力,这样不仅可以为学生提供写作思路,还可以提供优秀的范文。通过不断地学习和提升,教师不仅可以更好地指导学生,还可以与学生共同成长,共同进步。

(二)提升想象习作兴趣,激活学生想象能力

1.营造环境体会表达乐趣

兴趣是学生最好的驱动力,一旦他们对想象习作产生浓厚的兴趣,他们就会全身心地投入其中。激发学生的表达欲望是关键,为了实现这一目标,教师需要为他们创造一个感兴趣的环境,使学生能够积极主动地参与到语言表达活动中,教师应给予学生足够的机会来表达自己的想法,通过口述,学生可以畅所欲言,充分释放自己的想象力。同时,教师应该以轻松愉快的方式将话语权交给学生,让他们能够在课堂上自由表达。为了提高学生的表达积极性,教师还需要营造一个和谐民主的课堂氛围。在这个环境中,学生可以克服恐惧,勇敢地站在讲台上分享自己的观点。只有当他们敢于表达内心的想法时,才能更好地完成想象习作。此外,教师还应该注重对学生语言表达技巧的培训,通过小练笔和优秀片段分享交流会等形式,学生可以学习到更多的表达技巧和方法。同时,教师可以围绕特定的想象情境,引导学生自主创意表达,让他们能够充分展现自己的独特感受。通过这些方法,学生可以更加积极主动地参与到语言表达活动中,从而培养他们的表达能力。

2.培养学生敏锐的观察力

新课标强调,学生要养成细心观察的习惯,这不仅对写作有帮助,而且能积累丰富的写作素材。教师需要引导学生用五官去感受周围的世界,因为生活中的所见、所闻、所感是创作的源泉。当学生不知道如何观察时,教师应给予指导。小学生

对外界充满好奇,教师应该引导他们仔细观察各种事物、现象和自然风光。当学生对学习失去兴趣时,可以尝试引入相关资料来激发他们的好奇心和探究欲。在观察过程中,教师需要给予适当的引导,帮助学生找到合适的观察方法。同时,要让学生明确观察的目标,以便更有效地进行观察。观察时,学生需要对事物进行适当的比较和关联,通过比较和关联来加深对事物的理解。通过长期的训练,学生的表象积累会更加丰富,对自然也会更加热爱,从被动观察转变为主动观察。

3.丰富阅读重视读写结合

阅读对学生的想象力提升有着不可忽视的作用,学生在阅读过程中,将文字转化为画面,这就是想象力的展现。对于小学生来说,由于生活经验的不足,阅读成为培养想象力的关键途径。在这个过程中,学生的想象力不断得到发展与重塑。作为教师,我们需要为学生挑选合适的、有助于培养想象力的书籍。在单元教学和习作教学中,推荐适当的课外阅读作品,让学生更好地感受和体验。而阅读量丰富的学生则能够流畅表达,灵活运用阅读素材所积累的内容,帮助自己更好地想象,为学生写好想象习作打好基础。语言教育不仅仅是说,还是听、思考、实践等多种行为的综合。为此,在教学活动过程中,教师要引导学生充分利用阅读,多读、多背、多积累,为学生有效增强语感的第一手资料,学生通过朗读,熟读成诵,积累语言,丰富词汇,从而能够提高表达能力,鼓励他们仿写、续写、改写或扩写阅读内容,这样不仅可以提高学生的写作能力,还能进一步培养他们的想象力。

(三)不断改进教学方式,促使学生想象力生成

1.立足教材进行想象拓展

对于小学生来说,培养想象力至关重要,特别是对于那些想象力相对薄弱的学生,教材中已有的训练版块和方法能够起到很好的启发作用。教师能立足于教材,用好教材,在教学过程中,以教材为基础,通过深入挖掘和利用教材中蕴含的想象方法,引导学生进行想象拓展训练。教师可以从教材的课后习题、语文园地等版块中筛选出适合学生想象训练的内容,并加以整理,有目的、有意识地对学生进行训练,这样的教学方式不仅能够帮助学生打好想象力基础,还能够激发学生对生活的思考和想象。教师可以适时地联系生活实际,进一步拓展学生的想象空间,让学生的想象力更加丰富和深刻。

2.借力支架搭建想象平台

苏联心理学家维果茨基是一位著名的教育学家,他提出了支架学习理论,这一理论对教育实践产生了深远的影响。支架学习理论的核心思想是教师通过引导学生,帮助学生从现有发展水平跨越至潜在发展水平,也就是所谓的"最近发展区"。为了帮助学生更好地展开想象,我们需要为他们搭建了一座"支架",这个支架可以为他们提供清晰的思路和方向,让他们更好地理解写作的基本要求和技巧。在写作过程中,学生往往感到困惑和无从下手,不知道该如何展开想象和组织语言。而这个支架就像是一座桥梁,帮助他们跨越这些障碍,通过这座"桥梁",学生可以更加清晰地表达自己的想法和感受,发挥自己的创造力。在支架的引导下,可以帮助他们更好地展开想象,提高写作能力,为未来的学习和成长打下坚实的基础。

3.范文引路丰富想象内容

对于习作教学来说,范文的使用是重要的方法。范文在提高学生的语言表达、作文结构和想象思路方面扮演着重要的角色。在完成初步的片段练习后,学生可以借助范文进行修改。这样,学生在独立思考的基础上,通过与范文的比较,更容易发现自己的问题。当学生对作文进行再次润色时,他们将拥有更全面的认识。为了充分发挥范文的价值,教师需要深入分析范文的特点,特别关注其中的精彩片段和所蕴含的想象知识。在指导学生时,可以采用边读边提问的方式,引导学生充分表达自己的想象思路和部分内容的想象内容。此外,教师也可以亲自撰写下水文作为范文。通过完成下水文,教师可以深入了解写作的难点和学生写作时的心理过程。教师的下水文,应确保其能够为学生提供清晰的思路和出发点,使学生明确从哪些角度和方面来完成习作,这样的下水文才能真正发挥其指导价值。

(四)重审优化评价标准,探索精准的评价方式

《义务教育语文课程标准(2022年版)》细化了评价建议,教师应树立教学评一体化的意识,科学选择评价方式,合理使用评价工具,妥善运用评价语言,注重鼓励学生,激发学习积极性。笔者根据课标精神,厘清想象习作教学评之间的关系,重审优化评价标准,探索精准的评价方式。

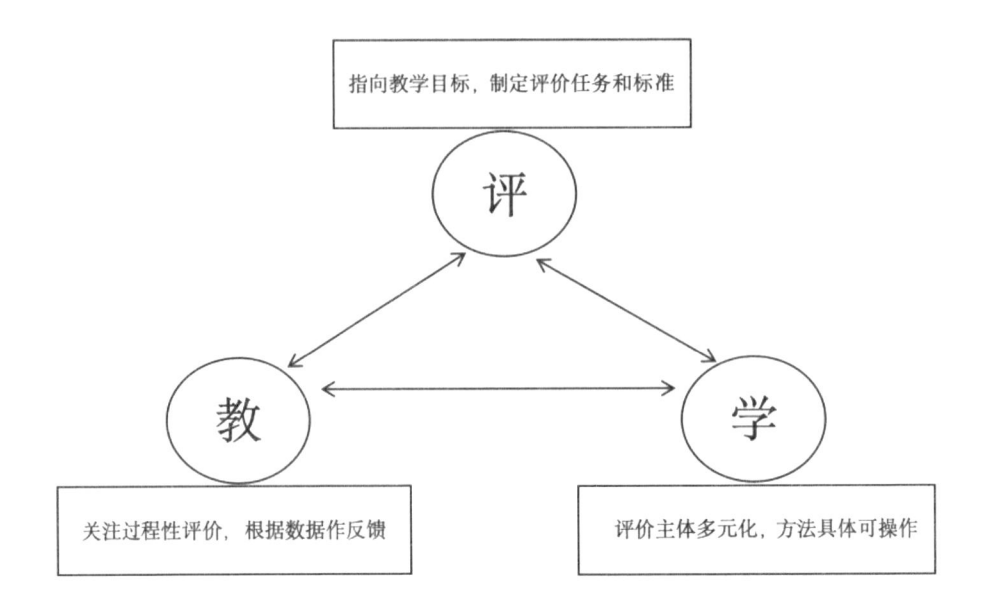

```
                    ┌─────────────────────────────────┐
                    │ 指向教学目标，制定评价任务和标准 │
                    └─────────────────────────────────┘
                                    │
                                   (评)
                                   ╱ ╲
                                  ╱   ╲
                               (教)───(学)
```

┌─────────────────────────────────┐          ┌─────────────────────────────────┐
│ 关注过程性评价，根据数据作反馈  │          │ 评价主体多元化，方法具体可操作  │
└─────────────────────────────────┘          └─────────────────────────────────┘

1.指向目标，制定评价任务和标准

为了确保学习目标的实现，评价任务和标准的设计至关重要。这些任务不仅需要催生出丰富的评价信息，而且必须直接指向目标达成。除了与学习目标的内容维度相匹配，评价任务还需要与认知维度相匹配，教师对教学目标透彻而深入地把握，最终要转化为表现性标准。

例如，低中年级学生会赋予大自然中的一切以人的灵性，所以特别适合读童话，也特别适合写童话。三年级的三次想象习作紧扣教学目标，评价标准为创编自己的童话故事，想象力求大胆奇妙。四年级教学目标侧重在对他人故事的移情想象与再造想象，难度在于，需要以原文中的故事情节与人物形象（人物特点、人物本领等）为基础进行移情想象与再造想象，因此评价标准是以原来故事为基础，进行情节、结局、人物形象的反转或者改变。随着年级的升高，学生的生活理解能力逐渐增强，他们的想象力也变得更加理性和具有深度。与低年级的童话故事想象相比，高年级的探险和科幻故事想象更加注重现实生活的体验和感受。五年级下册的探险故事想象，旨在满足学生对未知世界的探索欲望，让他们在故事中体验现实中无法经历的探险生活。而六年级下册的科幻故事则借助科技的力量，对未来的人类生活进行大胆的预测和设想，甚至对人类的生存意义进行深入思考。

## 2.关注过程性评价,及时精准反馈

想象习作的思维活动是具有双重特点。首先,它的进行在大脑的深处,像一股暗流,难以被我们直观地观察和捕捉。其次,这个思维过程是动态的,难以保持长时间的稳定。我们往往在写作完成后才对作品进行评价,而忽视了写作过程中想象思维的动态性,因此,在习作教学中,我们不能忽视这个至关重要的思维过程。通过深入了解和评价思维的过程,我们可以更好地指导学生,帮助他们发现写作中的问题,并培养他们自主解决问题的能力。这不仅有助于优化写作效果,更能培养他们的思维能力和自主学习能力。评价写作过程中的思维活动最好的方式是同步参与,伴随学生完成整个写作过程,如他们的思考方式、遇到的困难以及解决困难的方法。在教学中,结合写作结果和想象思维的过程进行参与式、介入式的评价,这种方式能及时反馈步骤方法及效果,不仅提高了学生写作质量,同时也教授给他们正确的思维方法。学生高质量写作的同时,也获得了正确的思维方法,促进了写作能力的形成。

## 3.评价主体多元化,方法具体可操作

对习作的评价,大部分教师仍然依赖于自己评讲的方式,虽然有些教师开始尝试小组评讲和师生共同评讲的形式,但这些尝试还远远不够。新课标强调评价主体的多元化,提倡更多地发挥学生在评价过程中的作用。为了更好地满足新课标的要求,教师应当创造更多的机会让学生参与到评讲过程中。通过让学生充当小老师的角色,教师可以使他们成为评价过程的主导者,从而更好地掌握主动权。这种方式不仅可以帮助学生更深入地理解想象习作,还能激发他们对评讲的热情。

小学生已经具备基本的评价能力,能够辨别习作的好坏,但在具体评价过程中,他们往往难以明确指出优秀之处以及需要改进的地方,需要为他们提供一个自我评判和矫正的机会。课程标准在"课堂教学评价建议"中明确要求教师,在引导学生进行评价时,引导学生明确评价标准,准确把握评价尺度。因此,为了帮助学生更好地对习作作出评价,教师需要设定以学生为中心,制定出具体、清晰、可操作的评价标准,确保每个学生都能获得最大的学习机会,从而真正发挥评价标准的作用。

总之,在想象习作教学中,培养学生的想象力是一项至关重要的任务,这是由语文学科的特性以及人才培养的需求所决定的。作为语文教师,我们有责任和义务

在教学中积极推动这一目标的实现,但需关注,培养学生的想象力并非一朝一夕之功,而是一个长期且复杂的过程。全国著名特级教师、教育专家周一贯老师曾明确指出,要保卫儿童的想象力与幻想能力,因为它们是儿童的第三种力量。实践证明,小学阶段是他们想象力最活跃的时期,因此,我们应把握这一关键时期,通过适当的训练手段,激发他们的想象力,让他们敢于想象、善于想象。这不仅有助于提升他们的学习效果,更为他们的个人发展奠定坚实基础。

# 以事塑人，以情动人

重庆市南岸区珊瑚鲁能小学校　陈虹宇

有统计显示，人一生会遇到约82635人，其中会打招呼的有19778人，会和3619人熟悉，会和275人亲近。但最终，这些人大多都会消失在人海。如何在人生长河中识人、辨人、与人相处，是我们从小就应培养的一种关键能力。一个人身上应该具备哪些优秀品质，也是我们应该培养的必备品格，因此统编版教材中把这一能力纳入习作教学中。

## 一、概念阐释

### (一)内涵诠释

写人，是小学阶段最重要的习作类型之一。写人即写事，写事即写人，人与事不可分割，互相融合，相互成就。关键看题目如何要求：要求写事的文章，文中的人要为事服务；要求写人的文章，文中的事要为人服务。

1.通过一件事写人

通过一件事来写人，通常是表现人物的一个特点。为了刻画人物，对所写人物必须进行外貌、语言、动作、心理等方面的描写。写人的时候，要抓住典型事例来写。对小学生来说，选择典型事例，要着眼于小事，选择那些最能反映深刻意义的小事。这样的事虽然都是平凡小事，但是其中却蕴含着深刻的意义。

2.通过几件事写人

可以分成两种情况：一是用几件事突出人物的特点；二是用几件事突出人物的多个特点。用几件事写人，这些事可以是完整的，把事情的起因、经过、结果交代清楚即可,也可以是不完整的,只着重于对某几点进行叙述,努力做到详略得当。

具体的事例是展现人物性格特点的关键。在写人习作中,教师应指导学生选取典型、生动的事例来塑造人物形象。这些事例应具有代表性、典型性和趣味性,能够突出人物的性格特点。通过具体事例的叙述和描写,让读者能够清晰地看到人物的形象和性格特征,从而加深对人物的理解和认识,达到以事塑人的效果。

(二)价值追求

写人习作不仅仅是对人物形象的描绘和叙述,更是对作者情感的真实表达。教师应引导学生用真挚的情感去描绘人物和叙述事件,表达自己对人物的真实感受和评价。这种情感表达不仅能够增强文章的感染力和说服力,还能够让读者在阅读过程中感受到作者的真诚与热情,达到以情动人的效果。同时,鼓励学生表达自己对人物的真实感受和评价,使习作充满个性和温度。

## 二、研究的缘由

我现在执教的年级是三年级,这个班级学生的情况复杂。父母大多学历较高,对学生关注度很高,但各个家庭对学生的要求参差不齐,导致大多数学生的个性非常突出,同学之间经常"一言不合"就"开战",经常互相指责、打骂。我之前接触的班级同学之间关系都非常融洽,班级里生生、师生氛围都很好,从没遇到过这样的班级,这对我的班主任工作提出了更高的要求。

## 三、实践策略

翻看语文书,统编版小学语文教材从三年级上册就安排学生学习写人"猜猜他是谁",三年级下册"身边那些有特点的人",四年级上册"小小动物园",四年级下册"我的'自画像'",五年级上册"'漫画'老师",到五年级下册"他＿＿＿了",到五年级下册"形形色色的人"。可以发现几乎每学期都有写人的习作,每学期也有很多写人的课文。深究原因,这些都是旨在培养学生从小观察人、了解人的能力,通过一次次人的描写,为以后识人、辨人、与人交往打下基础,最终达到悦纳众人。

## 小学语文一至六年级习作分类整理（写人篇）

| 年级 | 主题 | 习作要求 |
| --- | --- | --- |
| 三年级上册一单元 | 猜猜他是谁 | 体会习作的乐趣，用几句话或一段话写一个同学。写印象深刻的地方：<br>1. 外貌特点<br>2. 性格爱好<br>3. 品质精神 |
| 三年级下册六单元 | 身边那些有特点的人 | 写身边人，尝试写出他的特点。<br>1. 抓典型事例<br>2. 抓细节描写：语言、动作、神态、心理活动等<br>3. 写印象深刻的地方：外貌特点、性格特点、特长爱好、精神品质等 |
| 四年级上册二单元 | 小小动物园 | 写家人<br>1. 抓住人物与动物最突出的特点，找相似<br>2. 要突出人物的外貌、性格或爱好等特征<br>3. 用词准确，比喻恰当，要形象、生动 |
| 四年级下册七单元 | 我的"自画像" | 学习用多种方法写出人物的特点。<br>1. 外貌；2. 性格；3. 爱好；4. 特长；5. 还想介绍什么特点，用什么事例来说明 |
| 五年级上册二单元 | "漫画"老师 | 结合具体事例写出人物的特点。<br>1. 具体的事例<br>2. 夸张的表现<br>3. 幽默的语言 |
| 五年级下册四单元 | 他_____了 | 尝试用动作、语言、神态描写，来表现人物的内心。初步运用描写人物的基本方法，尝试把一个人的特点写具体（通过人物"细节描写"表现内心） |
| 五年级下册五单元 | 形形色色的人 | 选择典型的事例来表现一个人的特点（典型事例） |

这次习作，不仅能让学生学会用事情写人，还能发现每位学生身上的闪光点——换位思考，友好相处。不过学生在学习、记录的过程中也遇到很多问题：

(一)观察不足，缺乏细节

在习作中学生观察不够细致，导致人物形象模糊，缺乏具体的细节描写，只是简单地描述人物的外貌特征,如"高高的个子""大大的眼睛",而没有进一步深入人物的性格特点、行为习惯等方面,缺乏对人物内心世界的挖掘,使得人物形象显得单薄,缺乏深度和立体感。

我积极引导学生学会观察,不仅观察人物的外貌特征,还要观察人物的行为举止、语言风格、情感变化等,从而捕捉到更多生动具体的细节。在班级内开展班队活动,随机分组,在具体情境下增加学生与学生之间接触机会,真正发现同学身上的闪光点,丰富写作素材。

(二)选材单一,缺乏新意

学生在写人时,选材往往比较单一,容易陷入"套路化"的陷阱。他们会选择一些常见的题材,如"我的老师""我的妈妈"等,而这些题材又往往被反复书写,缺乏新意。虽然这次习作要求选材为身边的人,但结合学情,我希望起到德育作用,因此,在选材时引导学生观察身边的同学,并且是身边同学的优点、闪光点,从中寻找灵感和素材,从而写出具有新意和个性的习作。

(三)情感表达不够真挚

学生在写人时,缺乏生活经验和情感体验,导致情感表达不够真挚。他们会用一些空洞的词语来堆砌文章,而没有真正深入人物的内心世界去体验和理解情感。习作中缺乏真实的情感流露,使得文章显得苍白无力,难以引起读者的共鸣。我积极引导学生多关注生活中的情感细节,学会从自己的亲身经历和感受中去寻找情感表达的素材,鼓励学生用真挚的情感去描绘人物和叙述事件,让读者在阅读过程中能够感受到作者的真诚与热情。

(四)语言表达能力有待提高

学生在写人时,语言表达能力有限,容易出现用词不当、句子不通顺等问题。他们会用一些生僻的词语来炫耀自己的词汇量,但这些词语并不符合语境,反而影响了文章的整体质量。习作中缺乏生动的修辞手法和形象的比喻等,使得文章显得平淡无奇,缺乏吸引力。在日常的教学中我关注对学生语言表达能力的训练,通过多读、多写、多改等方式来提高学生的语言运用能力,鼓励学生多积累好词好句,学会运用比喻、拟人等修辞手法来丰富文章的语言表达。

生活是写作的源泉。我积极引导学生走进生活,观察身边的人和事,积累丰富的写作素材。通过观察,学生能够更深入地了解人物的性格特点、行为习惯等,为写人习作打下坚实基础。写作与思考是同时产生的,同时还应注重培养学生的思维能力,引导学生在写作过程中进行深入思考和细致分析,提高作品的广度和深度。

# 搭建支架,提升表达能力

重庆市南岸区和平小学校 陈佳

语言表达能力是语文核心素养之一,习作则是培养语言表达能力的主要方法。习作已成为学生学习的难点内容,要想学生由被动转为主动,既要求教师善于激发学生的表达欲望,也要求教师及时地给学生搭建学习指导支架,这样就可以减少困难,降低难度,并让学生沿着支架逐步地去攀登,在螺旋向上的过程中累积新素材,从而提高表达能力。

## 一、概念阐释

### (一)内涵诠释

习作的指导支架是指在学生现有的水平与可能发展的水平之间搭建的可供于攀登的"梯子"。它具有将学生引入课程,为学生提供针对性的帮助,降低学习难度等作用。

根据使用时间,我们可以将习作指导支架分为作前的构思支架、作中的技巧支架和作后的评改支架。不管是哪一种,都能帮助学生打开思路、理清文脉、组织语言和检测表达效果。

### (二)价值追求

1.实现有效习作教学

在习作教学中搭建学习支架可以帮助学生架构表达的密码,激发学生的语言表达动机,提升学生的写作能力,真正实现有效的习作教学。

2.提升学生表达能力

统编语文教材中安排的习作训练是学生对现实生活的"发现"和"利用",让学生在真实的生活情境中去书写独属于自己的个人体验,并融入自己已有的写作知识与技能,将表达与生活相联结。那么,在习作教学中搭建习作支架供学生"攀登",再结合学生自己的生活经验、阅读积累,就能有效激发学生习作兴趣,提升构思能力,唤醒他们用文字表达情感的潜力,从而有效提升表达能力。

3.明晰习作路径,降低习作难度

有了习作支架的帮助,学生的学习难度随之降低,他们能清楚地知道自己提笔前"写什么",落笔时"怎么写",收笔后能评价自己或同伴"写得怎么样"。

## 二、研究的缘由

统编语文教材十分重视习作教学,每个单元都会将人文主题和语文要素编排在一起,而且每个单元中都清楚地提出了本单元的习作要素。课后习题的"小练笔"、阅读单元的习作和单独设置的习作单元都是对习作的训练。但是,对学生来说要写好每一篇习作依然是十分困难的。

"耗时多,收获少"是习作课的常态,一说到习作,学生都是怨声载道,教师也是头疼万分。哪怕用了几节课来进行指导,可还是会听到"老师,又要写作文了呀?""我不知道怎么写?""写什么呀?"诸如此类的话语。下一个单元的习作都要上了,上一个单元的习作还没交齐、改完。"我不喜欢写作文,我害怕写作文"的学生大有人在。

为什么会这样?经过调查、分析,我发现以下几点原因:一是学生不知道自己为什么要写,写作的目的是什么;二是学生不善于留心生活,缺乏写作素材,不知道写什么内容;三是学生缺乏写作技巧,不知道怎么写;四是学生不知道自己写得怎么样,缺乏写作信心,不想写。

如何让学生明白写作的实质是为了沟通与交流,为了解决生活中遇到的真实复杂的问题,并以此来激发表达的欲望与兴趣,让学生想说、想写、想表达,从不会到会,从要求写到我要写,甚至是我乐写呢?

通过阅读相关书籍、观摩名师习作课堂、请教有经验的老师等方式,我发现在习作中为学生搭建支架,可以有效降低习作难度,让学生有"法"可依、有"章"可循,有效提升他们的表达能力。

### 三、实践策略

在小学写作教学的支架搭建中,教师首先要让学生明白"为什么写",向学生渗透"写作就是表达交流"的思想,使学生从内心感到写作其实很容易,这样才能将自己心中所想毫无保留地写下来;其次在教学时进行习作指导支架的搭建,进一步帮助学生降低习作难度,达到"我想我手写我心"畅所欲言的效果。

(一)习前构思支架:创设情境,问题引导,让学生有感而发

我校是乡村小学,很多就读的学生常常不知道该"写什么",所以首先要为学生搭建写前的构思支架,解决"写什么"的问题。

学习的本质是生活,其实习作也是如此。只有留心生活:看到、听到、体验到、感受到,才能言之有物。教师依据习作要求特点为学生创设生活化的情境,搭建情境支架,将习作任务无声地嵌入真实生活中,引导学生全身心地去观察、体验、感受生活,留意身边的趣事,以此激发学生的表达兴趣和欲望,由"要我写"转变为"我要写",成为自己习作的主人。

以四年级语文下册七单元"我的'自画像'"习作为例,教材中为学生提供的情境是"假如班里来了一位新班主任,怎样才能让班主任尽快认识自己",请学生以"我的'自画像'"为题,向班主任介绍自己。由于每个学生都想让新班主任在短时间里尽快了解、熟悉自己,那么他们的表达欲望很容易就被点燃了。

在这样真实的任务情境下,学生从"人物卡片"这个构思支架中获取信息,知道可以从基本信息、外貌、性格、爱好、特长等方面介绍自己。此时再为学生搭建适切的问题支架,以助推学生习作的顺利进行:你的外貌有哪些特点?你的主要性格特点是什么?你最大的爱好和特长是什么?你还想介绍自己的哪些方面?你想以哪种方式来介绍自己?等等。这些问题并不要求学生在习作中一一说明,而是要求学生能够依据自己的想法,选择多角度,把自己的特点介绍清楚,给人留下深刻的印象。这样让学生根据自己的表达需要,恰当运用问题支架,才能促进他们习作能力的真正提升,也较好地解决了"写什么"的难题。

(二)习中技巧支架:筛选素材,范文引路,让学生有事可写

同样以"我的'自画像'"为例,学生从构思支架中明白可以从人物外貌、性格特点、兴趣爱好、特长表现以及典型事例等几个方面进行构思,但是不是就能把自己介绍清楚呢?

这时,教师搭建了两个技巧支架:筛选素材,范文引路,解决"怎么写"的问题。支架的设置引导学生"顺着支架往上爬",使学生通过视觉、听觉、感觉的体验,达到降低难度的效果。

首先让学生在最想介绍的几个方面后打钩,进行第一次素材的筛选;其次通过例文,学生进行第二次素材的筛选,并从不同角度提醒学生写作时的注意点:选择的材料要与自己的特点有关,可以通过一个具体的事例突出特点,也可以通过多个小事例来展现特点,这样才能更加契合文章的主题思想,更加突出人物特点。有了例文的示范作用,学生在写作技巧上有章可循了,写作难度大大降低了。

如有位学生以《我是小书虫》为题,通过多个小事例写出自己爱看书的特点,她选取的材料是:课间休息,其他同学都去操场活动了,只有她留在教室看书;上厕所时也不忘看书,总要把书看完才出厕所;周末最喜欢做的事就是逛书店、上图书馆;最喜欢的一份礼物是一套图书……这样的选材,就能把自己喜欢阅读的特点写得清楚,同时也使自己的形象更加饱满,让读者能更加快速、全面地了解她。

(三)习后评改支架:多元评价,学会修改,让学生有章可依

鲁迅先生曾说:"好文章不是写出来的,而是改出来的。"评改习作是再次学习、再次思考的过程,也是表达的再次提升。但是评改习作对于学生来说大多都浮于表面,不够深入,更谈不上思维上的提升。究其原因,学生大多还不具备有效评改的能力及缺少可参照使用的标准和方法。这时就需要教师提供具有可操作性、指导性的评改支架,帮助学生进行有效的评改。在设置评改支架时还需要注意:评价标准应与习作要求相对应;让师生以读者的身份去发现习作与评改标准之间的差距;根据发现的差距,学生再进行修改。

在"牛刀小试——片段练写"时,教师以表格的形式呈现了针对本次习作要求的评改支架,如事例恰当、描写清楚,从多方面展示了自己的特点。因学生写完后大多处于"只缘身在此山中"的处境,所以除自评外,还开展了生生互评、师生互评的

多元评价,用来帮助学生判断怎样的习作是表达清楚的,是达到要求的,是好的,进而修改自己的习作。

此次习作课例"我的'自画像'"从人物卡片入手,通过"认识自己——范文引路——牛刀小试——展示自我"四个活动,教师为学生搭建习作支架,让学生顺"架"而上。在此次的习作课中,学生不但学会了从多个方面介绍自己,还训练了利用一个或多个典型事例来突出自身特点。学生因"支架"的帮助,习得了写作方法,提升了表达能力,实现了语言思维能力的发展,有效确保了写作目标的实现。

### 四、结语

习作是语文教学的重要部分,也是培养学生表达能力的重要途径。在教学时,教师要依据新课程标准深入研究教材,更要依据真实学情,通过搭建习作指导支架的方式,降低习作难度,激发表达兴趣,真正引导学生在习作过程中有所获、有所得,使学生思维得以发展、习作水平得以提高、表达能力得以提升,成为善于表达、乐于表达的人。

# 我手写我心，我心吐真情

重庆市南岸区黄桷垭小学校　程琼

日记作为小学生表达内心世界和情感的重要工具，能够促进其语言表达能力、自我认知和情感管理能力的发展。通过真实的记录和情感的抒发，帮助小学生建立积极的写作态度和健康的心理。

## 一、内涵阐释

### (一)内涵诠释

"我手写我心，我心吐真情"在小学生日记写作中的内涵，是鼓励小学生以日记为载体，自由、真实、坦诚地表达内心的想法、感受和情感体验。

"我手写我心"强调的是让小学生将脑海中的思绪、观念和想象，通过手中的笔转化为文字记录下来。这意味着他们无须受到外界规范、标准或他人期望的束缚，能够随心所欲地描绘自己眼中的世界、内心的思考以及独特的见解。无论是对一朵花的赞美，还是对一次犯错的懊悔，都能真实地呈现在日记中。

"我心吐真情"则更侧重于情感的真诚流露。小学生在日记里能够勇敢地展现自己内心深处的喜怒哀乐，不掩饰、不伪装。他们可以倾诉对父母的爱、对朋友的关心，也可以宣泄学习压力带来的烦恼、与同学冲突后的委屈。这种真情实感的抒发不仅使日记成了情感的宣泄口，更成了自我探索和成长的见证。

当"我手写我心"与"我心吐真情"相结合时，小学生的日记就不再是简单的文字堆砌，而是一个个充满生命力和个性的心灵独白。每一篇日记都是他们内心世界的一扇窗户,透过这些文字,我们可以看到他们的天真无邪、好奇探索、困惑迷茫以及快乐成长。

(二)价格追求

1.培养真实表达的勇气

鼓励小学生在日记中"我手写我心,我心吐真情",首要的价值在于培养他们真实表达的勇气。在日常生活中,学生可能会因为各种原因而压抑自己的想法和感受,害怕被批评、嘲笑或不被理解。但在日记这个私密的空间里,他们能够摆脱外界的顾虑,勇敢地说出内心的声音。这种勇气的培养不仅有助于他们在写作中展现真实的自我,更会延伸到日常生活中,使他们在与人交流时更加自信和坦诚。

2.提升语言表达和文字运用能力

通过真实情感的抒发和内心想法的记录,小学生能够不断锻炼自己的语言组织和文字表达能力。为了准确传达复杂的情感和细腻的想法,他们会主动去寻找更恰当的词汇、更生动的描写方式和更合理的篇章结构。长期坚持这样的写作实践,能够显著提高他们的语文素养和写作技巧,使他们能够更加熟练、准确地运用语言来表达自己的观点和感受。

3.促进情感认知和心理健康

真情实感的表达有助于小学生更好地认识和理解自己的情绪。当他们把快乐、悲伤、愤怒等情绪转化为文字时,就是在对自己的情感进行梳理和反思。这种自我认知的过程能够帮助他们学会应对各种情绪,培养积极的心态和良好的心理调适能力。同时,将内心的压力和困扰在日记中释放出来,也能够起到一定的心理疏导作用,预防和减少心理问题的产生,促进心理健康的发展。

4.激发创造力和想象力

在真实表达的基础上,小学生的创造力和想象力能够得到充分的激发。他们不再受到既定模式和框架的限制,可以自由地在日记中构建奇幻的世界、创造独特的角色、设想新奇的情节。这种无拘无束的创作过程能够培养他们的创新思维,为未来的学习和发展奠定坚实的基础。

5.形成个性化的写作风格

每个小学生都有自己独特的性格、经历和思考方式。当他们坚持"我手写我心,我心吐真情"时,这些个性特点会自然地融入日记写作中,逐渐形成属于自己的独特写作风格。这种个性化的表达不仅能够让他们在写作中找到乐趣和自信,也为未来的文学创作和个人发展开辟了广阔的空间。

这种表达是真诚的、未经修饰的,直接反映了小学生内心最原始的情感和认知。通过"我手写我心",小学生能够将脑海中的思绪转化为文字,梳理自己的思维,而"我心吐真情"则强调了情感的真实流露,让日记成为他们情感宣泄和寄托的港湾。

## 二、研究的缘由

### (一)符合小学生的心理发展特点

小学生正处于认知和情感发展的关键时期,他们对世界充满好奇,内心世界丰富而敏感。这个阶段的孩子往往具有强烈的表达欲望,但由于语言能力和社会经验的限制,可能无法在公开场合准确、完整地表达自己。日记为他们提供了一个私密、安全的空间,让他们能够按照自己的节奏和方式来表达内心的想法和感受,符合其心理发展需求。

### (二)语文课程标准的要求

《义务教育语文课程标准(2022年版)》明确指出,要培养学生的写作兴趣和自信心,引导学生关注现实,热爱生活,表达真情实感。日记作为一种自由灵活的写作形式,能够很好地落实课程标准的要求,让学生在日常写作中积累素材,提高观察、思考和表达能力。

课程标准强调写作教学应贴近学生实际,让学生易于动笔,乐于表达。日记正是这样一种贴近学生生活、能够激发学生写作热情的方式,使学生在不知不觉中提高语文综合素养。

### (三)培养创新思维和独立思考能力

在当今社会,创新思维和独立思考能力至关重要。通过写日记,小学生能够摆脱传统课堂教学的束缚,自由地发挥想象力,从不同的角度思考问题,提出自己独特的见解。这种个性化的思考和表达有助于培养他们的创新意识和独立精神,为未来适应社会的发展变化奠定基础。

(四)增强自我反思和成长意识

写日记的过程也是小学生自我反思和自我教育的过程。他们在回顾一天的经历时,能够总结经验教训,发现自己的优点和不足,从而调整自己的行为和态度,促进自身的成长和进步。

(五)促进亲子、师生之间的沟通与理解

家长和教师通过阅读小学生的日记,可以更深入地了解孩子的内心世界,发现他们在成长过程中可能遇到的问题和困惑。这为亲子之间、师生之间的有效沟通提供了契机,有助于建立更加亲密、和谐的关系。

## 三、实践策略

(一)激发兴趣与引导入门

1.开展日记启蒙活动

在课堂上或课余时间,组织专门的日记启蒙活动。可以通过展示有趣的日记样本,如图文并茂的儿童日记、名人小时候的日记等,激发学生对日记的兴趣。同时,向学生介绍日记的简单格式和基本要素,让他们对写日记有初步的了解。

2.设定轻松的起始目标

对于刚开始写日记的小学生,不要设定过高的要求。可以让他们从记录一天中最难忘的一件小事、一个瞬间或者一种心情开始。例如,"今天我吃到了最喜欢的冰激凌,心情超级好!"鼓励他们用简单的几句话表达出来,重点在于培养他们养成记录的习惯。

3.利用多媒体引导

借助多媒体资源,如动画、电影片段等,引导学生观察和感受其中的情节与情感,并鼓励他们将自己的想法和感受以日记的形式记录下来。

(二)培养习惯与规律写作

1.制定写作计划

帮助学生制定个人日记写作计划,例如每周至少写两篇日记,或者每天在固定的时间(如睡前半小时)进行写作。将写日记纳入日常生活的一部分,形成规律的写作习惯。

2.建立写作提醒机制

对于年纪较小或者自律性较差的学生,可以通过设置手机提醒、在课桌上张贴便笺等方式,提醒他们按时写日记。同时,鼓励同学之间互相提醒和监督,共同养成良好的写作习惯。

3.开展"日记打卡"活动

在班级中组织"日记打卡"活动,学生每完成一篇日记就在专门的记录表上进行标记。达到一定的打卡次数(如连续写日记21天),可以给予相应的奖励,如小奖状、文具等,以激励学生持续写作。

(三)提供指导与反馈

1.定期批改与评语

定期批改学生的日记,不仅关注语言表达、错别字等方面的问题,更要注重对内容的反馈。用亲切、鼓励的语言给予肯定和建议,例如"你描写的风景真美,让老师仿佛身临其境,如果能多使用一些比喻句就更棒啦!"

2.个别辅导

对于在日记写作中存在困难或者有特殊需求的学生,进行个别辅导。与他们一起分析问题,共同探讨改进的方法,帮助他们克服写作障碍。

3.举办日记分享会

定期举办日记分享会,让学生有机会朗读自己的优秀日记,分享写作心得。其他同学可以进行点评和讨论,在交流中互相学习,共同提高写作水平。

(四)丰富内容与形式

1.设定主题写作

根据教学进度和学生的生活实际,设定一些有趣的主题供学生选择,如"我的假期生活""我最喜欢的动物""假如我会飞"等,引导学生围绕主题展开想象和思考,丰富日记的内容。

2.尝试不同文体

鼓励学生在日记中尝试不同的文体,如记叙文、议论文、诗歌、童话等,让他们感受不同文体的特点和魅力,提高写作的多样性和灵活性。

3.结合绘画、手工等元素

对于喜欢绘画的学生,可以允许他们在日记中加入自己的绘画、手工等作品,使日记更加生动有趣。例如,在描述一次春游时,可以配上自己画的美丽风景。

(五)鼓励创新与个性表达

1.自由选题

给予学生充分的自由选择日记的题目和内容,让他们能够根据自己的兴趣和关注点进行创作。无论是对宇宙的探索、对宠物的喜爱,还是对未来职业的憧憬,都可以成为日记的主题。

2.独特视角

鼓励学生从独特的视角去观察和记录生活。比如,用"蚂蚁的视角"来描述一场雨后的操场,或者以"玩具的心声"来讲述自己的房间,培养他们创新思维和个性化表达的能力。

3.突破常规格式

在有一定写作基础后,引导学生突破传统日记的格式限制,尝试新的结构和布局。例如,以书信的形式写给未来的自己,或者采用小标题的方式组织日记内容。

(六)建立激励机制

1.设立奖项

设立"日记之星""最佳创意奖""最具真情实感奖"等多个奖项,定期对学生的日记进行评选和表彰,让学生在获得荣誉的同时,感受到自己的努力和付出得到认可。

2.作品展示

将优秀的日记作品展示在班级的文化墙上,收录在班级习作集里,或者发布在班级美篇,推荐到学校校刊或者广播站等。这不仅能够激励作者本人,也能为其他同学树立榜样,营造良好的写作氛围。

3.成长档案

为每个学生建立日记成长档案,记录他们从开始写日记到现在的进步和变化。定期与学生一起回顾档案,让他们看到自己在写作方面的成长轨迹,增强自信心和成就感。

总之,培养小学生写日记"我手写我心,我心吐真情"需要教师、家长和学生共同努力。通过激发兴趣、培养习惯、提供指导、丰富形式、鼓励创新和建立激励机制等多方面的实践操作,让小学生在日记写作中真实地表达自我,收获成长和进步。

# 创设真实情境,践行交际育人

重庆市南岸区珊瑚实验小学校　黄昊

《义务教育语文课程标准(2022 年版)》中高频出现"情境"一词。"情境"即真实情境,指课堂教学内容涉及的语境,这种语境对学生而言是真实的,是培养学生语言运用、思维、审美创造力的重要途径。

## 一、概念阐释

《义务教育课程方案(2022 年版)》在课程总目标中明确指出,义务教育语文课程培养的核心素养,是学生在积极的语文实践活动中积累、建构并在真实的语言运用情境中表现出来的。在课程实施的教学建议中也指出,语文学习情境源于生活中语言文字运用的真实需求,服务于解决现实生活的真实问题。这就需要我们创设真实而富有意义的学习情境,凸显语文学习的实践性。因此,真实情境的创设在当前的课程改革中发挥着重要的作用。

在社会心理学中,"情境"指影响事物发生或对机体行为产生影响的环境条件,也指在一定时间内各种情况的相对的或结合的境况。在教学语境中,"情境"="情"+"境",指能有效刺激学生情感,能让枯燥知识产生丰富附着点和切实生长点,并与学生的真实成长形成意义关联的场景氛围、环境条件和任务境况。

在教学过程中,为学生创设真实情境,就是要架构起课程知识内容与学生的生活、经验、情感以及生命成长的关联,让学生基于真实的需求、真实的问题、真实的生活,开展真实的阅读、真实的思考、真实的探究或运用。

## 二、研究的缘由

我在准备市级赛课《安慰》的过程中,一直致力于坚持"儿童立场",创设"真实情境",但在试讲过程中,仍出现了几次"脱离儿童立场,未创设真实情境"的情形:一是未平视儿童:创设了"假情境"。在最初导入创设的情境时,我以上一届学生返校探望吐槽我长胖为例,让学生试着体会我的尴尬、郁闷、难受的心情,然后进行简单的安慰。这样的安慰顾及了现场课堂的观赏性,但完全不贴近儿童,没有凸显出儿童的主体地位,自然不能让他们入情入境、参与课堂:其一,我本身不算太胖,说胖有些言过其实;其二,学生对"胖"与"瘦"的认知本就不一样,难免会造成"以瘦为美,以胖为丑"的不良价值观引领;其三,对于被人说胖,大部分学生并没有真实体验,无法对老师进行共情安慰。二是未发现儿童:支架搭建太过局限。支架搭设之初,我对于学生学习起点、难点未准确把握。虽然三种安慰方法"肯定和鼓励""帮助和建议""讲类似事例",被转化成三个能进行交际的句式支架——"你已经……""你可以……""我曾经……",但从搭设支架之初到授课之末,几乎都围绕这个评价效果展开,虽然利用了微课,但微课的指向性不明,对学生的指导性有所欠缺。

学生的安慰都是依循着自己的认知进行,没有站在被安慰人角度思考,都是基于本我的真实和局限的安慰。学生没有完成从个体向群体性的过渡,更没有走向对他人、社会的关注。

那要如何创设真实的交际情境,才能让课堂上真情流淌、真言迸发,展现课堂的育人价值呢?

于是做了以下改变。

第一,基于真实情境,激发交际动机。赛课时,我以直播现场作为真实的情境,设计了三个层次的基于真实情境的开课唤醒:其一,让学生跟同桌分享自己的心理感受;其二,点名学生全班分享感受,对于不同感受,即时给予共情和安慰;其三,再分享自己在直播现场上课的真实感受,让学生尝试安慰自己。基于儿童立场的平视儿童,奠定了课堂上师生的平等关系,我的示弱也让所有学生获得了更大的安全感,引发了后续交流中的从点到面的广泛参与,引发了更真实、更真诚的课堂生成。

亲历真实安慰情境后,我回归功能本位,引导交际应对,用以干预、指导学生未来的生活。

第二，创设虚拟真实，助力支架搭建。对这堂课已有的设计做切片分析，不断去追溯学生真实的表达应对，去优化改进教学方法和策略，希望学生除了口中有"术"，更能做到心中有"人"。

由此，在追溯学生的思维轨迹，引发他们对人、对周围世界的关注与思考的过程中，搭设了一个新的方法支架：让学生在安慰时能关注具体情境，也就是"关注事"；关注被安慰的对象，也就是"关注人"。在"关注人"这个支架中，衍生出三个小支架，分别是：关注被安慰人的性格、生活经历，还有当时内心的感受，让安慰的思维慢慢展开，安慰的方式变得有章可循。

而这个小小的改变最终成了这堂课最大的亮点，这就是学生在课堂上真实的生长，也更体现了对每一个生命个体的真实容纳。这就是本研究一直追寻的"儿童立场"，还有课程的"育人价值"。

### 三、实践策略

《义务教育语文新课程标准(2022版)》在"发展型学习任务群"中指出："实用性阅读与交流任务群旨在引导学生在语文实践活动中，通过倾听、阅读、观察、获取、整合有价值的信息，根据具体交际情境和交流对象，清楚得体表达，有效传递信息，满足家庭生活、学校生活、社会生活交流沟通需要。"在小学阶段的12节功能性口语交际课中，都包含有2~3个作为范例的情境。它们属于教学情境，是源于生活、契合目标、富有意蕴的情境。

那我们应如何进行功能性口语交际的情境创设呢？这里有几点建议：

(一)源于生活，但不照搬生活

功能性口语交际课的情境创设要注重场景的选择与设计，是一种典型的、优化的真实。真实情境与实际生活密切相连，源于生活但又不应该是生活场景简单重现。教学视域中的真实情境应该对生活情境进行优选、优化，使其更为聚焦和典型，这样才能更好地彰显真实情境的价值与意义。

(二)基于儿童，但不迎合儿童

真实情境指向儿童的需求与发展，是一种内在的、鲜活的真实情境。教学活动中的情境是专为儿童学习创设的，自然应该以儿童为本位，考虑他们的兴趣爱好，贴近他们的学习、生活经验。同时，我们创设的情境不能只停留于满足儿童的喜好，也应该富有内涵，指向内心，拥有其育人价值，在促进儿童核心素养发展方面发挥积极作用。

(三)依托教材，但不拘泥于教材

教师应从教材内容出发，创设一种合理的、有效的真实情境。真实情境是为解决教学中的实际问题而创设的，因而应契合教学目标，适应教学需要，承载实质性的学科内容。教材是我们创设真实情境的重要依据，教师可以根据教学需要，充实、丰富教学内容，使情境更形象、更可感、更合情理、更具内涵。

(四)异于虚拟，但不排斥虚拟

在情境中，虚实情境的交互与融合，是一种互补的、和谐的真实。真实情境既然强调真实，必然有别于虚拟情境，但真实情境与虚拟情境并不矛盾。虚拟并不意味着"虚假"，其具有穿越现实的力量，是另一种真实的存在。如果创设真实情境时充分利用虚拟情境的优势，并将其融入其中，则可以打破时空限制，在教学中发挥更大的作用。

# 留心观察,绽放儿童眼中的多彩世界

重庆滨江实验学校　孔雨顺

一、概念阐释

(一)内涵诠释

《义务教育语文课程标准(2022年版)》中第二学段(3—4年级)的表达与交流版块明确提出,学生能够观察周围世界,能不拘形式地写下自己的见闻、感受和想象,注意把自己觉得新奇有趣或印象最深、最受感动的内容写清楚。

统编教材三年级上册五单元是习作单元,课文和习作都指向学生思维品质发展中最重要的一方面——观察,在"我们眼中的缤纷世界"这个大主题统领下,在真实的学习情境中,在大任务引领下,学生进行创造性的深度学习,语文学习的天地变得更加广阔了。形象思维作为培养学生的基本思维类型之一,是以直观形象和表象为支柱的思维过程,发展这一能力能够提高学生认知水平和语言建构能力。小学语文习作教学是培养学生形象思维能力的重要途径,对学生今后的逻辑思维发展有重要奠基作用。

(二)价值追求

形象思维的核心是对表象的补充和联想,这种联想的过程有两个阶段:第一阶段,想象者有观察具体事物表象的经验,在脑海中回顾其形象或具体特征,这种记忆表象构成了形象思维的基础;第二阶段,想象者在没有直接运用感官观察和体验事物的时候对事物形象或特征进行回忆,可以对记忆表象进行自由加工,在脑海中构建想象表象。简单总结这一过程,就是要先观察、再想象,充分利用儿童的想象力来构筑新奇的物象甚至意象。观察是发展形象思维的基础。

陶行知先生所倡导的生活教育理论实际上揭示了生活与思维发展的内在关系,提示了学生通过观察、记录、分析、总结等方式从生活中发现规律会更加高效。从形象思维培养的角度来看,以生活为基础的观察和记录可以打开想象的窗口。

### 二、研究的缘由

语文学习任务群强调与学生日常生活的联系,突出语文学习的综合性和实践性。以三年级上册五单元为例,本单元的关键能力是学会观察,有两个单元语文要素:一是体会作者是怎样留心观察周围的事物的;二是仔细观察,把观察所得写下来。无论是精读课文还是习作例文都是为了激发学生的观察兴趣,培养学生主动观察的意识,为习作积累了丰富的素材。

### 三、实践策略

对于一个新的单元,很多教学都是单刀直入这个单元的第一篇课文,让学生感觉文本的内容是孤立的,文本仅仅是学习的对象而已。实际上,学生并不是一张白纸,他们是带着自己的经验进入课堂的,他们有足够的基本的积累与见识,也会用口语表达对这个世界的体验,大单元教学从学生既有的经验出发,让学生一步步地走进经验,让经验本身更有价值。

例如在学习三年级上册五单元之前,老师会先引导学生说说他们眼中的世界,说说自己平时观察过什么。很多学生都观察过小动物,有的学生还有养宠物的经历,让学生自由地聊一聊自己养的宠物。课上,有的学生说小狗特别黏人,有的说小狗很馋爱吃糖果,还有的说小狗还会帮自己拿快递……我们发现,学生对从自己真实生活中发现美、表达美的热情十分高涨,也在无形中打通了文本与学生经验之间的联系,在此基础上再进行表达练习,学生就在语言运用中得到了成长。

(一)运用多感官细致观察

以教学《搭船的鸟》和《金色的草地》为例。首先,教师可以引导学生从整体上体会细致观察的好处。正因为作者细致观察,他才认识一位可爱的新朋友——翠鸟;正是因为作者的细致观察,他才能从平凡的大自然中看到蒲公英花朵张开与合拢时的有趣变化。其次,要引导学生发现作者是怎样观察的。翠鸟的外形漂亮,捕鱼时动作敏捷,这是用眼睛看到的,是视觉观察。"雨点打在船篷上沙啦沙啦地响"是用耳朵听到的,叫听觉观察。"杨梅成熟后刺变软,变平"是用手触摸到的触觉观察。"芒果放到鼻子前,一股清香扑鼻而来"是嗅觉观察。"杨梅熟透后甜津津的略带点儿酸味"是味觉观察,看、听、摸、闻、尝都是观察的方法。由此,教师引导学生总结多感官观察的方法,使学生同时注意事物的动态变化。如观察小鱼时不能只看到小鱼游过来吃鱼食,还要进一步观察小鱼是怎么游过来的,又是怎么吃鱼食的,有怎样的动作或神情等。

(二)学会利用清单记录生活

通过细致观察,会在脑海中积累了丰富的记忆表象,但为了加深学生的印象,在学生观察后,教师还要指导学生随时记录要点,以便学生在习作时能唤醒记忆、形象表达。

在学习《搭船的鸟》《金色的草地》后,教师布置观察实践活动,要求学生侧重观察事物的特点或场景的变化情况,随时记录观察所得。记录单可参考以下表格进行设计,体现出观察到的事物特点和场景的变化情况。

| 观察记录单 ||||
| --- | --- | --- | --- |
| 观察对象 ||||
| 观察时间 ||||
| 观察地点 ||||
| 观察所得 | 外形 |||
| | 吃 |||
| | 睡 |||
| | 活动 |||
| | 其他方面 |||

学生从生活经验出发,从生活观察走向了文本观察,然后又在文本与生活的多次互动中,不断加深了对观察的理解,只要留心观察我们身边熟悉的事物,就一定会有许多发现。三年级的学生主动留心观察生活的习惯还没有养成,除了精读时要学习观察方法,还要借助支架整理自己观察到的精彩生活,如一次、一天或一周的"观察记录表",积累素材,对生活的认识和表达会逐渐进入新的境界。

总之,观察是学生习作的前提和保障。通过观察,学生的习作素材会变得更加丰富,在观察过程中,学生亲身获得了深刻的体验,为学生写出真情实感的文章提供了有力的支撑。教师应重视观察对学生习作的影响,并在习作教学中强化对学生习作的指导,给学生创造充分展示观察成果的机会,学生捕捉到的材料才能有效转变为习作素材,才能真正让生活与习作相融相生。

形象思维能力具备将内隐思维外化的功能,对学生习作能力发展有较大帮助。习作教学也是形象思维训练的有效途径,教师按照补充表象、形象表达、聚敛思维的过程逐步训练学生形象思维表达方法,学生形象思维能力会得到明显提升。

# 由读到写,落实习作目标

重庆市南岸区珊瑚康恒小学校　李小涵

## 一、概念阐释

(一)内涵诠释

在小学语文习作教学中,有两个非常重要的内容,即习作素材的积累与习作方法的习得。由读到写,落实习作目标,具体阐释为"读生活积素材,读文章学方法——由读到写"。学生需要养成留心观察周围事物的习惯,有意识地丰富自己的见闻,生活即学生习作的大素材库。习作教学一定要引导学生热爱生活,成为生活的有心人,才能够做到"有话可说"。与此同时,学生需要大量的阅读体验,从优秀范文中,学习文章的基本表达方法,遣词造句,如此一来方能有素材、有方法落实习作教学目标。

(二)价值追求

通过自然地阅读生活、阅读文章,让学生我手写我心,能够有话可说,有法可循。从做习作的有效表达者到做生活的主动表达者。

## 二、研究的缘由

(一)学生的素材积累不够

在教学中,经常发现,老师给学生提供了很多习作支架,可是部分学生仍然难于下笔。在教学四年级上册"生活万花筒"一课时,需要写印象深刻的一件事,可是学生的思维始终打不开,就局限于考试、挨打等他们觉得重要的事情。于是我带领着学生去观察生活,积累生活。刚好遇上了学校"体艺节",学生发现,原来生活中有这么多可以值得记录的事情。执教这节课的经历,让我发现,教学绝不仅停留于课堂,特别是语文教学,要积累素材,必须去读懂生活这本大书。

(二)习作的方法指导不能完全覆盖写作需求

小学阶段,每学期有八次习作课,加上平时的习作小练笔,对于习作的训练不是很多。在每一次的习作课上,都有侧重的方法指导,但我在这时发现,有的时候即便给了一些比较下位的支架,学生也难以运用得自如,而且结合我们自己的学习经验,写作不是老师可以完全教好的,它必须依托大量的语文经验积累,那么学习优秀的范文就显得非常必要了。读文章学方法便是如此,能够信手拈来的方法为什么不用,不能说清楚的表达方式,也可以在一些优秀的范文中找到。

### 三、实践策略

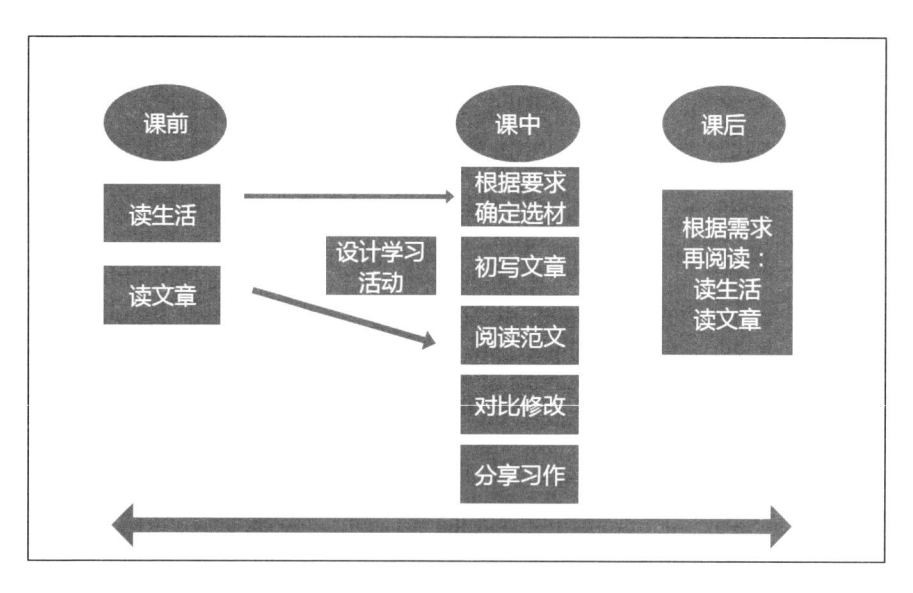

习作教学实践路径

如图所示,习作教学可以按照以上路径形成一个闭环结构,在课前需要学生在生活中积累素材,大量阅读。在课堂教学中,同样要调动生活中的素材,借助范文修改文章。课后根据自己的写作情况再进行补充。具体实践策略如下:

(一)阅读生活,记录生活

在教师的带领下,开展记录生活活动,一周发布一条班级圈,记录生活中的点滴,养成写日记、周记的习惯。

(二)开展阅读活动

在班级开展常态化阅读活动,从"师生共读一本书""生生同读一本书""亲子阅读"开始,以个人阅读分享、阅读记录、思维导图、读后感、课本剧等形式增强对文本的理解。

(三)建构习作课堂教学基本路径

在此,教师建构的习作教学的实践路径是个闭环结构,其中课中的选材和修改环节,回应的是课前和课后的"谈生活""谈文章"。

(四) 分享习作

在班级开展优秀作文分享会,为学生制作优秀作文选、板报展示等,让学生乐于分享习作,进而爱上习作。

# 搭建习作支架,助力习作能力发展

重庆市南岸区南坪实验外国语小学校 沈佳星

## 一、概念阐释

(一)内涵诠释

支架式教学是一种教学方法,源于苏联著名心理学家维果茨基的"最近发展区理论",支架可以包括任何能够帮助学生完成学习任务的方法和辅助工具,如模型、实验、教学活动等。在习作教学中,支架式教学法有着较强的适用性,教师可运用该方法,根据教材习作素材来设计习作支架,帮助学生掌握习作方法。教师还可以为学生提供灵活多样的习作学习支架,帮助学生内化习作知识,完成习作任务,最终促进学生独立完成习作,并在日积月累的训练中提升习作能力。

(二)价值追求

有效的学习支架可帮助学生更好地理解知识,建构知识体系,一步步地引导学生的思维向更深层次迈进。支架式教学能够充分考虑学生的个体差异,使得学生能够以自己的思考能力为主导,更好地掌握知识并进一步发展自己的能力。教师在其中扮演指导者的角色,通过提供支架和反馈,帮助学生深入理解课程内容。

在小学语文写作教学中,教师引入支架式教学,设计习作"学习支架",一方面可以让学生借助支架有效完成习作任务,另一方面可帮助学生内化写作知识和技能,最终促进其语文写作能力、综合素养的发展。

## 二、研究的缘由

中年级段小学生写作时常常会出现这样的情况:不知道写什么,头脑中没有画面,不知如何下手;作文抓不到重点,无中心思想,内容不集中;文章言之无序,思路混乱。这些既影响了学生的创作积极性,也制约了学生写作素养的培养。

为此,在开展小学语文习作教学中,教师可以引入支架式教学法,以习作目标和学生知识水平为基础,针对不同习作要素,为学生搭建有效的习作学习支架,并引导学生学会自搭建支架、运用支架,为作文领航。

### 三、实践策略

(一)巧搭任务情境支架,明确写什么

任务情境支架指基于学情特点及教学目标创设学习情境,分解学习任务,引导、帮助和促进学生实现知识和能力建构的一种方式。在习作单元教学初就搭建起合适的任务情境支架,有助于还原写作的真实目的,激发写作兴趣,从"要我写"进入"我要写"。

《义务教育语文课程标准(2022年版)》指出,写作是为了自我表达和与他人交流。在现实生活中,写作必然是一种功能化的能力,它具有一定的使用条件,是一种"为某些受众、为某些目标而进行的表现和交际活动"。所以,要培养学生的写作能力,必须有一个写作情境,因此,在教学实践中,教师应将写作教学情境与学生的实际生活联系起来,将作文教学目标定位于学生的创作需要,激发学生想要表达、创作的欲望及主动性。

以三年级上册八单元习作课"那次玩得真高兴"为例,课前教师通过自我介绍,聊自己爱玩的事情并利用单元习作中的图片唤醒学生玩耍的经历,从而让学生思考平时喜欢玩什么。通过创设这样的聊天情境,开拓了学生的习作选材思路,这时学生再将课前所收集的玩耍照片中聚焦玩得最高兴的那一次或者通过开课后的分享想到的玩得更高兴的事情,借助黑板上的句式和同桌进行交流,一切便水到渠成。

情境的创设主要功能是激发表达动机。为学生设计写作情境支架,一方面可以拉近学生与习作教学之间的距离;另一方面可以让学生更快地融入写作情境中,产生更多的思考和情感体悟,这也是写好作文的必备因素。

## (二)搭建习作方法支架,解决怎么写问题

方法支架,运用在习作单元中,旨在提供写作方法,以帮助学生突破习作难点,顺利完成习作。方法支架多种多样,如图表、例文引领、问题引导等,为学生提供多种方法和途径,帮助学生掌握"怎么写"。

### 1.针对写作主题,搭好问题支架

通过问题的方式引导学生进行思考,调动学生的思维,在学生已有的素材储备与新的写作任务之间搭建一个问题支架,找寻出更好的写作素材。如习作课"那次玩得真高兴"写之前提醒学生:是什么时候的事?在哪里玩?和谁玩?玩什么?哪个环节最开心?这几个问题一出,学生对"写什么"一目了然。

### 2.借助图式支架,打开习作思维

教师可借助图表、导学单等工具,直观地将习作的内容呈现出来,帮助学生打开习作思维。这样有助于帮助学生梳理记忆,将思维过程可视化,也让思维变得简明清晰,大大降低了学生在选材时的难度,明确自己该"写什么",从而理清习作思路。

以习作课"那次玩得真高兴"为例,这是统编版教材第一次要求写事,想要把玩的过程写出来存在一定的难度,根据教材提示"把自己玩耍过程像放电影一样在脑海里回想一遍",于是教师设计了一份导学单,直观地将玩耍的过程进行分解,并提示可以用上"首先""接着""然后"等连接词,这样容易帮助学生有序表达。

**导学单**

我可以回想当时玩耍的画面,连起来说说玩的过程……

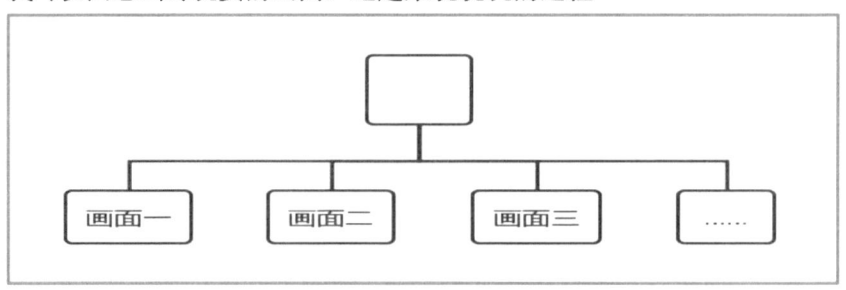

```
          ┌────┐
          │    │
          └─┬──┘
     ┌──────┼──────┬──────┐
  ┌──┴──┐┌──┴──┐┌──┴──┐┌──┴──┐
  │画面一││画面二││画面三││ …… │
  └─────┘└─────┘└─────┘└─────┘
```

### 3.巧用例文支架,助力知识迁移

对于小学中年级的学生而言,他们正式接触习作的时间并不长,学习和模仿例

文是提升其习作能力的有效途径之一。在进行习作教学的时候,教师可以选择适当的习作范例,为学生提供多角度的参考,引导学生迁移已有认知,举一反三,更高效地完成习作。

在习作教学指导中,能提供的例文有许多种类型,如教材课文、习作例文、初试身手和习作,这些都可以作为学生习作学习的支架。通常来讲,习作范文最常见的支架模式是教材中的课文,不论是在文学体裁上,还是在遣词造句上,都是值得学生模仿的佳作。为此,教师可借助教材中的课文,设计例文支架,引导学生进行习作练习。

在习作课"那次玩得真高兴"中,想要达成"有序写出玩的过程"这个学习目标可以借助教材《沙滩上的童话》《金色的草地》两篇课文中的片段。先理清《金色的草地》中"我"和弟弟互吹蒲公英时的画面和《沙滩上的童话》中"攻城堡—挖地道—毁城堡"的几幅画面,再抓住片段中人物发出的声音和做出的动作,通过"定画面,连一连""动起来,会说话",从而达成"有序写出玩的过程"。

(三)巧搭评价支架,学会"怎么评"

评价,是为了促进学生更好地发展。在教学中,教师可以根据教学的需求设计星级量化评价表,以清晰的习作评价表为学生搭建起评价支架。这样既可以让学生对照评价表,进行检查和自改,增强读者意识,提高自身的写作能力,也可以让同学在互评互改的过程中,有章可依,有则可循。

在习作课"那次玩得真高兴"中,学生初步尝试习作后,先让他们通过评价卡进行自评检测,看自己是否写出了玩的过程。在写出玩的过程中又设置了两条评价标准:是否写出了几幅画面,是否写出了当时的动作和发出的声音。这都与有序写出玩的过程的目标相一致。教师通过设计同桌互相交换习作读一读,同桌互评,看看对方是否写到了高兴地做和高兴地说来表达出高兴的心情,从而"表达当时快乐的心情"。以上两个评价支架的设计均体现了教学评的一致性原则。

评价支架的搭建一改以往习作评改的主观随意,让评改变得相对客观,较好地解决学生不知怎么评的问题,最终也促进习作素养的发展。

```
┌─────────────────────────────────────────────────────────┐
│  评价卡                                                  │
│  都做到了吗？请在括号里打"√"                             │
│  ┌─────────────────────────────────────────────────┐   │
│  │ 评价一：写出了玩的过程                           │   │
│  │ 我写出了几幅画面              写了（ ） 没有写（ ）│   │
│  │ 我写出了当时的动作和发出的声音  写了（ ） 没有写（ ）│   │
│  └─────────────────────────────────────────────────┘   │
│    ┌───────────────────────────────────────────────┐   │
│    │ 评价二：表达了高兴的心情                      │   │
│    │ 有高兴地做                写了（ ） 没有写（ ）│   │
│    │ 有高兴地说                写了（ ） 没有写（ ）│   │
│    └───────────────────────────────────────────────┘   │
└─────────────────────────────────────────────────────────┘
```

综上所述，在写作教学中设计习作学习支架，对提升学生习作效率和质量有着积极作用。在设计学习支架时，教师不仅要熟练把握教材内容，还要充分考虑到学生生活实际，且习作学习支架的使用不是单一的，而是需要在不同环节中交替使用，才能最大化发挥出支架的效用，优化学生的学习体验，更好地为其作文领航，提升学生写作能力。

**参考文献：**

1. 朱垚.构建有效的写作支架策略——以四下习作单元教学为例[J].小学教学设计,2020(13):7—9.

2. 陈明亮.前后勾连　巧设支架　精准施教——《身边那些有特点的人》习作教学探微[J].语文教学通讯,2021(11):60—62.

# 童境·童趣·童评
# 让独白类口语交际活起来

南岸怡丰实验学校　万先应

口语交际是小学语文教学的重要内容，也是学生语文素养构成的重要组成部分。《义务教育语文课程标准(2022年版)》将原来的"口语交际"改为"表达与交流"，名称的变化，意味着教学目标、内容、评价等方面的变化。统编小学语文教科书共设置47个口语交际话题，依据交际主体和能力培养的侧重点，可以将其细分为独白类话题、交流讨论类话题、功能类交际话题。其中，独白型话题18个，占总数的38.3%，从一年级的"听故事，讲故事"到六年级的"演讲""即兴发言"，每册书都有1~2个，数量分布足以说明独白类话题在小学口语交际教学中的重要地位。结合教学实践，笔者认为，巧设童境、激发童趣和引导童评，能有效提升独白类口语交际教学效果。

一、概念阐释

(一)内涵诠释

独白类口语交际指的是讲述者独自进行较长且连贯的语言活动，主要目的是向别人介绍一个内容、陈述一件事情、说明一个道理，使听众明白、理解。统编小学语文教科书中编排的讲故事、介绍、描述、讲解、演讲、即兴发言等主题的口语交际均属于独白类口语交际。独白类口语交际具有以下几个特点：一是主体突出，话题一般由说话人预定或控制，一人说若干人听；二是对象明确，信息接收有专门的对象,信息的表达方式也具有针对性;三是信息完整,成篇且有中心、有条理,结构完整;四是准备充足,在资料选择、层次设计等方面一般有所准备并提前演练。

(二)价值追求

近年来,重庆小语界遵循"课程育人、儿童立场、系统思维、积极语用"十六字理念,推进语文教学改革。所谓"儿童立场",即秉承"以人为本"的核心理念,用儿童的眼光和心理看问题,关注儿童的认知规律、重视儿童的需要,以达到促进儿童发展的教育目的。独白类口语交际教学也应遵循儿童立场,创设童本交际情境,激发童本交际趣味,引导童本交际评价。

## 二、研究的缘由

口语交际作为一个独立板块出现在统编版小学语文教材中,体现出其在语文课程中的重要性。然而,在传统的语文教学中,口语交际常常处于一个相对尴尬的境地。一方面,虽然口语交际有对应的学段目标,但实际教学中如果没有针对性地细化,就难以落实能力的培养;另一方面,虽然话题内容丰富,但缺乏连续性和关联性,不易于教师把握能力训练的层次。久而久之,口语交际教学就容易出现目标泛化、活动大于能力等问题。独白类口语交际以单向言语输出为主,形式上略显单调,教学难度较大。要想充分调动学生表达兴趣、扎实训练学生语言表达能力,需要教师深入研究独白类口语交际教学,提炼适切的教学策略。

## 三、实践策略

(一)巧设童境,触发言语动机

《义务教育语文课程标准(2022年版)》提到"情境"一词40多次,在"课程实施"的"教学建议"中明确指出:"创设真实而富有意义的学习情境,凸显语文学习的实践性。"真实的语言文字运用情境是学生学习的基础。在独白类口语交际教学中,为学生营造相契合的情境有助于激发学生言语动机,让学生愿意说,乐意说。

1.设故事情境,唤醒体验

故事情境仿佛是一个魔法盒子,打开它,学生就能进入一个充满奇幻和冒险的世界。在这个世界里,环境、人物和情节交织成一幅幅生动的画面。通过构建故事情境,我们可以引领学生一同体验故事的起伏波折,与故事中的人物共同经历喜怒哀乐。二年级六单元的口语交际"看图讲故事",选取经典漫画《父与子》作为教学的素材。教学过程中,教师先展示一幅描绘父亲形象的漫画,引导学生描述这位父亲的特点;接着,教师又展示母亲和孩子的形象,引导学生从熟悉的人物入手,逐步展开故事的叙述。学生开始仔细观察图画,寻找线索,并将故事继续讲下去。随着一张张图画的展示,学生仿佛置身于故事之中,他们用自己的语言和想象力,将故事串联成一个完整、有趣的故事。

2.设分享情境,迸发智慧

统编小学语文教材中多次设置讲述故事的话题,三年级的口语交际"讲历史人物故事"便着重训练学生讲述历史故事的能力,强调在讲述过程中注意语气,并辅以适当的动作和表情以吸引听众。在教学开始时,教师巧妙地利用"历史故事,猜猜猜"这一游戏形式,引导学生猜测并讨论相关的历史人物故事。随后,教师进一步引导学生分享自己所知的历史故事,并以此为契机,组织了一次名为"经典永流传"的历史故事会,旨在让学生深刻体验历史人物故事的经典魅力。这一口语交际活动被赋予了全新的生命,转化为一场充满生机与活力的故事分享会。"分享"这一行为,本质上是一种情感的传递与思想的交流。通过分享情境的创设,我们使独白类的口语交际活动更具代入感,实现了讲述者与倾听者之间精神层面的沟通与互动。在这一过程中,智慧的火花得以碰撞,形成了双向的信息流动,进一步丰富了教学内容与形式。

3.创设问题情境,激活思维

独白类口语交际以个体的表述为主轴,反馈方式仅止于同学们的掌声或是眼神的默许,其交际模式显得较为单调,且缺乏深入的讨论内容。然而,当问题情境恰如其分地融入其中,它便如同一剂催化剂,极大地丰富了交际的层次与形式,使得交际变得多向、多回合,充满活力。以"有趣动物"为例,当某位学生声情并茂地介绍熊猫后,我鼓励其他学生踊跃发言,进行点评、提问或补充自己对熊猫的了解。通过这种方式,问题情境不仅成功激活了学生的思维,还促进了他们之间深入而有价值的交流。同时,这一过程也锻炼了学生的倾听能力,让他们在交流中不断吸纳新的观点和知识。

(二)激发童趣,提升言语品质

在独白类口语交际教学中,要想激起儿童兴趣,关键在于教学方法。

1.精心策划游戏活动,无疑是对儿童天性的最佳满足

教师依据交际主题,巧妙设计各类游戏,使学生在玩乐中体验、思考和锻炼,从而在游戏中扎实掌握口语交际的技巧,并进一步提升其交流能力。以二年级下册的"推荐一部动画片"为例,我们不仅可以拍摄两个小朋友观看动画片的真实场景,供学生观赏学习,还可以精选动画中的几个精彩片段,供学生自由点击观看。围绕"印象最深的一个镜头""最喜欢的形象""精彩片段故事内容"等话题,他们通过合作、交流,共同完成学习任务,这样的游戏过程不仅能激发他们的学习兴趣,更能促进他们的思维发展,让他们的心灵在交流中得以启迪。

2.巧妙设置竞赛活动

竞赛前要根据口语交际的话题来确定竞赛的内容与形式,竞赛形式可以是小组进行,也可以是全班进行;既可以适合某个口语交际话题的全程开展,也可以在口语交际的某个环节进行。低年级学生想象大胆丰富,但要清楚表达自己的想法还存在一定的语言困难和障碍,教师要能利用趣味竞赛法使课堂变得生动有趣,利用同伴的力量帮助学生清楚表达自己的想法,落实语言训练重点。二年级上册口语交际"小兔运南瓜"中,小兔究竟是怎样运南瓜的呢?这需要小朋友开动脑筋大胆想象,展开竞赛看谁的办法最好。首先儿童须独立思考小兔运南瓜的办法;然后在组内交流讨论,把自己想到的方法说给小组内其他小朋友听,由小组选出最好的方法;再在全班展开竞赛,说说想到的办法并说明理由;最后全班选出最好的运南瓜办法。六年级上册口语交际"演讲"属独白语言,通过搜集材料、拟写演讲稿,通过演讲的方式与全班进行交流分享。首先采用小组评议,小组内对每位同学的演讲稿进行评议、评改;然后在班级开展演讲比赛,全班讨论后评选出演讲最高奖、观点鲜明奖、材料充实奖、首尾震撼奖、感情丰富奖等。这样的口语交际课堂中确立了生本意识,在演讲中培养学生的竞争意识,提升学生演讲的水平,从而增强学生口语交际的愉悦感。

(三) 引导童评,训练言语思维

按照口语交际的互动性特点,独白类口语交际中,讲述者不只唱"独角戏",仍需交际互动,师生、生生间通过评价、建议、鼓励、赞美等言语活动进行交流,互相促进,共同提高。因此在练习的过程中,要把评价权赋予学生,把课堂的主体地位还给学生。

在口语交际教学中,评价不仅是对学生口语交际水平的判定,评价本身也可以成为交际实践的一部分。独白类口语交际教学中,教师可以引导学生对同伴的表现进行评价,然后再结合评价结果组织学生交流互动。

首先,基于目标组织评价。独白类口语交际教学的评价应着眼具体要求,凸显口语交际的要点。统编教科书的每一个口语交际话题都用黄色便笺的形式提示了交际要素,教师需要以相应的交际要素为基础设置评价标准,还可以结合独白能力的发展序列设计层次递进的评价体系。对低段学生而言,独白表达已经是难题,评价别人可能更是无从下手,教师可以设计相应的评价表发给学生,让学生用于自评或者他评。如"有趣的动物"一课的评价表。

### "有趣的动物"口语交际学习评价单

第____小组　姓名_____

| 我 会 听 | 我 会 说 | 我 会 交 际 | 合计得星 |
|---|---|---|---|
| 认真听,别人介绍时不打断 | 1. 吐字清楚<br>2. 音量适中<br>3. 能从动物外形、本领、生活习性等一两个特点来说动物的有趣 | 礼貌提问<br>礼貌补充 | |
| ☆ ☆ ☆ | ☆ ☆ ☆ | ☆ ☆ ☆ | |

评价说明:来给☆涂色,完全能做到,涂三颗星;有时能做到,有时做不到,涂两颗星;做不到,还需努力,涂一颗星。

学生在使用评价表时再次学习了独白表达的要求,在无形中巩固所学。此外,学生拥有了评价的权利时,也会更认真地倾听他人讲述。

其次,借助评价交流互动。评价的目的是发展学生的口语交际能力。课堂教学中,学生完成评价表并不是活动的终点,评价之后的交流互动有助于让评价的发展功能落到实处。教学过程中,教师可以在学生完成评价表后基于评价结果组织学生交流。一方面,可以请听众对自己的评价进行解释,说明为什么给讲述者这样或那样的评价;另一方面,也可以请讲述者介绍经验或总结教训,分享自己的准备过程、表达技巧及心得体会。评价后的交流创造了学生之间的第二次互动,而且将课堂的总结与升华环节交给了学生。

# 借助多元评价,激发学生习作兴趣

重庆人民(融侨)小学 肖刚

传统的评价方式通常以单一的分数为主,而多元评价则包括了过程性评价、表现性评价、自我评价、同伴评价等多种形式。多元评价不仅关注学生的学习结果,更关注学习过程中的表现和进步。它强调评价的多样性、公平性和全面性,旨在促进学生的全面发展。

## 一、概念阐释

### (一)内涵诠释

多元评价是一种教育评估方法,旨在通过多种方式和多个角度来评价学生的学习表现和成果,以促进他们的全面发展和学习动机。相较于传统的单一分数评价,多元评价强调评价过程的多样性和全面性,包括但不限于表现性评价、自我评价、同伴评价和标准化评价等多种形式。

多元评价不仅仅是对学术成绩的检测,更是一种教育理念的体现,关注学生的个性发展、自主学习能力以及综合素质的培养。通过多元评价,教师可以更全面地了解学生的学习进程和成就,为他们提供个性化的学习支持和指导,从而激发他们的学习兴趣和自信心。

这种评价方式不仅对学生有利,也有助于建立积极的学习氛围和合作精神,培养学生在学习中的积极态度和创造力,进而促进他们的终身学习能力和全面发展。

多元评价作为一种教育评估方法,不仅仅是简单的评分工具,更是教育理念的体现和教学策略的重要组成部分。其内涵主要包括以下几个方面:

1.评价主体的多元化

教师评价:教师通过专业知识和经验,对学生的学习成果进行评估和指导,提供学术性的反馈。

自我评价:学生根据既定的标准或目标,对自己的学习过程和成果进行反思和评价,促进自我认知和自我管理能力的发展。

同伴评价:学生之间相互交流和评价彼此的学习成果,通过互动促进学习效果的提升,培养合作和交流能力。

2.评价内容的多样化

学术成绩:传统的学科知识掌握和应用能力的评价。

表现性评价:对学生在特定任务或项目中展现的表现能力进行评估,如演讲、表演、实验报告等。

素质评价:评估学生的综合素质,包括创造力、批判性思维、解决问题能力等。

3.评价形式的丰富化

书面评价:通过书面反馈或评语,详细指导学生的学习进程和改进方向。

口头评价:直接针对学生的学习成果进行口头评价,及时有效地提供反馈。

作品展示:通过作品展示会、展览等形式,公开展示学生的创作成果,增强学生的成就感和自信心。

4.评价目标的全面性

促进学习动机:通过正向的评价反馈和激励机制,增强学生的学习兴趣和参与度。

培养自主学习能力:通过自我评价和同伴评价,帮助学生自主掌握学习进程,培养学习目标的设定和达成能力。

支持个性发展:根据每位学生的特点和需求,提供个性化的学习支持和指导,促进其全面发展和潜力的释放。

(二)价值追求

多元评价作为一种重要的教育评估手段,其价值追求体现在多个方面,包括激发学习兴趣、促进学生的全面发展、提升自我评价能力等,具体如下:

### 1.激发学生的学习兴趣

多样化的评价形式：通过自我评价、同伴评价、教师评价等多种形式，使评价过程变得生动有趣，吸引学生积极参与。

即时反馈和激励：多元评价能够即时反馈学生的学习情况，通过正向激励，如表扬、鼓励等方式，增强学生的学习动力和兴趣。

趣味性和挑战性结合：通过有趣的评价活动和具有挑战性的任务，激发学生的创造力和探索欲望，使习作成为一种乐趣。

### 2.促进学生的全面发展

综合素质的提升：多元评价不仅关注学生的知识掌握情况，还注重评估学生的创造力、批判性思维、解决问题能力等综合素质。

个性化发展支持：通过多元化的评价方式，教师可以更全面地了解每个学生的特点和需求，提供个性化的指导和支持，促进其全面发展。

能力与素养并重：评价内容涵盖了知识、技能、态度、情感等多个方面，全面促进学生的学科能力和素养的提升。

### 3.培养学生的自我评价能力

自主反思与改进：通过自我评价，学生可以学会反思自己的学习过程和成果，发现自身的优点和不足，从而不断改进和提高。

设定和达成学习目标：在评价过程中，学生可以学会设定合理的学习目标，并通过评价来检查目标的达成情况，培养自主学习的能力。

自我认知与自信心：自我评价有助于学生更好地认识自我，发现自身的潜力和价值，增强自信心。

### 4.营造积极的学习氛围

促进师生互动：多元评价提供了多种互动方式，促进师生之间的交流和互动，增强师生关系的和谐和亲密度。

建立支持性环境：通过同伴评价和小组合作，学生在相互学习和支持的环境中成长，培养合作精神和团队意识。

共享学习成果：通过展示和分享学生的习作成果，营造积极向上的学习氛围，增强学生的成就感和自豪感。

5.提升教学效果和质量

精准诊断与改进教学：多元评价可以帮助教师更准确地诊断学生的学习情况，发现教学中的问题和不足，及时调整教学策略。

动态跟踪与反馈：通过多次、多样化的评价，教师可以动态跟踪学生的学习进展，提供持续的反馈和指导，提高教学效果。

教学创新与改进：多元评价鼓励教师不断探索和创新评价方法，提升教学的科学性和有效性。

二、研究的缘由

小学三年级下册习作"我来编童话"是一个极具创意和趣味性的写作任务，通过这个习作，学生不仅能够表达自己的想象力和创意，还可以在写作中体验到乐趣。然而，在我的实际教学中，我发现单一的评价方式往往不能全面激发学生的写作兴趣和潜力。因此，我开始尝试借助多元评价，可以在多个方面有效提升学生的参与度和写作质量。

1.激发兴趣

多样化的评价方式：单一的评价方式容易使学生感到枯燥，而通过教师评价、同伴评价和自我评价的结合，可以使评价过程变得多样化和有趣。学生在互相评价和自我反思的过程中，能够感受到更多的互动和参与，激发他们对习作的兴趣。

即时反馈和激励：及时的反馈和正向的激励对于小学生来说至关重要。通过多元评价，学生可以快速获得教师和同学的反馈，这种即时的认可和鼓励能够大大激发他们的写作兴趣和动力。

2.提高写作能力

全面提升写作技巧：多元评价不仅关注学生的写作内容，还注重评估其语言表达、故事结构、创意等多个方面。通过这种全面的评价，学生可以在各个方面得到提升，逐步提高自己的写作能力。

个性化指导：不同学生的写作水平和兴趣点各不相同，多元评价可以帮助教师更好地了解每个学生的特点，提供有针对性的指导，帮助他们在习作中不断进步。

### 3.增强自信心

正向反馈和成就感：通过多元评价，学生可以在写作过程中不断获得正向反馈和成就感。特别是在同伴评价和教师评价中，学生的努力和进步能够得到及时的认可，这对于增强他们的自信心有着重要作用。

自我评价和反思：通过自我评价，学生可以学会客观地看待自己的作品，发现自身的优点和不足，从而增强自我认知和自信心。

### 4.培养合作精神

同伴互动和合作：在同伴评价的过程中，学生需要与同学进行交流和合作。这不仅能增强他们的合作精神，还能通过互相学习和借鉴，提高自己的写作水平。

团队意识和互助学习：通过多元评价中的合作环节，学生可以在团队中互相帮助，共同进步，培养团队意识和合作能力。

### 5.促进全面发展

综合素质培养：多元评价不仅关注学生的学科能力，还注重其综合素质的培养，如批判性思维、创造力和解决问题的能力。通过这种全面的评价体系，学生可以在习作过程中得到全面的发展。

个性化发展支持：多元评价能够帮助教师更好地了解学生的个性和发展需求，提供个性化的支持和指导，促进学生的个性化发展。

## 三、实践策略

### (一)设计丰富多样的评价活动

在"我来编童话"的教学过程中，可以设计多种评价活动，如：

1.自我评价：学生根据一定的标准，自我检查和反思自己的童话故事，写下自己的优点和需要改进的地方。

2.同伴评价：学生互相交换作品进行评价，通过同学的眼睛发现自己的优缺点，增强同伴之间的学习交流。

3.教师评价：教师不仅从语言、结构、内容等方面给予专业的指导，还可以通过口头表扬、书面反馈等方式激励学生。

4.家长评价：邀请家长阅读学生的童话故事，给予鼓励和建议，增强家校合作。

## (二)运用多样化的评价工具

1. 评价表格:设计详细的评价表格,包括内容丰富性、语言运用、故事结构、创意等多项指标,让评价更加具体和可操作。

2. 电子档案:学生可以通过电子档案记录自己的写作过程和进步情况,教师和家长可以随时查看和反馈。

3. 作品展示:组织童话故事展示活动,通过班级故事会、校内刊物等形式,让学生的作品得到展示和认可,增强他们的成就感。

## (三)创设激励机制

1. 评优表彰:定期评选优秀作品,给予表彰和奖励,如优秀童话故事奖、最佳创意奖等。

2. 积分制:建立积分制,通过积累积分换取小奖励,激发学生的参与热情。

3. 成长记录:为每个学生建立成长记录册,记录他们的进步和成长,定期总结和表彰。

## (四)鼓励多样化的表达形式

1. 图文并茂:鼓励学生在编写童话故事时配上插图,使故事更加生动有趣。

2. 声音讲述:让学生用录音的方式讲述自己的童话故事,通过听觉感受作品的魅力。

3. 视频展示:制作小视频,拍摄学生讲述或表演童话故事的过程,增强表达效果。

## (五)持续反思与改进

1. 教师自我反思:教师要不断反思自己的评价方式和策略,及时改进和完善。

2. 学生反馈:定期收集学生对评价方式的反馈意见,了解他们的需求和期望,调整评价策略。

3. 家长沟通:通过家长会、家校联系册等方式,与家长保持沟通,了解家长的意见和建议,共同促进学生的成长。

## 四、结语

以上多元评价的实践策略,可以有效激发三年级学生编写童话故事的兴趣,提升他们的写作能力,增强自信心和合作精神,教师评价、同伴评价和自我评价的结合,不仅使学生能够获得丰富的写作经验和技巧,更重要的是,他们在整个习作过程中体验到了创作的乐趣和成就感。学生能够在一个互动、支持和反馈的环境中不断成长和进步,最终实现全面发展的教育目标。

# 创设真实情境写书信

重庆市南岸区珊瑚浦辉实验小学校　肖婧

习作的布置一定基于学生意愿，并切合学生的认知和经历。只有真实情境发生，带来真实的体验感，学生的记忆才会重现，从而激发他们的写作愿望，并通过语言实践提升语言运用能力。

## 一、概念阐释

### (一)内涵诠释

语文学习的目标是在积极的语言实践活动中发展并在具体的语言实践情境中形成关键能力。小学中年级段以"表达与交流"为载体在语文实践中的培养尤为重要。《义务教育语文课程标准(2022年版)》中的"文学阅读与创意表达"学习任务群，是以任务为导向，以项目为载体，基于语言运用的真实情境和真实的语言实践活动。教师基于《义务教育语文课程标准(2022年版)》对小学中年级段学生习作的指导，站在儿童的立场，形成积极的语用表达。

进入新世纪，以情境任务驱动的语言学习成为国际母语教育的热点。小学生平时的学习生活经历有限，教师需结合课程教材，深入挖掘教材价值，抓住并创造契机给予学生写作资源，以任务驱动替代任务命令。

### (二)价值追求

从新课标的相关表述中可以看出，真实的学习情境是指源于生活中语言文字运用的真实需求，服务于解决现实生活的真实问题。真实的学习情境能有效打通语文学习和社会生活、学生经验之间的关联。情境设计要有意义是学习情境符合学生认知水平,能整合关键的语文知识和语文能力,引导学生亲历运用语文的方法解决典型问题的过程,掌握解决问题的基本方法,有效促进学生的语文素养发展。

新课标明确指出义务教育语文课程应"致力于全体学生核心素养的形成与发展",而核心素养"是学生在积极的语文实践活动中积累、建构并在真实的语言运用情境中表现出来的"。可见,语文素养的形成与发展离不开"真实的语言运用情境"与"积极的语文实践活动"。

情境学习理论认为,学习发生在情境之中。脱离具体情境,学生获取的大多是静态的语文知识。利用无时不有、无处不在的语文学习资源,创设真实而富有意义的学习情境,引导学生在情境中积极参与识字与写字、阅读与鉴赏、表达与交流、梳理与探究等语文实践,运用知识解决问题,才利于学生积累语言经验、把握语文规律、建构语文能力,进而发展语文核心素养。

统编教材四年级上册七单元"表达与交流"要求学生学习写书信。书信是常见的实用性文本类型,学生应明确其表达目的、表达对象和表达特征,从而更好满足学生未来的学习和生活需求。书信曾经是人们和远方的亲人朋友互通消息、交流感情的主要方式,现在仍然是重要的联络手段。写好的信要有价值一定要寄出去,贴近真实生活情境。

**二、研究的缘由**

在做班主任期间,接触到四年级的学生心智正发生微妙的变化,他们在个体发展上逐渐形成了自我意识,在学习和生活上存在一些困惑,所以倾诉就成了写书信的很好动机。老师是学生传道授业解惑者,鼓励学生给老师写信,并能够得到老师的回信,学生的兴趣迅速提高。要给老师写一封信,学生都非常重视,所以在写信的格式上一定要作要求,这也是课程目标的要求。在课堂上,教授学生掌握书信的六要素以及信封的格式,学生在深入互动中,探讨写信格式,如何才能把书信寄出,并确认收信人收到,不断地联结、发现、整合、重构,综合运用所学知识解决问题,掌握了书信的基本要素和内容的表达符合生活中真实遇到的问题。

于是在学习写书信阶段,整个班掀起了给老师写信的浪潮,学生大胆地在信中表达最真实的想法,真诚地向老师倾诉,或生活烦恼,或学习困惑。我鼓励学生走出校园,到邮局,把信寄往学校,通过邮局把信递交到我手中,这样充满仪式感的活动,让学生在书本中学习到的知识学以致用,真正为生活服务。老师的回信也流露出对学生的充分理解和尊重,让学生感受到老师的共情,从而帮助学生树立了正确的价值观。语文课程培育的核心素养是"文化自信、语言运用、思维能力、审美创造的综合体现",因此,积极的语文实践活动,真实的语言运用情境,才能有效培养学生的核心素养。

### 三、实践策略

(一)设计真实的语言运用任务情境

陶行知先生强调:"教学做合一是生活法,也就是教育法。它的含义是教的方法根据学的方法;学的方法根据做的方法。事怎样做便怎样学,怎样学便怎样做。教与学都以做为中心。"

实际生活中的语言运用情境都是因为实际生活需要而自然而然发生的,真实的语言运用情境应该是和具体的学习任务匹配的,应该切合具体任务完成的要求,即应该为学生具体学习任务的完成提供必备的特定的条件、必要的限制而设置的学习情境。小任务设置大情境,大任务设置小情境,或者任务和情景不匹配,都是虚假的学习情境。设置真实的语言运用情境主要目的是为学生的任务完成提供场景限制和驱动力,所以应该具有鲜明的动作性和引导性。成功的语言运用情境的设置,应该具有一种激发功能,应该能够唤起学生完成任务的冲动和激情。

1.从实际出发,调动学习兴趣

书信不局限于语文课堂,书信更是心灵交流的一种高质量沟通方式。它源于生活,服务于生活,同时也可以激发学生的书写兴趣。书信之前了解学生的需求与困惑,强调真实的情境创设,让学生有感于生活,抒发之于生活。真实而富有意义的语文活动是最好的内驱力量。

2.扎实掌握语文基础知识

学生在二年级已经写过通知、留言条,对书信的基本格式已有一定的了解。书信是在此基础上,继续培养学生日常交流的能力。老师需准确把握学生学写书信的起点和难点,充分发挥教材习作的导学功能。教师组织学生探究性学习书信的格式,感受书信"互动感"的特色。利用学习评价清单,指导学生掌握书信格式,达成教学目标。

3.提供"书信"场域

有情感的交流,促进学生自觉的表达。教师布置任务"写给老师的一封信",并亲自到邮局寄信,寄往学校地址。学生从写信到寄信,整个任务活动,都基于学生立场,尊重学生想法,也借此平台促进学生与教师的师生关系。寄信的真实生活体验有助于学生进一步掌握信封的格式,同时也训练了学生在寄信中与人沟通与表达能力,将书本中的静态知识转化为用起来的语用经验,沉淀语文素养。

4.教师回信,提升实用性阅读与交流能力

教师收到书信,阅读内容,并有针对性地逐一回信,摒弃了传统的等级打分模式,创新形式的评价方式,既再现书信格式内容,也起到了巩固复习作用,也从情感上认识到书信的意义,唤醒了学生与教师的真实情感联结,使学生认识到被尊重。教师关注学生的参与,树立了学生文化自信,原来学好书信也可以很好表达内心的需求,提升学生积极语用的基本能力。

崔允漷教授对《义务教育语文课程标准(2022年版)》的解读中提出,课程建设应遵循的基本原则:坚持全面发展,育人为本;面向全体学生,因材施教;聚焦核心素养,面向未来,加强课程综合,关注关联;变革育人方式,突出实践。要促进学生核心素养的发展,创设语文实践活动则是必不可少的,且这些实践活动应与学生的生活相贴近,是真实的、可用的情境。

新课标中"文学阅读与创意表达"任务群的要求,教师需创设情境,充分发挥学生的主体作用,强化任务情境下的主动学习、实践学习和积极语用,训练学生的综合能力。在教学实践过程中,教师应依托任务,把方法整合形成系统思维,关注学生的发展,提升学生核心素养。

(二)真实的情绪价值助推积极的语言实践活动

1.以文化人,调动真实感受激发写作兴趣

著名教育学家斯普朗格曾说过:"教育的最终目的不是传授已有的东西,而是要把人的创造力量诱导出来,将生命感、价值感唤醒。"而恰恰语文就是研究"培养人"的学科。语文教师具有得天独厚的优势能够为学生提供情感和精神支持,这种情绪价值不仅仅是愉悦感,也包括安全感、认同感、归属感和自我实现等。

《义务教育语文课程标准(2022年版)》中关于"实用性阅读与交流"指出:"引导学生在语文实践活动中,通过倾听、阅读、观察、收获、整合有价值的信息,根据具体交际情境和交流对象,清楚得体表达,有效传递信息,满足家庭生活、学校生活、社会生活交流沟通需要。"书信曾经是人们和远方的亲人朋友互通消息、交流感情的主要方式,现在仍然是重要的联络手段。人与人之间的沟通,语言则是世上最美、最有效的一种方式。

2.从需求出发,站位学生立场促进真实语用

马斯洛需求层次理论从低到高按层次分为五层,分别是:生理需求、安全需求、社交需求、尊重需求和自我实现需求。通常而言,只有当低层次的需求得到满足时,个体才会追求更高层次的需求。情绪是需求和期望未被满足的反映,理解和管理情绪的关键在于识别并满足这些需求。老师可以引导学生用积极的方式表达自己的情绪,避免压抑或过度发泄。耐心倾听学生的想法和感受,并用温暖的语言回应。语言实践是学习者主动参与。如能分析听话者身份、性格、心理,顾及场合,考虑谈话的交流目的,追求谈话的积极效果,则即使是日常谈话交流,也是积极的语言实践活动。反之,若学习者被动参与、缺乏主动意识,则不能称之为语言实践活动。所以教师设计情境一定站在学生立场,充分考虑学生需求,才能激发并促进他们的语言实践真实发生。

# 搭建习作支架，助力书面表达

南岸怡丰实验学校　许枫

支架本义是起支撑作用的构架。支架的应用极其广泛，照相机用三脚架做支撑，医学领域用心脏支架保障"血管畅通"，工作、生活中随处可以遇见……在习作教学实践中，教师也经常搭建支架，辅助学生有效提高书面表达能力。

## 一、概念阐释

### （一）内涵诠释

习作支架是指教师在习作教学中，依据学生的最近发展区，将书面表达的学习任务分解，帮助学生解决自身无法独立解决的问题的教学方法。本文将小学习作教学支架，简称为习作支架。

常用的习作支架有情境支架、图表支架、关键词支架、策略支架、范例支架等，按支架的应用类型可以分为显性支架和隐性支架。二者在帮助学生构建文章架构、训练语段表达等方面发挥着不同的作用。

显性习作支架可以引导学生搭建文章架构，使习作思维更具逻辑性。它以可视化工具的方式，将写作中的思维过程显性化，让学生能够清晰地看到文章的结构和逻辑脉络。显性支架有助于学生在写作前进行构思和规划，确保文章结构清晰、条理分明。同时，它还能帮助学生避免在写作过程中出现跑题或结构混乱的情况。

隐性习作支架则侧重于训练学生的语段表达，积累典范的语言表达基础，使语言表达更具创造性。隐性支架往往隐藏在文章的字里行间，需要学生通过阅读、分析和模仿来发现和掌握。它能够帮助学生积累丰富的语言材料和表达方式，提高写作的语言水平和表现力。同时,它还能激发学生的创造力和想象力,使文章更具个性和魅力。

显性习作支架和隐性习作支架在习作教学中相辅相成,共同促进学生的写作能力和水平提高。显性支架注重文章结构和逻辑性的培养,而隐性支架则侧重于语言表达和创造力的训练。在教学中,教师应根据学生的学习特点和需要,灵活运用这两种支架,帮助学生更好地掌握写作技巧和方法。

(二) 价值追求

习作支架如同助力学生书面表达启迪思维、凝练语言的梯子,有效的习作支架可以促进教师不断优化教学方法,提高习作课堂教学效果,提升学生表达能力。

## 二、研究的缘由

(一)搭建习作支架主观性强,有片面性

在习作教学中,教师往往会搭建学习支架,帮助学生谋篇布局,开展习作实践。教师搭建支架的初衷往往是好的,但学生面对一个个学习支架,仍然表现出无从下手、难以下笔。课堂教学遵循"学生为主体,教师为主导"的原则,这一原则强调教师的主导作用与学生的主体地位应相结合,从学生的实践出发,让学生在活动中得到锻炼与发展。那么,教师主观地搭建习作支架,往往有为搭支架而搭支架之嫌疑,忽视了学生学习的逻辑起点和实际需求,存在片面性。

(二)以固定模式搭建习作支架,效果不佳

习作支架的搭建,会在很大程度上助力学生习作。但部分老师从自身经验出发,沿用已有的传统观念、固定模式来设计习作支架,逐渐形成"定式思维"。具体表现为,教师在习作教学中,先研读课本,明确习作的具体要求,再出示1~2篇范文,给学生简单地分析,便让学生开始习作。学生无论是习作素材,还是习作方法都是单一的,这时,课堂上就会存在两极分化,一部分学生自身有积累,课前有准备,可以自主习作;另一部分学生则开始抓耳挠腮,东张西望,愁眉不展下不了笔。这样的现象各校或多或少地存在,试想,长此以往,我们的习作教学以固定模式来搭建习作支架,流于形式,习作教学效果必将降低。

## (三)缺乏真实的习作情境氛围

情境支架的创设是教师常用且高效的方式。在习作教学中,教师创设情境支架往往疏于真实氛围的营造。一般情况,教师会通过多媒体手段来情境再现,学生在"虚拟的情境"中进行"角色扮演",在这一过程中,情境是创设了,但缺乏情感的交流、缺乏方法的指导、缺乏真实氛围的体验,这样的情境支架无法为真实的习作实践起到铺垫作用,更无法唤醒学生的已有素材。

## (四)个人教育实践的发现及思考

《义务教育语文课程标准(2022年版)》在总目标中指出,积极观察、感知生活,发展联想和想象,激发创造潜能,丰富语言经验,培养语言直觉,提高语言表现力和创造力,提高形象思维能力。而习作教学的实际状况则表现为教师怕教作文,学生怕写作文,"在畏难情绪"的促使下习作教学不尽如人意。如何破解这一难题呢?统编教材从3—6年级设立习作单元,每个习作单元设置了精读课文、习作例文和牛刀小试等内容,形成了辅助习作教学的"闭环支架"。学生在精读课文中习得方法,在习作例文中拓展提升,在牛刀小试中尝试练习,在这一系列的助学支架辅助下,最终完成单元"大习作"。教学中,教师要抓住已有支架,倡导读写结合,在读中领悟方法,积累语言材料,为学生习作表达做好铺垫,同时提高习作教学课堂质量,促进学生习作能力的提升。

## 三、实践策略

### (一)创建情境支架,激发表达潜能

著名儿童心理学家皮亚杰的兴趣和动机理论强调儿童在认知发展过程中的积极性和主动性。当儿童对某种事物表现出强烈兴趣时,通常意味着他们产生了认真冲动,也就是兴趣是最好的老师。《义务教育语文课程标准(2022年版)》指出,语文课程实施时应从学生生活实际出发,要创设丰富多样且真实的学习情境。

三年级上册一单元习作"猜猜他是谁",教学时可以创设一个情境支架。

师:同学们,今天我们来玩个游戏"猜猜他是谁"。游戏规则:1.请你用几句话或一段话说出某位同学的1~2个特点,由其余同学来猜;2.在介绍特点的过程中不能透露同学的名字;3.猜的同学可以提问,但回答只能是"是"或者"否"。

游戏是伴随孩子成长的好伙伴,这里看似极为简单的情境,对于三年级习作起步的学生而言,不再是让他们写习作,而是做游戏。学生放下心理防备,全身心地投入游戏,以真实的游戏情境作为任务驱动,边玩边学,大大激发学生的表达欲望和写作潜能。

(二) 巧设内容支架,赋能习作教学

书面表达的成败主要取决于两点,一是谋篇布局,二是组织语言。图示支架、范文支架等显性支架可以帮助学生梳理思路和架构文章;隐性习作支架则可以提供言语表达的范例。

四年级下册一单元习作"我的乐园",教材中提供了两个支架问题支架和图示支架。

你的乐园是什么样子的？你最喜欢在那儿干什么？这个乐园给你带来了怎样的快乐？把你的乐园介绍给同学吧。写之前,可以照样子填写下面的表格。

| 村头小河边的草地 | → | 草地上有绿草、野花、昆虫、鹅群…… | 放风筝、看天空变化的晚霞…… | 在大自然中自由玩耍,多么快乐! |
| 乐园在哪儿 | → | 乐园的样子 | 在那儿干什么 | 你的快乐感受 |

这两个支架帮助学生梳理了我的乐园所在位置、乐园的样子、乐园中的趣事和其间的快乐感受。这样把四个部分联系起来,习作的框架就构建好了。

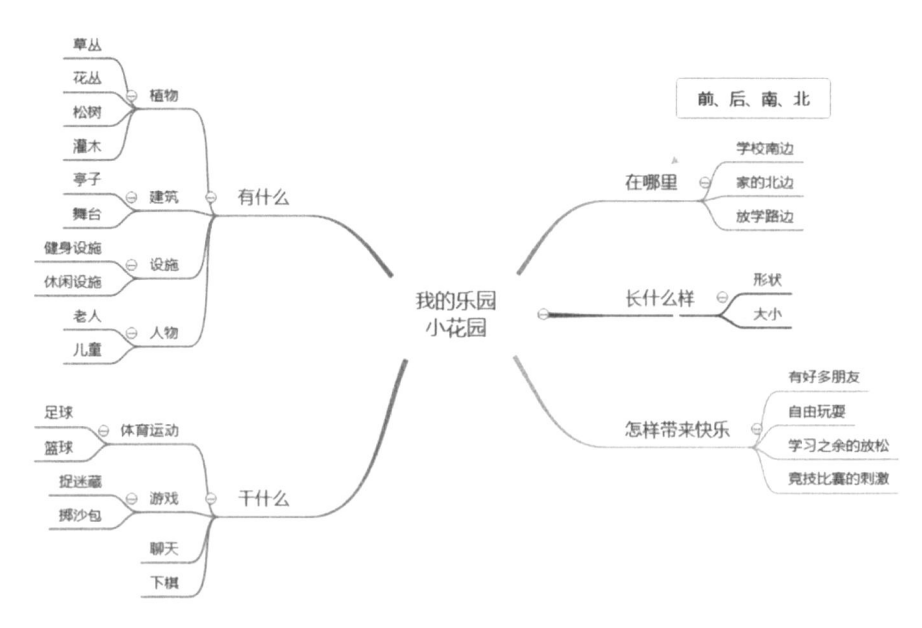

※素养导向下表达与交流理论主张与实践案例

```
                草丛
                花丛 ─┐
                松树  ├─ 植物 ─┐                          前、后、南、北
                灌木 ─┘         │                        ┌─ 学校南边
                亭子 ─┐         │                  在哪里 ├─ 家的北边
                舞台  ├─ 建筑 ──┤                        └─ 放学路边
               健身设施 ┐       ├─ 有什么
               休闲设施 ┴─ 设施 ─┤                               形状
                老人  ┐         │       我的乐园   长什么样 ─┤
                儿童  ┴─ 人物 ──┘       小花园              大小

                足球  ┐                                     ┌─ 有好多朋友
                篮球  ┴─ 体育运动 ┐                          ├─ 自由玩耍
                                 ├─ 干什么         怎样带来快乐─┤
               捉迷藏 ┐           │                          ├─ 学习之余的放松
               掷沙包 ┴─ 游戏 ────┤                          └─ 竞技比赛的刺激
                聊天
                下棋
```

除了挖掘教材中的内容支架，还可以在课堂教学中引导学生创设支架。思维导图是常见的显性支架，可以帮助学生发散思维，为习作的练习提供支撑。

此外，单元中也蕴含着隐性的习作支架。"交流平台"中搭建了范例支架，教给学生利用关键语句可以表达自己的思想感情。"词句段运用"部分搭建了关键词句支架，既给学生的习作储备了好词佳句，又呈现了先分类列举再总结的表达方式。就这样，利用教材内外巧妙地搭建了显性支架和隐性支架，可以赋能学生书面表达。

(三)构建评价支架，指明修改方向

教学评一体化教学已经根植于教师心中。习作评价支架在习作教学的各环节有重要价值。习作前，教师提供评价支架，让学生对标对表，明确方向和关键要素，做到心中有数。习作后,无论是自评,还是互评,乃至师评,都知道评价的标准,进行反思与修订。这样在习作、评价、修改的螺旋式上升中,学生不断完善自己的习作。

| "我的乐园"习作评价表 | | | |
|---|---|---|---|
| | 自评 | 互评 | 师评 |
| 书写端正,字迹美观,无错别字 | ★★★ | ★★★ | ★★★ |
| 写清楚了"我的乐园"的基本信息 | ★★★ | ★★★ | ★★★ |
| 乐园趣事描写具体、生动 | ★★★ | ★★★ | ★★★ |
| 写出乐园带给自己快乐的感受 | ★★★ | ★★★ | ★★★ |
| 评 语(用几句话写写你对这篇习作的感受) | | | |

习作支架的有效搭建,并非孤立,而是彼此关照,互为补充的,教师依据习作内容和表达目标、重难点,有针对性地搭建支架,给学生提供用得上、带得走的写作知识,让学生在潜移默化中有创意地表达。

# 多元支架，建构交际能力

重庆市南岸区天台岗小学校　杨璐

口语交际有交流讨论类、功能类、独白类等类型。作为其中的一种类型，独白类口语交际要培养学生在公共场所当众表达的能力。《义务教育语文课程标准(2022年版)》明确指出："第三学段的学生能根据对象和场合，稍作准备，作简单的发言。听人说话认真、耐心、能注重要点。表达有条理，语气、语调适当。"因此，独白类口语交际要培养学生清楚表达、认真倾听和积极应对的能力。

## 一、概念阐释

(一)内涵诠释

清楚表达即能根据说话的对象和场合选择恰当的内容，表达有条理，语气、语速适当。

认真倾听即听人说话认真、耐心，能抓住要点，并能简要转述。

积极应对即在与人交流时，能理解和尊重对方，根据对方的反应积极调整口语交际的内容和形式。

(二)价值追求

第一，独白类口语交际能够锻炼学生的语言清楚与生动表达能力，应对能力，提高他们在生活中的口头表达能力。《义务教育语文课程标准(2022年版)》指出："语言运用是指学生在丰富的语言实践中，通过主动的积累、梳理和整合，初步具有良好的语感；具有正确、规范运用语言文字的意识和能力；能在具体语言情境中有效交流，通过感受语言文字的丰富内涵，对国家通用语言文字具有深厚感情。"因此,要在情境中培养学生独白类口语交际的能力,有效落实语言运用,促进学生核心素养提升。

第二,独白类口语交际能够培养学生思维能力,帮助他们敢于表达自己的观点和想法。在独白类口语中,学生在情境中为了表达得更加清楚、生动,需要调动逻辑思维、辩证思维、创造性思维,让思维更具有敏捷性、灵活性、深刻性、独创性、批判性,同时学生的好奇心、求知欲被激发,养成崇尚真知,养成独立思考的好习惯,从而增进思维能力。

第三,独白类口语交际还能够促进学生的自信心和社会交往能力,提高他们的沟通和合作能力。在教学中,教师可以创设情境让学生进行独白类口语交际活动,如演讲、辩论、讲故事、当讲解员等,这些能力的习得能帮助学生在校园生活和日常生活中进行更广泛的实践探索,增强学习自信和社会交往能力,为未来学习、生活奠定良好的基础。

二、研究的缘由

大部分学生在参与口语交际时,兴趣浓厚,参与热情高,但是教师发现,在教授独白类口语交际时,学生的学习兴趣比其他类型的口语交际稍低,教学效果欠佳。原因是独白类口语交际如讲故事、演讲、讲解,学生需要做充分的事前准备才能在口语交际课上进行学习。例如学生需要根据交际的对象和交际的地点,提前准备资料。这就需要学生不仅要充分树立交际的对象意识,还要会多种渠道收集资料、选择资料、整理资料,准备好交际的内容。同时,还需要学生熟悉并能背诵交际的内容。这一系列的事前准备如果没有教师的引导,学生会感到一定困难。学生没有充分的准备就开始上课,教师也无法在课堂上有效地开展教学。因此,在开展独白类口语交际教学前,教师要给学生时间,搭建支架,引导、帮助学生一步步做好充分的事前准备,才能帮助学生在交际中清楚表达、认真倾听、积极应对。

独白类口语交际教学对情境的重视程度不足。在口语交际的教学中,教师往往注重了表达的清楚,要按照顺序表达,却没有在学生做事前准备时就提醒学生有效关注交际的对象、交际的地点。但是在真实的工作、生活中,交际者往往需要从交际的准备阶段就了解对象和环境,才能更好达成交际目的。在学习中,没有提前创设具体、真实的情境,学生在准备资料时只能空泛地收集和整理,无法根据对象和地点等具体情境做好准备。在讲解过程中,学生也很难根据具体情境马上做出应对。因此,清楚表达不仅仅是在交际时内容要按照一定的顺序讲,同时也要关注真实情境的任务、时间、地点,有针对性、有选择性地准备资料,为讲解清楚做好充分准备。

独白类口语交际教学对学生倾听的关注不足。教师在教授独白类口语交际时往往重在说什么、怎么说。而忽略了倾听方听什么、怎么听,忽略了作为口语交际本身要关注的是不仅仅是表达,还有倾听和应对。因此参与听的同学要认真听、耐心听、抓住讲的主要内容,给予讲的同学回应和互动。讲的同学同样要认真观察对方、认真倾听对方的互动,再给予回应。

独白类口语交际教学对学生应对的关注不足。独白类口语交际不仅要关注学生互相间的倾听,还要关注学生在交际中是否回应对方,但是在教学中,由于学生间的互动是难点,往往会被忽略。如果没有学生间的互相应对,彼此给予反馈,也没有形成真正的交际,就变成了单向的输出。因此,独白类口语交际要关注学生如何应对。

### 三、实践策略

(一)情境表达:为学生口语交际提供情境支架

《义务教育语文课程标准(2022年版)》提出:"义务教育语文课程实施从学生语文生活实际出发,创设丰富多样的学习情境,设计富有挑战性的学习任务,激发学生的好奇心、想象力、求知欲。"因此,教师在教授独白类口语交际时,要根据课标和教材创设真实的情境,让学生产生交际的兴趣,同时也会生成真实的问题,获得真实的能力。例如,在"我是小小讲解员时"一课的教授中,教师创设了不同的真实情境:成都的教师参观团到校参观,请学生为他们讲解;即将入校的一年级新生家长参观校园,请学生为他们讲解;幼儿园大班的小朋友参观校园,请学生为他们讲解;社区的阿姨到校参加六一活动时参观校园,请学生为他们讲解。这些情境既符合教材中的要求,又贴近学生的真实生活,是他们平常在校园也看到过的参观场景。

(二)清楚表达:为学生准备材料、整理材料提供资源支架和思维支架

在独白类口语交际中,学生需要准备充分的材料来为交际做准备,但是在搜集

资料时会存在一定困难,因此,教师可以给学生提供资源型支架,如怎么用书籍、网络、询问的方法查找资源;也可以提供一些工具书、阅读材料、图片、视频等资源,帮助学生拓宽视野,做好充分的准备。在"我是小小讲解员"教学中,基于创设的情境,教师可以引导学生可以根据不同来宾的身份、年龄等特点,通过网络、书籍、校园观察等多种方式准备讲解内容,教师也可以给学生提供一些不易查找的资料,如学校的历史资料、图片、视频等。二者结合降低了学生在搜集资料过程中的难度。

此外,学生不仅需要准备充分的资料,还需要根据交际的对象和情境来整理资料,这就需要老师在引导过程中给学生提供思维支架,帮助学生选择交际对象可能感兴趣的、重要的内容来准备内容,同时要关注交际的顺序,这样在口语表达时才会清楚明白。例如在执教"我是小小讲解员"时,一组的同学选择在操场给幼儿园小朋友讲解,准备了校园活动、游乐设施、学生获奖等内容,那么,应该按照什么顺序讲解呢?同样教师要引导学生在情境中思考,主动建构,想一想听众——幼儿园小朋友的兴趣,学生就能发现可以先讲小朋友喜欢的游乐设施,吸引他们的兴趣,再顺着操场路线讲丰富多彩的校园活动,最后再到荣誉墙给小朋友们讲学生获奖。

此外,为了口语交际课上能形成有效的交流场,独白类口语交际还要要求学生在课前熟记背诵交际内容,才能为后面的交际、情感表达打下基础。

(三)生动表达:为学生认真倾听、积极应对搭建策略支架

有了充分的内容准备和记忆准备,学生便可以在课堂学习如何进行独白类口语交际。教师在学生进行口语交际的过程中,还要给学生搭建策略支架,便于交际能力举一反三。

在"我是小小讲解员"课上,学生在情境中向听众讲解,教师引导学生互相交流,主动建构,让学生自主发现讲解员要认真观察倾听者的反应并判断,比如听众眼睛看着讲解员、提问等反应可以判断为感兴趣,听众发呆、做其他事情等情况判断为不感兴趣。通过学生交流从而搭建起如何判断听众反应的策略支架。同时,听众要耐心、认真倾听,给讲解员表情、动作的反馈,甚至可以有语言的互动。

这个过程对学生来说是难点,需要教师引导学生将感知到的反应和内心的思考通过语言外显,让学生用语言来交流所见所想,逐步形成能力,为积极应对做铺垫。

※素养导向下表达与交流理论主张与实践案例

讲解的同学在观察到对方的反应后,教师还要进一步搭建策略支架,帮助学生及时与对方互动,调整交际的内容和形式,让交际真正得以实现。在执教"我是小小讲解员"中,讲解员观察了参观者的反应,也判断出对方是否感兴趣,但不知道怎么处理,因此,教师让学生交流讨论,学生自主建构出要"加内容、删内容、换顺序"的策略支架,并用支架进行再实践,通过不断的实践逐渐习得如何根据听众的反应调整内容,学会积极应对听众的不同反应。这样,表达与倾听的同学来回互动,才形成了生动表达的交际场。

独白类口语交际依然属于口语交际的范畴,因此要关注学生的倾听、表达与应对,而不是单方面进行表达与输出。双向交流才能让学生在具体的语言情境中进行有效的交流沟通,提升语言运用能力、思维能力,形成个体语言经验,感受语言的魅力和文化的力量。

# 信息技术将写作思维可视化

重庆市南岸区南坪实验外国语小学校　袁鸿　沈佳星

## 一、概念阐释

### (一)内涵诠释

学生对于写作方法的认识和掌握程度有"知道"和"理解"两个维度。"知道"是指人对于某一事实或现象能够作出判断并根据自己的已有认知经验作出回应。比如,学生能够根据教师在课堂上的讲述,知道某一篇文章的中心思想,但他未必能真正理解其中的深刻含义。"理解"是学习者探求意义的结果,可以借助现有的认知水平观察某一事物与其他事物的联系,并从中获得某一事物运作的方式、功能及结果。也就是说,理解的目标是利用已有内容生成或揭示一些有意义的事情,利用我们记忆中的已有知识去发掘事实和方法背后含义并谨慎地加以运用。因此,"理解"的实质就是运用,它的含义比"知道"更为广泛,"知道"是"理解"的子内容。二者之间的区别见表1。

表 1　知道和理解

| 知道 | 理解 |
| --- | --- |
| 事实 | 事实的意义 |
| 大量相关事实 | 提供事实关联和意义的理论 |
| 可证实的主张 | 不可靠的、形成中的理论 |
| 对或错 | 有关程度或复杂性 |
| 知道一些正确的事情 | 我理解为什么它是知识,什么使它成为知识 |
| 根据所知回应提示 | 我能够判断何时使用以及何时不用我所知的内容 |

因此,学生在教师教授必要的习作知识后,能够随口说出习作方法,但却在写

作中难以正确流利地运用,原因就在于他们仅仅知道了写作知识是怎样的,并未达到理解的层面。而我们在写作教学中除了要教给学生正确的写作方法以外,更重要的是要建立一种基于"理解"的支架,让知识以生动、直观的形式呈现给儿童,使写作思维可视化、直观化,填补老师与学生之间的思维差距。

(二) 价值追求

语言是社会现象,是社会交际的工具,同时也是心理现象,是人类思维的工具。对于处于形象思维的学生而言,只有最大程度地将自己的写作过程再现于具体的画面或情境中,才能理清写作思路,让自己有话可写,丰富自己的语言表达,提升自己的写作能力,进而激发持久的写作兴趣。在写作教学中,我们不妨借助多媒体这一信息技术手段,将抽象化的写作方法、写作概念、写作技能转化成可视化的图片、场景,为学生的理解搭建可行支架。理解的本质在于学生能够将所学的方法、知识运用到新的问题情境中去。如果学生仅仅通过记住答案或知道解答同类问题的常规方法,是不能培养应对新情境和解决新问题的能力的。小学阶段,学生的写作任务包含写景、状物、写人、叙事、抒情这几类,它们之间的共同要求都是写清楚、有条理、突重点、强生动,当学生能够借助信息技术这一媒介,将自己在写作过程中的思维外显出来,那么当他们面对任何写作情境时,都能找到触发自己表达欲望与表达素材的钥匙。

## 二、研究的缘由

写作是基础教育阶段学生语文课程学习的主要内容之一,对于学生语言运用能力的发展具有重要作用。小学阶段,写作按照学习阶段的发展顺序,分为"写话"和"写作"。从中不难看出,随着学生学段的提升,语文课程对学生的写作能力提出了更高的要求。一方面,伴随着人的认知水平的发展,学生的写作能力取决于他们的阅读积累与生活经验是否丰富;另一方面,在学生具备了充分的写作素材后,需要掌握一定的写作方法,才能使内化于心的生活经历与感悟外化于语言表达。因此,运用科学的教学方法帮助学生提升写作能力,便成了写作教学的重要内容之一。

但囿于学生思维的具象性,他们难以将教师在课堂中高度概括的、抽象的写作方法迅速掌握，导致自己知道了方法而在实际写作中却难以写出教师预设的佳作。对此，教师常在课堂中先抛出写作任务，接着结合具体例文讲解写作方法，然后归纳总结某一体裁或题材文章的写作方法，最后让学生按照归纳总结的方法尝试写作并多次修改……如此反复。这样的教学方法不无道理，但学生的写作效果依然不佳。究其原因，我们在教学时忽视了学生对写作方法真正的"理解"。我们在课堂上满腔热忱地教给学生如何写出优美动人的文章时，往往是以自己的写作经验侃侃而谈，将自己的或者他人的写作方法以成人化的视角和成人化的思维方式呈现给学生。这对于思维还处于直观性、形象性的学生而言，难免有些吃力，造成他们并未真正"理解"我们强调的写作方法，进而使他们的习作往往似是而非，难以达到我们预设的目标。基于此，如何将成人化的、抽象化的写作方法以一种直观性、形象性的方式呈现给学生，也就是如何让学生真正"理解"我们所讲述的写作方法，是小学阶段教师作文教学时必须思考的问题。

三、实践策略

(一)以画面呈现聚焦写作重点

统编版小学语文三年级下册六单元的习作要求是"写一个身边的人，尝试写出他的特点"，上述目标可用"清楚""特点"两个关键词概括，即要求学生能够抓住人物的特点，用生动、准确的语言清楚再现出来。为了让学生迅速明白心中所要记录人物的特点何在，教师在教学时可以让学生先借助教材提供的词语进行口头交流，向大家介绍自己推荐的人物，待学生介绍结束后，呈现该生推荐的人物图片，请全班学生观察图片，归纳图中人物的特点是否与推荐的一致。或者借助相关视频，带领学生"亲临现场"前往某个场景，从所要介绍人物一言一行、举手投足中归纳其外形或性格特点。如此一来，可以帮助学生迅速掌握写人要点——抓住主要特点来写，与此同时，为了突出所推荐人物的特点，还需要用上恰当的修饰词来描绘，这时，又可以请学生再次观察图片或借助视频，用恰当的词语、短语或句子，最大程度地还原人物的独特之处。经过图片呈现、聚焦重点、语言再现，学生对自己所要推荐的人物有更深刻的认识和印象，也知道采用何种语言形式与措辞去突出其特点。这样一来，学生能够清晰准确地理解何谓"突出人物的特点"，用自己的语言最大程度地将脑海中所想的人物画面还原,化抽象的思维过程为具体的画面。

(二) 以视频场景还原事件过程

统编版小学语文三年级下册六单元习作"身边那些有特点的人"不仅要求学生写身边有特点的人,还要用一个事例或者多种行为把特点写清楚,再根据人物特点取个题目,对学生的写作能力较之前有明显的进阶,尤其是选取的事例要能够为体现人物特点服务,已经初步涉及选材能力的培养,这对于小学中段学生而言是个不小的挑战。因此,帮助学生选出最能体现人物特点的事例,并较为清楚地将事例进行完整表述,则成为教师需要思考的内容。对此,我们可以围绕教材提示的一个词语,提前在网络上选取一段能体现该词语内涵的视频,请学生在课堂中观看并归纳视频中主要人物的特点是什么,并借助视频呈现的内容说明这样归纳的理由。待学生充分交流后,教师再呈现提前选定的词语,和学生归纳的词语进行比较,趁机点拨:人物特点可以借助特定的事例去体现,但是所选择的事例一定要和该人物的特点高度吻合。如此一来,将抽象化的方法概念变成可视化的视频场景,不仅提高了学生的写作兴趣与注意力,还有助于他们轻松掌握如何把人物特点写清楚的方法。在此基础上,教师再次播放视频内容,请学生在观看的过程中思考:视频是如何把事情呈现得既清楚又有丰富画面感的?学生在观看、交流的过程中不难发现,通过抓住人物的语言、神态、动作、心理描写等方法,不仅可以高度体现人物的主要特点,还可以把事情写得更丰富,更有画面感。当学生明白这一奥义后,我们可以邀请他们按照上述方法口述一件事情,全班学生归纳事件中的人物特点。在评价学生的习作时,还可以借助动画,还原学生习作中的事件,让他们根据习作要求和习作方法,再次判断是否达到了习作目标。

**参考文献:**

[1]约翰·杜威.我们如何思维[M].北京:新华出版社,2015.

[2]格兰特·威金斯,杰伊·麦克泰格.追求理解的教学设计[M].上海:华东师范大学出版社,2017.

[3]叶蜚声,徐通锵.语言学纲要[M].北京:北京大学出版社,2010.

# 通过事例和具体表现，让人物特点亮出来

重庆市南岸区教师进修学院附属小学校　赵霖

在日常生活中，学生会接触到各种各样的人，每个人都有自己独特的特点。通过对写人类习作的学习，学生将有机会观察和了解身边的人，培养他们的观察力、分析能力和表达能力。

## 一、概念阐释

（一）内涵诠释

写人类习作是一种以描写人物为主要内容的文学体裁，它通过对人物的外貌、语言、动作、心理等方面的描写，展现人物的性格、品质、情感和思想。写人类习作的内涵诠释可以从以下几个方面来理解：

1. 人物形象：写人类习作的核心是人物形象的塑造。作者通过对人物的外貌、语言、动作、心理等方面的描写，展现人物的性格、品质、情感和思想。人物形象是写人类习作的灵魂，它决定了作品的价值和意义。

2. 故事情节：写人类习作通常会围绕着人物的生活经历和情感变化展开，通过讲述故事情节来展现人物的性格和品质。故事情节是写人类习作的重要组成部分，它可以增强作品的可读性和吸引力。

3. 主题思想：写人类习作的主题思想通常是通过对人物的描写和故事情节的展开来表达的。主题思想是写人类习作的核心，它决定了作品的价值和意义。

4.文学价值:写人类习作是一种文学体裁,它具有一定的文学价值。写人类习作可以通过对人物的描写和故事情节的展开,展现人类的生活和情感,反映社会的现实和问题,具有一定的思想性、艺术性和审美价值。

(二)价值追求

在小学语文习作教学中,人物特点的描绘是提升文章生动性和吸引力的关键所在。人物特点不仅能够赋予故事角色以生命,使他们具有独特的个性和辨识度,而且还能强化故事情节,帮助读者更好地理解故事的主题和情感。

1.人物特点为习作注入了情感色彩

一个饱满的人物形象,其喜怒哀乐、性格特征、生活习惯等都能引发读者的情感共鸣。通过描绘人物的独特性格,作者可以引导读者对角色产生共情,从而加深对故事的理解和体验。例如,一个勇敢无畏的角色可能会激发读者的敬佩之情,而一个善良无私的角色则可能唤起读者的同情和喜爱。

2.人物特点有助于推动故事情节的发展

在习作中,人物的行为和决策往往基于他们的性格特点,这些特点成为故事发展的驱动力。一个固执的角色可能会坚持己见,导致冲突升级;而一个机智的角色则可能通过巧妙的策略解决问题。通过刻画人物的性格特点,习作中的冲突和转折变得更加自然且引人入胜。

3.突出人物特点有助于塑造鲜明的故事背景

人物与环境的互动可以揭示社会背景和文化氛围,使习作更具时代感和地域特色。例如,一个在城市长大的孩子可能展现出现代、开放的特点,而一个在农村长大的孩子则可能保留着淳朴、勤劳的品质。这些特点的描绘丰富了故事的层次,让读者感受到更立体的世界。

4.人物特点的描绘有利于培养学生的观察力和想象力

在习作过程中,学生需要仔细观察周围的人,捕捉他们的独特之处,然后通过文字将这些特点表现出来。这个过程不仅锻炼了学生的观察技巧,也激发了他们的创造性思维,使他们在塑造人物时能跳出常规,创造出独一无二的角色。

写人类习作的价值追求是多方面的,它不仅可以让读者更好地了解身边的人,还可以让作者提高自己的写作能力和综合素质。

## 二、研究的缘由

在教学统编版小学语文三年级下册六单元习作"身边那些有特点的人"时,在最初的实践中,得到的结果却让人大跌眼镜。于是与许多老师进行了研讨,并梳理了一些问题。

(一)内容空洞,缺乏细节

描述简略:学生在描写人物时,往往只注重外貌和性格的概括,而忽略了具体的细节描写。例如,"他是一个高个子,长得很帅,性格开朗",这样的描述过于简单,无法让读者真正了解人物的特点。

事例单一:学生在写作中常常使用一些常见的事例来表现人物的品质,如"他帮助老人过马路""他拾金不昧"等,这些事例缺乏新意,也无法突出人物的个性。

缺乏情感:学生在描写人物时,往往只注重客观事实的描述,而忽略了自己的情感体验。例如,"她是我的好朋友,我们经常一起玩",这样的描述过于平淡,无法让读者感受到作者对朋友的深厚感情。

(二)结构混乱,条理不清

开头冗长:学生在写作时,往往喜欢在开头进行过多的铺垫,如介绍人物的背景、家庭等,导致文章开头冗长,无法吸引读者的注意力。

主次不分:学生在描写人物时,往往无法把握主次,将一些不重要的细节描述得过于详细,而忽略了主要的情节和人物特点。

结尾仓促:学生在写作时,往往无法合理安排结尾,导致结尾仓促,无法给读者留下深刻的印象。

(三)调整设计

后来通过调整,课堂开始以出示三年级上册的习作"猜猜他是谁",教师给出表示人物特点的词语,与学生一起玩游戏"猜猜他是谁"揭示课题。同时以课文为例文,启发学生通过事例和具体表现让人物特点亮出来。设计上我们做了如下改变:

1.细致观察,捕捉特点

引导学生观察人物的外貌:让学生注意人物的身高、体形、肤色、发型、五官等方面的特点,并尝试用准确的词语进行描述。

关注人物的语言和动作：人物的语言和动作往往能够反映出其性格、情绪和心理状态。教师可以引导学生观察人物在不同情境下的语言和动作，分析其背后的含义。

了解人物的兴趣爱好和特长：人物的兴趣爱好和特长也是其个性的重要组成部分。教师可以通过与学生交流、阅读相关资料等方式，了解人物的兴趣爱好和特长，并在习作中加以体现。

2.精选事例，突出特点

选择具有代表性的事例：教师可以引导学生选择能够突出人物特点的事例，如人物在面对困难时的表现、在追求梦想过程中的努力等。

详细描述事例的经过：在描述事例时，教师可以引导学生详细描述人物的语言、动作、神态等方面的细节，让读者能够更加深入地了解人物的特点。

运用多种描写方法：教师可以引导学生运用多种描写方法，如外貌描写、语言描写、动作描写、心理描写等，来突出人物的特点。

### 三、实践策略

通过事例和具体表现，让人物特点亮出来。

首先，设计学生熟悉的游戏"猜猜他是谁"，回顾三年级上册第一次写人的经验，在游戏情境中感受人物特点的表现。这样，既活跃了上课气氛，又在游戏中唤醒记忆，关联身边人的特点。

其次，引导学生通过一个词想到身边的一个人，继而顺势启发学生拓词，在学生兴味盎然之际，引入"人物分享会"的情境，进而激发写作动机，在情境中实现学生从"由词想到人"到"由人想到词"的双向思维，从而帮助学生确定最想写的人。接着立足单元整体，勾连课文，运用《剃头大师》中小沙"胆小"这一特点，进行词语开花，帮助学生梳理人物在这一特点上的平时表现。通过交流反馈，让学生进行求异思维，去发现与人物特点相关的多方面表现。而后进行第一次写作，将人物的平时表现写成一段话。

再次，通过例文，让学生通过自主发现，建构出要想突出人物特点，还需举出具体事例。通过微课还原"用具体事例突出人物特点"的思维过程，唤醒记忆，运用旧知,写出表现人物特点的事例。同时,为进一步激发学生写作的兴趣,实现教学评一致的目标,本课采用动态评价的方式,让学生在每一个思维发展处都得"小红花"。

最后,为落实立德树人根本任务,教学中始终采用人文与工具双线并进的小结。课尾拓展延伸处,总结了写人可采用"平时表现+具体事例"的写作支架,还揭示了写有特点人的意义在于去观察、去发现身边每个人的与众不同,鼓励学生做一个绽放精彩的与众不同的自己。

我们发现习作教学是语文教育中的重要组成部分,其目标之一是培养学生的写作能力,尤其是通过具体事例来突出人物特点。

(一)引导学生观察生活

教师应鼓励学生从日常生活中寻找素材,观察和记录身边人物的行为和特点。通过真实的生活实例,学生能够更加自然地进行人物描写。

(二)利用范文示范

教师可以通过展示优秀的范文,让学生了解如何通过具体事例描写人物特点。同时,可以分析范文中的描写手法,帮助学生掌握写作技巧。

(三)细化描写任务

教师可以将描写任务细化,如要求学生描述人物的外貌、行为、语言和心理活动等。通过分解任务,学生能够逐步掌握描写技巧。

(四)多样化的写作练习

教师可以设计多样化的写作练习,如写作小故事、日记、人物描写片段等,让学生在不同的写作情境中练习人物描写。

通过事例和具体表现来突出人物特点,是习作教学中的重要策略。在习作教学中有效运用事例和具体表现来突出人物特点的方法,不仅能够提升学生的写作能力,还能够激发他们的写作兴趣,为他们未来的写作之路打下坚实的基础。

# 智慧课堂赋能小学语文习作教学

重庆市南岸区南坪实验外国语小学校 黄英 周士淇

智慧课堂是以信息化平台为基本架构,通过收集、分析和挖掘教学数据信息,实现教学决策数据化、评价反馈即时化、交流互动立体化以及资源推送智能化的一种新型教学模式。这种教学模式为小学语文习作教学带来了新的机遇和挑战。

## 一、概念阐释

### (一)内涵诠释

进入 21 世纪以来,信息技术的迅猛发展深刻影响了人们的生活方式。当前,人工智能、大数据等新兴技术正在快速发展,不仅对人类的生活和职业产生深远影响,也在教育领域展现出强大的推动力。为推进教育信息化进程,教育部发布了《教育信息化十年发展规划(2011—2020 年)》,旨在促进技术与教育的全面融合,推动教育理念和模式的创新,构建智能化教学环境,并鼓励学生利用技术工具解决问题,提升问题解决能力。

《义务教育语文课程标准(2022 年版)》将"写话、习作、写作、口语交际"整合成"表达与交流",作为独立于"识字与写字""阅读与鉴赏""梳理与探究"的语文实践活动主线,这一变化标志着国家对"表达与交流"教学的重视和强调。

在这一变化下,小学习作教学已经逐步超越单纯的知识传授,更加注重学生语言素养的培育与对习作内容深层内涵的洞察。

随着科技的不断进步和现代教育模式的创新,智慧课堂已成为现代教学的新趋势。这一新兴的教学模式结合了信息技术、大数据、人工智能等,这也为小学语文习作教学带来了新的机遇和挑战。

(二) 价值追求

利用智慧课堂进行语文习作教学的意义在于深度融合现代教育技术与传统教学优势,为学生创造了一个更加高效、互动、个性化且富有创造力的学习环境。具体来说,其意义体现在以下几个方面:

1.激发写作兴趣与动力

智慧课堂通过多媒体展示、互动讨论等形式,能够将抽象的习作要求具象化,以生动的情境、鲜活的案例激发学生写作的兴趣。同时,即时反馈和个性化指导能够让学生感受到写作的成就感,从而持续保持写作的动力。

2.提供丰富素材与灵感

智慧课堂利用互联网资源,为学生提供了海量的写作素材和灵感来源。学生可以轻松获取各类文章、图片、视频等资料,丰富自己的知识储备,拓宽视野,为写作提供多元化的角度和思路。

3.个性化指导与反馈

智慧课堂系统能够记录学生的学习数据,分析他们的写作风格和习惯,从而提供个性化的指导和反馈。教师可以根据每个学生的特点,给出针对性的建议,帮助学生解决写作中的具体问题,如结构安排、语言表达、修辞手法等。这种个性化的指导有助于提高学生的写作水平,同时培养他们的自我反思和修正能力。

4.促进协作学习与交流

智慧课堂鼓励学生在写作过程中进行协作学习,通过小组讨论、在线互评等方式,促进学生之间的交流与合作。这种协作学习不仅能够增强学生的团队协作能力,还能够让他们在相互学习中汲取灵感,拓展思维,提升写作水平。

综上所述,利用智慧课堂进行语文习作教学具有重要意义,它不仅能够激发学生的写作兴趣与动力,提供丰富素材与灵感,还能够实现个性化指导与反馈、促进协作学习与交流、培养创新思维与批判性思维,并最终提高习作教学的效率与质量。

## 二、研究的缘由

在学习了统编版教材四年级下册习作"我的心儿怦怦跳"后,让学生选一件令你心儿怦怦跳的事情写下来,写清楚事情的经过和当时的感受。第二天,细读学生的习作,一些学生的故事吸引了我,能让我跟随情节,感受其中的紧张、害怕。但另一部分学生选择描述一些他们认为老师会喜欢的情节,如帮助老人过马路、捡到钱包归还失主等常见的情节,而这些情节往往是他们从课本或课外读物中读到的,并不是他们亲身经历的事情,这样的故事显得很机械、空洞,读来并不会让人觉得心儿怦怦跳。

我与不同教龄和学段的小学语文教师及学生进行了研讨,并结合智慧课堂相关理论,对出现的这一问题进行了分析。发现教师在教授作文时存在学生的课前机械学习、在授课过程中智慧化教学方式与语文习作教学过程融合度不足、课后拓展性习作练习欠缺等问题。

### (一)学生的课前机械学习

目前,大部分学生在习作课程正式开始之前,采用了一种较为僵化、缺乏灵活性和创造性的学习方式。这种学习方式往往侧重于记忆固定的知识点、模板或范文,而忽视了对学生观察力、想象力、思维能力和个性化表达的培养。学生在习作课前,可能会通过死记硬背的方式记忆一些作文开头、结尾的模板,或者是一些固定的句式和词汇。这类作文尽管符合传统意义上的"好作文"标准——结构清晰、语言规范,但缺少个人色彩和情感的真实性。这种方式虽然能在短时间内提高作文的表面质量,但从长期来看会限制学生的创新思维和个性化表达。

相比之下,那些基于自己真实经历写作的学生,他们的文章则更具有感染力。比如,在统编版教材四年级下册习作"我的心儿怦怦跳"中,有一个学生写的是他第一次独自乘坐公交车上学的经历,详细描述了他在车上的心情变化,从最初的紧张不安到最后成功到达学校后的自豪感。这篇作文因为是作者亲身经历的再现,充满了细节和情感的真实性,因此更能打动读者的心。

这个例子表明,只有当学生真正投入生活中去观察、体验,并把这些真实的情感和经历融入作文中时,才能写出既具有个人特色又富有深度的作品。因此,鼓励学生在生活中寻找素材,培养他们独立思考的能力,对于提高作文的质量至关重要。

(二)智慧化教学方式与语文习作教学过程融合度不足

1.教师对智慧课堂的理解与应用存在局限性

在习作教学中,智慧课堂作为一种融合了现代信息技术与传统教学模式的新型教学环境,旨在通过数字化工具、大数据分析、个性化学习路径等手段,提升教学效率与学生自主学习能力。然而,教师在理解和应用智慧课堂时,存在一定的局限性,这些局限性主要体现在以下几个方面:

(1)技术认知与掌握不足

部分教师对智慧课堂所需的技术工具和平台缺乏深入的了解和熟练的掌握。技术的快速更新迭代使得教师需要不断学习新知识、新技能,而实际教学中,教师可能因时间、精力或资源限制,难以跟上技术发展的步伐,导致在智慧课堂的应用上显得力不从心。

(2)教学理念转变滞后

智慧课堂的核心在于以学生为中心,强调个性化学习和互动式教学。但传统的教学理念往往以教师为中心,注重知识的传授而非能力的培养。这种教学理念的差异使得一些教师在应用智慧课堂时,仍难以摆脱传统模式的束缚,无法充分发挥智慧课堂的优势。

(3)资源整合与利用不充分

智慧课堂依赖于丰富的教学资源和数据支持。然而,在实际操作中,教师可能面临资源获取渠道有限、资源质量参差不齐、资源更新不及时等问题。同时,对于已获取的资源,部分教师可能缺乏有效整合和利用的能力,导致资源闲置或低效使用。

2.智慧化教学方式停留在表面

在习作教学中,智慧化教学方式虽然被广泛提及并尝试应用,但很多时候其应用却停留在表面,未能深入教学的核心环节,主要体现在以下几个方面:

(1)技术应用的浅表性

许多教师在引入智慧化教学手段时,往往只关注于技术工具的外在形式,如使用电子白板、在线协作平台或智能批改系统等，而未能充分挖掘这些技术背后的教育价值和潜力。他们可能只是简单地将传统的教学内容迁移到数字化平台上，而没有根据智慧化教学的特点进行内容的重构和创新。这种浅表性的技术应用，难以真正提升习作教学的效果。

(2)学生参与的被动性

智慧化教学方式强调学生的主体性和参与性，但在实际教学中，学生的参与往往是被动的。这主要是因为教师在设计教学活动时，没有充分考虑学生的需求和兴趣，导致学生参与的积极性不高。此外，由于技术工具的复杂性和操作难度，一些学生可能无法熟练地使用这些工具来辅助学习，从而进一步削弱了他们的参与意愿。这种被动性的学生参与，使得智慧化教学方式的效果大打折扣。

3.教学评价方式单一

在传统教学模式下习作教学评价方式单一是一个普遍存在的问题。每个学生的背景、兴趣、能力和学习风格都不同，因此他们在习作中展现出的特点和优势也各不相同，若采用统一的标准来衡量所有学生的习作，便忽略了学生的个体差异和多样性。除此之外，单一的评价方式往往只关注学生的语言运用能力和表达能力，而忽视了对学生思维能力、创新能力和情感态度的评价。这种评价方式无法全面反映学生的综合素质和成长潜力。在智慧课堂环境下，虽然可以利用大数据、人工智能等技术手段进行数据分析，但许多教师仍然沿用传统的纸笔测试和教师主观评价的方式。这种评价方式缺乏多元化和个性化，无法满足不同学生的学习需求和发展特点。

(三)课后拓展性习作练习欠缺

习作教学是一个连贯的过程，不仅有学生课前的预习，师生课堂上的互动教学，还有课后拓展性的习作练习。在实际的教学中笔者发现目前习作教学的课后具有针对性和完整性的拓展练习欠缺。

1.练习缺乏系统性

写作能力的提升是一个循序渐进的过程，需要逐步深入和拓展。部分教师在设计课后拓展性习作练习时，可能缺乏整体的规划和系统性的考虑，导致练习内容零散无序，难以形成有效的学习链条。学生在完成这些练习时，可能会感到缺乏连贯性和逻辑性,从而影响学习效果。

2.练习内容针对性不强

课后拓展性习作练习应该与课堂教学内容紧密相连,以巩固和深化学生的学习成果。然而,在实际操作中,部分教师可能忽视了这一点,导致练习内容与课堂内容脱节,无法有效地促进学生的知识迁移和应用。除此之外,兴趣是最好的老师。一些课后拓展性习作练习可能忽视了学生的兴趣点和实际需求,导致学生对练习缺乏兴趣和动力。这不仅会影响学生的参与度,还可能降低练习的效果和质量。

3.练习深度不足

部分课后拓展性习作练习可能停留在表面化的层次上,只关注学生对基本知识和技能的掌握情况,而忽视了对学生思维能力和创新能力的培养。这种浅尝辄止的练习方式难以激发学生的深层次思考和探索欲望。适当的挑战具有深度的练习才可以激发学生的潜能和动力。

三、实践策略

(一)课前准备智慧化

1.精准分析习作学情

在习作教学开始之前,教师需要通过智慧课堂的信息平台来了解学生的写作水平,包括词汇量、句子结构、逻辑连贯性等方面的能力情况。教师可以布置一些小练笔作为预习任务,并通过学生的提交情况来分析每位学生的写作特点及存在的问题。比如,有些学生可能擅长描绘场景但缺乏情感表达;有些学生可能在语法上有待提高。基于这些数据,教师可以调整教学计划,为不同层次的学生提供个性化的指导建议。

2.智能推送习作资源

在推送习作资源方面,教师应该考虑学生现有的写作能力和兴趣爱好,为他们挑选适合的范文、写作技巧讲解视频、写作流程指导文档等。例如,在教授三年级下册"我的植物朋友"习作时,教师可以提前推送一些关于如何观察植物、描述植物特性的技巧文章,或者是一些优秀的植物描写段落供学生参考。此外,还可以设计一些与植物相关的写作练习题目,如"如果你是一株植物,你会选择生长在哪里?"这些问题旨在激发学生的创造力,并帮助他们更好地完成习作任务。

3.高效交流习作问题

对于习作教学来说,高效的交流不仅限于师生之间,还包括生生之间的互动。在学生完成初步的习作草稿之后,可以鼓励他们在平台上分享自己的作品,并邀请其他同学给予评论或建议。这种方式可以让学生从同伴的角度获得反馈,同时也能促进相互学习。如果学生在习作过程中遇到了难题,也可以通过平台向教师提问,教师则根据学生的问题进行个别辅导或集体解答,确保每位学生都能够解决自己在写作中遇到的问题。

通过上述方法的应用,习作教学不再局限于传统的"讲—听—写"模式,而是转变为一种更加互动、开放的学习环境。在这个环境中,学生能够更好地发挥主观能动性,提高自身的写作技能。

(二)课中教学智慧化

在设计小学语文智慧课堂的习作教学活动时,教师应秉持以学生为中心的理念,策划多样化的互动与探究环节,确保课堂生动且高效。利用信息化平台的计时功能,教师可监督学生按时完成任务,促进教学活动有序开展。科学的时间管理不仅使教学更加条理化,还为学生的个性化学习、深度探究及合作交流提供了机会。

小学语文课堂既强调工具性,也富含人文精神。语文教育不仅注重知识积累,更致力于培养学生的生活体验与感悟力,从而在生活中积累智慧。智慧课堂通过师生、生生及生本对话,提升课堂互动质量,加深文本理解的同时,也拓宽了学生的认知视野。

1. 积极创设写作情境

教师可以在习作教学开始前,利用课前预习时间,根据学生的兴趣和写作能力设定分层的写作目标。通过智慧课堂技术,如虚拟现实(VR)、增强现实(AR)等,创造与习作主题相关的现实情境。例如在教授统编版五年级上册四单元习作"二十年后的家乡"时,教师可以利用多媒体技术展示,播放一段家乡风光的 VR 视频,让学生通过视觉、听觉等多种感官体验家乡之美,仿佛置身于家乡之中,从而激发他们的写作灵感。同时,教师可以引导学生回忆与家乡有关的故事,如节日庆祝、家庭聚会等,让他们在写作时能够融入更多的情感因素。通过这种方式,学生不仅能够在写作过程中获得更多乐趣,还能提高写作质量。

2. 讨论研习写作难题

在课前准备阶段,根据学生的习作预习情况进行了小组划分。利用智慧教室系统,教师可以根据学生提交的习作草稿进行智能分组,确保每个小组内成员的水平互补,以促进更有效的讨论。在课中,小组讨论按照原定分组展开,每个小组成员都表现出积极主动的参与态度,充分发挥个人的优势,弥补彼此的不足,并利用智慧教室的电子白板和协作软件,针对之前习作练习中遇到的疑难问题展开深入的探讨。智慧教室的互动平台支持实时共享文档和注释功能,这不仅推动了学生之间的深入交流,而且超越了传统的师生问答模式。它鼓励学生积极提出自己的创作思路,勇于表达疑惑,并确保每个问题都能通过平台得到详尽而周到的解答。同时,写作技巧较为熟练的学生在帮助其他同学时,也能进一步巩固和提升自己的写作技能。在这个过程中,教师的角色至关重要。借助智慧教室系统的监控功能,教师能实时了解各组讨论的情况,及时给予恰当的引导与启迪,确保学生的讨论始终围绕习作教学主题,避免其偏离正轨。这种教学方式不仅促进了学生之间的合作与互助,也锻炼了他们的思维能力和解决问题的能力。

在小组讨论后,师生共同进入习作分析阶段。这时,每个小组的代表可以通过智慧教室的投影设备向教师和其他学生展示并汇报讨论情况,教师则可以利用电子白板上的批注工具来侧重于指导学生解决难以解决的问题。这一阶段的最大优势在于,智慧教室技术允许学生在讨论过程中产生的新问题或想法随时与教师进行详细探讨和交流。这种即时的反馈和讨论,一方面反映出智慧课堂沟通立体化的特点;另一方面还确保了问题能够及时地得到解答,从而大幅提升学生的学习效率和体验。此外,教师可以利用智慧教室的随机选人功能,确保每位学生都有展示自己作品的机会。这种随机性同时可以锻炼学生的语言表达能力,加深学生对习作技巧的理解。在学生分享作品后,教师可以运用在线投票的形式,让学生对同伴的作品进行评价,在交流过程中实现思维的碰撞,帮助学生深化对习作技巧的理解,并鼓励学生互评互改,共同进步。

3. 总结分析习作效果

在智慧课堂的教学环境中,总结分析发挥着至关重要的作用。这一功能全面覆盖了课前至课中的分析,使教师能够综合而深入地评估学生的习作学习进展和成效,从而提供更为精准的习作教学反馈。

这一评估的准确性有赖于智慧课堂的数据收集功能。该功能通过采集学生在课堂中的即时交互数据、学习行为记录等信息,为总结分析习作效果提供详尽的数据支撑。这使得教师能够基于具体的习作效果数据,更加客观地评估学生的习作学习状态、掌握程度以及学习成效。

例如,在习作教学过程中,教师可以使用智慧教室的互动平台,要求学生上传他们的初稿,并记录下每一步的修改痕迹。这样,教师就能通过数据分析工具看到学生从构思到成文的整个过程,并且能够根据这些数据给出具体且有针对性的建议。同时,智慧课堂能够将课堂的全过程录制并上传到系统,供师生在课后进行深入分析和思考。该功能不仅有助于教师及时发现习作教学中的问题并作出相应的教学策略调整,同时也为学生提供了反思自身习作学习过程、识别习作不足并进行针对性改进的机会。例如,学生可以回顾课堂录像,对照教师的点评找出自己在构思、组织段落或是语法应用等方面的问题,从而在后续的习作练习中有意识地加以改进。

(三)课后拓展智慧化

在传统的小学语文习作教学中,课后作业的布置与批改往往依赖于学生的自我完成度和教师的逐一审阅。这种模式不仅反馈滞后,难以即时调整教学策略,也难以针对每个学生的写作特点和需求进行差异化指导。此外,传统课堂对于习作素材的拓展和写作技巧的传授相对有限,难以满足学生个性化、全面发展的需求。

在智慧教育理念的引领下,智慧课堂为小学语文习作教学带来了全新的变革。它致力于为学生打造一个个性化的习作学习环境,并重构习作教学模式。这一转变旨在让每一位学生都能在智能技术的辅助下,获得与其写作兴趣、能力和风格相匹配的学习资源和策略。个性化习作教学不仅是智慧课堂的核心目标,也是智能化时代赋予学生的新使命。

经过课上的习作指导,学生已经初步掌握了基本的写作技巧。然而,要将这些技巧灵活运用到实际写作中,他们还需要一个消化、实践和巩固的过程。这一过程对于提升学生的写作能力至关重要,因为它帮助学生从理论学习到实践操作,从而加深对写作知识的理解和记忆。

1.即时推送个性化习作任务

在智慧课堂环境中,通过对学生习作数据的分析,教师可以精准把握每位学生的写作水平和特点。这种数据驱动的教学方式,不仅为教师提供了学生习作进度、兴趣点和难点等方面的信息,还为课后习作任务的设计提供了科学依据。教师可以根据学生的实际情况,布置分层习作任务,既巩固了学生的基础写作能力,又促进了其写作能力的进一步提升。同时,教师还可以利用智慧课堂平台推送丰富的习作素材和范文,让学生根据自己的兴趣和需求自主选择学习方向,从而激发其写作兴趣和动力。

2.多元化习作反思与指导

在智慧课堂的习作教学流程中,反思与指导是不可或缺的重要环节。它不仅关乎学生习作能力的提升,更是教师与学生共同成长的关键。

首先,教师应进行自我反思,审视习作教学中的每一个环节,从教学目标的设定到教学方法的运用,再到学生的习作反馈,都要进行细致的分析和总结。这种自我审视有助于教师及时发现并改进教学中的不足,提升习作教学的质量。

其次,教师应引导学生进行习作反思。通过对学生习作的批改和反馈,教师可以帮助学生认识到自己在写作中的优点和不足,并给出具体的改进建议。同时,教师还可以利用智慧课堂平台的数据分析功能,为学生提供个性化的习作指导,帮助他们找到适合自己的写作方法和技巧。

最后,教师应将反思与指导相结合,形成一个"反思—指导—再反思"的闭环。在这个过程中,教师不仅要关注学生的习作成果,更要关注他们的写作过程和情感体验。通过不断地反思和指导,教师可以帮助学生逐步建立起对写作的自信心和兴趣,从而实现其写作能力的全面提升。

四、结语

教育信息化的发展正呈现出新的动态,智慧课堂作为其重要的引领者,不仅深刻影响着学校教学改革的方向,更是推动教育现代化进程的关键力量。其核心在于运用尖端的信息技术手段,优化教学流程,提高教学效率,进而实现学生全面发展的最终目标。随着技术的不断进步和教育理念的持续更新,智慧课堂将在小学习作教学中发挥越来越重要的作用。这不仅将提升习作教学的质量和效率,更为重要的是,它将为学生习作兴趣和能力的培养提供有力支持。

# 统整教学分步推进
# 提高习作单元教学效率

重庆人民(融侨)小学校　高谊

重庆市南岸区南坪实验小学校　杨子谊

三至六年级统编教材,相较于一、二年级统编教材,在普通单元的基础上,增加了特殊单元,即阅读策略单元、习作单元和综合性学习单元。普通单元由导语、阅读课文、口语交际、习作、语文园地组成,重点是落实单元语文要素,培养学生阅读能力、探究能力、实践能力及阅读兴趣。习作单元包含导语、精读课文、交流平台、初试身手、习作例文、习作。各部分递进编排,旨在实现习作专项突破,系统提升学生习作能力。由此可见,习作单元和普通单元的编排方式不同,培养目标不同,教师执教时应采取不同的教学策略。

一、概念阐释

(一)内涵诠释

习作单元指三至六年级语文统编教材中,与普通单元相对的三类特别编排单元之一,包括"观察"(三年级上册)、"想象"(三年级下册)、"游戏"(四年级上册)、"游记"(四年级下册)、"说明文"(五年级上册)、"人物描写"(五年级下册)、"围绕中心意思写"(六年级上册)、"写出真情实感"(六年级下册)。统编教材习作单元在语文要素的编排上,体现由易到难的螺旋上升发展序列,旨在突破写作的重点和难点,形成习作能力训练和提升体系。教学时应更加关注精读课文提供习作方法,交流平台总结习作方法,初试身手指导初步实践,习作例文强化示范引领,习作落实作文任务的单元统整性,循序渐进推动教学进程,促进目标达成。

(二)价值追求

把握习作单元的教学特点,深入解读习作单元教材,明确习作单元与其他单元的区别,形成整体教学思维,通过单元整体教学助推学生习作能力提升,提高习作单元教学效率,丰富统编教材习作单元的理论研究成果,为统编教材习作单元研究提供可供参考的案例。

## 二、研究的缘由

习作一直被师生视作教与学的难点、痛点。尤其,习作单元作为教材中出现的新成员,应该如何有效开展教学,令诸多教师感到困惑。大多数教师多依据直观感受和已有经验开展教学活动,缺乏深刻研读教材、挖掘教材、灵活调整教学策略的意识,对教材尤其习作单元的编排意图解读不够,教学时方法单一、随意,依然刻板地使用普通单元的教学设计思路指导习作单元教学,导致习作单元目标达成度不高,课堂教学质量不高,学生不能形成系统的习作知识体系和能力体系,核心素养得不到全面提升。

## 三、实践策略

(一)形成"3+1"教学课型

习作单元围绕主题,编排了导语、精读课文、交流平台、初试身手、习作例文和习作。编排意图表现为:导语提示主题和要素;精读课文引导学生学习表达方法;交流平台引导归纳梳理,提炼方法;初试身手尝试运用方法习作;习作例文引导学生进一步感知方法;习作则是最终形成的单元学习成果。这样的编排方式,和普通单元不同,呈现出递进式的能力提升体系。因此,进行单元整合教学更能落实单元目标,提升学生语文素养。

教学习作单元,可采用"3+1"(方法习得课+运用实践课+习作提升课+小作家评选)教学课型。方法习得课,要求借助精读课文,引导学生读中学习表达方法;运用实践课,要借助交流平台和初试身手,引导学生运用已经习得的表达方法,尝试习作;习作提升课,旨在借助习作例文,进一步感知表达方法,并运用方法修改完善习作,最后总结习作方法,提升习作能力;小作家评选,即在班级内依据习作要求评选出"小作家"。"小作家"作品收入优秀作品集,在"小作家沙龙"展示区展示,供学习借鉴。

(二)形成"3步"操作路径

1.方法习得课:任务驱动—合作探究—提炼方法

方法习得是学生完成习作任务的第一步。为了让学生从精读课文中获取有效方法,可制定"任务驱动—合作探究—提炼方法"的操作路径。

首先,依据习作单元的语文要素,设立学习目标,结合学校"小作家沙龙"展示活动,根据目标创设一以贯之的学习情境,用任务驱动学生聚焦习作要求,寻求习作方法。其次,在任务驱动之下,引导学生在学习小组里自由探讨,通过朗读、抓关键词句,借助表格或者语言支架,发现精读课文中作者使用的习作方法。紧接着学生对小组的成果进行汇报,教师指正,帮助其准确概述方法,并结合课文体会习作方法的妙用。

2.运用实践课:总结方法—口头表达—初写片段

学生发现本单元的习作方法之后,教师引导其关注"交流平台"的表述方式,对精读课文中应用的方法进行再次梳理总结,帮助其加深体会。习作方法的内化需要学生进行有的放矢的迁移应用。"初试身手"为学生提供了初步尝试的空间,两个题目的难度渐进发展,体现训练梯度和层次。教师指导学生先依据题目整理思路,结合情境,组织语言,再进行口头汇报。师生在口头汇报中发现问题纠正问题,为尝试写习作片段做铺垫。在片段创作环节,应鼓励学生聚焦重点部分,应用习作方法重点描写。针对班级内学生反映的困难之处,教师再次结合精读课文加以引导,并让学生进行适当修改。

3.习作提升课:完成篇章—例文引路—完善提升

学生在上一节课基础之上完成作文并分享,师生针对习作方法的应用效果提出建议。教师引导学生阅读习作例文,在例文中进一步感知表达方法并强化合理应用。学生以例文为范本,对自己的习作进行修改,再展示,感受习作质量的提升。最后,全班对习作方法进行再次总结,回顾及准确把握方法迁移过程,达到提高习作能力的目的。

4.小作家评选:出示量规—生生互评—推优入集

小作家评选活动为学生提供了展示作品的平台,也为其他学生高质量完成习作提供了可以借鉴的范本。活动上,教师出示评价标准,学生依据评价标准在小组内评选出小组优秀习作 1 篇,小组优秀习作获得班级优秀习作评选资格。班级内展示小组优秀习作,学生再次依据评价标准选出 5 篇班级优秀习作,作者获"小作家"称号。班级优秀习作收入年级优秀作文集,推荐到学校进行展示。优秀作文集供各班传阅。

(三)形成"2张"评价量表

评价应坚持科学性、可操作性和参与性原则。评价时,坚持用科学的方法对习作单元教学的全过程开展评价,提高评价的效度和信度。同时,评价的内容要聚焦,表述明确,具备可操作性。评价要将习作课教学效果作为重要依据,关注学生的课堂反馈和参与程度,关注教师的教学行为。可制定课堂观察记录表和教师教学自评表。听课教师完成课堂观察记录表,授课教师完成自评表。根据两表反馈,可以掌握习作教学策略使用情况、发现使用中出现的问题,进而推动教学策略不断优化。

1.习作单元课堂观察记录表

| 授课教师 | | | | 授课班级 | |
|---|---|---|---|---|---|
| 授课题目 | | | | 观察者 | |
| 观察维度 | 观察视角 | 观察点 | | 观察记录 | 结果分析 |
| 教师 | 教学目标 | 是否围绕单元习作要求设定,表述明确而恰当? | | | |
| | | 是否立足学生习作能力提升? | | | |
| | 教学重、难点 | 是否创造性开发、处理、应用教材内容? | | | |
| | 教学内容 | 是否紧扣习作要求,体现习作单元特色?是否具有整体教学意识,注意各板块间联系?是否建立习作知识横向或纵向联系,以及与生活的联系? | | | |
| | 教学实施 | 教学活动是否以生为本、以学定教,激发学生表达愿望?是否科学合理,体现课型特点,遵照课型操作路径?是否灵活使用各种资源?是否注重学习方法的指导? | | | |
| | 教学评价 | 评价是否恰当、多元,并贯穿教学活动始终? | | | |
| 学生 | 课前准备 | 是否充分? | | | |
| | 倾听程度 | 是否认真听老师授课或听他人表达? | | | |
| | 自主参与 | 是否积极参与小组合作?是否积极观察、思考、发现、表达?是否科学评价自己与他人习作,并发表见解? | | | |
| 改进建议 | | | | | |

## 2.教师教学自评表

| 检测项目 | | 原有教学策略 | 现用教学策略 | 优劣对比 |
| --- | --- | --- | --- | --- |
| 教案筛查 | 目标确立 | | | |
| | 教学设计 | | | |
| | 课后反思 | | | |
| 课堂监测 | 目标精准度 | | | |
| | 教学过程科学性 | | | |
| | 目标达成度 | | | |
| 作业跟踪 | 作业内容 | | | |
| | 作业质量 | | | |
| 成果验证 | 测验结果 | | | |
| | 综合性成果展示 | | | |

# 第三章 实践案例

※素养导向下表达与交流理论主张与实践案例

# 有趣的动物
## ——二年级上册一单元口语交际

南岸怡丰实验学校　万先应

【教材分析】

"有趣的动物"为二年级上册一单元的口语交际。教材上，编者以文字的形式列举了鹦鹉、萤火虫、松鼠等动物有趣的特点，以图片的形式展示陆地上各种很有特点的动物。

引导语和小贴士从"听""说"两个方面提出交际要求：一是说清楚——"先想好要讲的内容，再说给同学听""吐字要清楚"；二是听明白——"听的同学可以提问或补充""有不明白的地方要有礼貌地提问"。本次口语交际为独白类口语交际。在一年级"大胆说"的基础上强调"说清楚"，一是"说什么"，说动物的有趣之处；二是"怎么说"，抓住特点来说。在"认真听"的基础上强调"听明白"，别人发言时不随意插话，听明白对方讲了什么；可以补充自己知道的信息，补充时要先肯定别人的发言再补充；有不明白的地方可以提问，提问时能用上礼貌用语。

"有趣"的意思是"有趣味"，但在这个话题中，"有趣"的角度可以是特别的外形、特殊的习性、独特的本领等。话题的展开应围绕"有趣"进行，但不能过分关注是否有趣、是否独特，而应该把重点放在指导学生如何"说清楚"和"听明白"上。

【学习目标】

1.联系生活经验，抓住一两个特点清楚地介绍一种动物的有趣之处。

2.能认真听别人的介绍，学会先肯定他人的介绍再作补充。

3.对于有不明白的地方,能有礼貌地提问。

【学习评价】

### "有趣的动物"口语交际学习评价单

第____小组　姓名_____

| 我会听 | 我会说 | 我会交际 | 合计得星 |
|---|---|---|---|
| 认真听,别人介绍时不打断 | 1.吐字清楚<br>2.音量适中<br>3.能从动物外形、本领、生活习性等一两个特点来说动物的有趣 | 礼貌提问<br>礼貌补充 | |
| ☆ ☆ ☆ | ☆ ☆ ☆ | ☆ ☆ ☆ | |

评价说明:来给☆涂色,完全能做到,涂三颗星;有时能做到,有时做不到,涂两颗星;做不到,还需努力,涂一颗星。

【学习活动】

## 活动一:角色转换参盛会

师:听说,动物王国要举办一场盛会,看看谁最有趣?想不想参加?不过,这样的身份可不行,必须变成动物才可以参赛。

我先采访一下:你觉得哪种动物最有趣?

师:我得到了一个巴啦啦魔法棒,魔法棒,快把这些可爱的孩子变成可爱的动物吧!变变变!(学生戴头饰)

师:哇!这么多可爱的动物啊,和大家打个招呼吧。(大家好!我是_____。引导:大家好!我是_____的_____。)

师:老师也变了,我变成谁了呢?请你坐端正,小眼睛看着我,小耳朵仔细听!

大家好,我生活在美丽的澳大利亚。你们看,我前腿短短的、后腿长长的,因此练就了一身本领,成了动物王国中的"跳高健将"和"跳远高手"。我有一条又粗又长的多功能尾巴。休息时,尾巴就是我的椅子;跳跃时,尾巴能让我保持身体的平衡。最有趣的是,我的肚子上有一个能拉开合上又有弹性的口袋,那是用来养育小宝宝的。

师:请问,我变成谁了?你们是怎么判断出来的?

师:老师发现,我在介绍的时候,你们的身板坐得可直啦,目光追随着老师,小耳朵听出了关键信息,你们太厉害啦!孩子们,你们掌握了口语交际的第一个重要要求——听明白!(贴板书)

**设计意图:**

教师创设"动物王国开大会"的情境,用魔法棒将学生变成可爱的动物(学生戴上课前准备的动物头饰),激发了学生融入课堂的欲望与兴趣,对课堂充满了期待。教师也化身为袋鼠,其自我介绍既能引导学生学会"听明白",也是"说清楚"的初步示范。

## 活动二:参赛要求我明晰

师:我不但变成了袋鼠,还是本次大赛的主持人呢!下面,我宣布动物王国第一届有趣的动物比赛,现在开始!请看比赛的内容。和同学交流:你扮演的是哪种动物?有趣在哪儿?先想好要讲的内容,再说给同学听。听的同学可以提问或补充。

师:从这段文字中,我们知道要介绍什么?动物的——有趣(贴板书)。

师:现在,我们来到了比赛现场,请看一号选手大熊猫发来的视频。 温馨提示:请仔细听,边听边想,它介绍了哪些有趣的内容?要是有介绍不清楚的地方,你也可以提问或补充。(播放视频)

师:你觉得这位参赛选手介绍得怎么样?

根据学生回答相机贴板书。

小结:只有做到吐字清晰,音量适中,才能将自己要表达的内容——讲清楚!(贴板书)这是口语交际的第二个重要要求。

我们回忆一下:刚刚大熊猫是从哪些方面介绍自己的? (板书:外形 本领 生活习性)

小结:你们看大熊猫从它的外形、本领、生活习性等方面来介绍自己的有趣,让我们印象深刻。除此以外,你们还想知道哪些关于大熊猫的知识?

引导:你可以用上"请问、谢谢"这样的礼貌用语。

总结:听别人介绍时可以微笑注视,并且用上"请问、谢谢"这样的词语进行有礼貌的提问和补充(贴板书)。这是口语交际的第三个重要要求。

**设计意图：**

出示比赛要求，引导学生明晰本次口语交际的主题和内容。学生再观看一号选手"熊猫"参赛视频，逐渐明晰要做到"讲清楚"，首先要"吐字清晰、音量适中"，其次，还要从动物的样子、生活习性、本领等方面介绍得有趣。

### 活动三：小组初赛，自由表达

师：小选手们，请注意，接下来出场的是二号选手。是谁呢？该轮到你们自己啦！别着急，介绍之前先想好要介绍的内容，你也可以用上老师给你的参考句式。比如：

"大家好！我是＿＿＿＿＿＿。

我长着＿＿＿＿＿＿＿。

我喜欢＿＿＿＿＿＿＿。

有时我＿＿＿＿＿＿＿＿。

……

谢谢大家！"

请你们先自己说给自己听，开始吧。

动物王国第一届有趣的动物小组初赛即将开始！请看比赛规则，请一名同学读规则：

1.介绍时声音洪亮，吐字清楚，说清有趣（外形、本领、生活习性等）；

2.听明白别人讲的内容；

3.有没听明白的地方，可以有礼貌地提问或补充；

4.组内交流完毕后，小组推选一名优秀选手。

**设计意图：**

教师给予学生基本句式，搭建练说支架。小组交际练说让每个学生都参与其中，体现了口语交际的全员参与性。评价单的出示有助于学生回忆本节课所学，更好地巩固落实"听"和"说"的目标，使练说更为有效，使评价更有方向。

### 活动四：颁奖环节增信心

师：现在进入总决赛，请小组优秀选手上台展示。老师提一个要求：请仔细听，对照评价表，从声音洪亮、吐词清晰、说清有趣三个方面看看小选手讲得怎么样。

（请一位同学）

师：你们喜欢他的介绍吗？对照评价标准，你想给他几颗星？

（请两三位同学介绍，提示有礼貌提问或补充）

师：好！亲爱的参赛选手们，到了激动人心的时刻，我们将评选"最有趣的动物奖"！你觉得该颁给谁？为什么？

还有一个最佳"最佳听众奖"，该颁给谁呢？

师：同学们，比赛结束了，动物王国的小动物们给我们带来了无限的欢乐，它是人类的好朋友，我们应该保护它们！

**设计意图：**

颁奖环节的设计，激发了学生表达的自信。学生对照评价标准评选出"最有趣动物奖"和"最佳听众奖"很好地落实了教学评一致，也是对开头"动物王国开大会"这一情境的呼应。

**【板书设计】**

|  | 有趣的动物 |
| --- | --- |
| 听明白 | 礼貌提问补充 |
|  | 吐字清晰 |
| 讲清楚 | 音量适中 |
|  | 有趣 |

**【学习工具】**

学生准备：周末到动物园逛逛，了解动物；动手制作自己喜欢的动物头饰。

教师的教学准备：PPT、微课、魔法棒。

**【课堂实录精彩片段】**

**片段一：**

师：听说，动物王国要举办一场盛会，看看谁最有趣？想不想参加？不过，这样的身份可不行,必须变成动物才可以参赛。

　　我先采访一下:你觉得哪种动物最有趣?

　　生:孔雀、斑马、狮子、大象……

　　师:我得到了一根魔法棒。魔法棒,快把这些可爱的孩子变成可爱的动物吧!变变变!(学生戴头饰)

　　师:哇!这么多可爱的动物啊,和大家打个招呼吧。(引导:大家好!我是_____的_____。)

　　生1:大家好!我是聪明的猴子!

　　生2:大家好!我是善于奔跑的豹子!

　　……

　　师:老师也变了,我变成谁了呢?请你坐端正,小眼睛看着我,小耳朵仔细听!

　　大家好,我生活在美丽的澳大利亚。你们看,我前腿短短的、后腿长长的,因此练就了一身本领,成了动物王国中的"跳高健将"和"跳远高手"。我有一条又粗又长的多功能尾巴。休息时,尾巴就是我的椅子;跳跃时,尾巴能让我保持身体的平衡。最有趣的是,我的肚子上有一个能拉开合上又有弹性的口袋,那是用来养育小宝宝的。

　　师:请问,我变成谁了?你们是怎么判断出来的?

　　齐:袋鼠。

　　生1:你说你来自澳大利亚。

　　生2:你跳高和跳远很厉害。

　　生3:你还有个育儿袋。

　　师:老师发现,我在介绍的时候,你们的身板坐得可直啦,目光追随着老师,小耳朵听出了关键信息,你们太厉害啦!孩子们,你们掌握了口语交际的第一个重要要求——听明白!

**片段二:**

　　师:现在进入总决赛,请小组优秀选手上台展示。老师提一个要求:请仔细听,听完以后,你可以提问或补充。

生1：大家好，我是长颈鹿。我的老家在非洲。我的脖子和腿都很长，这样的身高方便我们一抬头就可以吃到各种树叶。有趣的是，我们大部分时间都是站着睡觉的。

生2：是的，你们的确很高。我在野生动物园看到的长颈鹿，跟我们校门口那棵桂花树差不多高。

生3：有些树上有刺。请问，你们吃树叶的时候，舌头不怕疼吗？

……

师：对照评价表，从声音洪亮、吐词清晰、说清有趣三个方面看看小选手们讲得怎么样，你想给他几颗星？

生1：我很喜欢长颈鹿的介绍，他的声音很洪亮，我们听得很清楚。

生2：他还介绍了长颈鹿长什么样子，吃什么，让人觉得很有趣。

生3：他在台上很大方，还用上了一些动作和表情，我想给他三颗星。

**【评课点评】**

本节课，有如下几个特点：

第一，创设情境，让学生愿意说。教师关注了低段学生的交际心理，创设"动物王国第一届有趣的动物"的比赛情境，贴近儿童生活情趣，吸引学生参与进来，打开了学生的话匣子。

第二，示范引导，让学生学会说。示范引导是提高学生表达能力最直接、最重要的途径之一。低段学生，往往想说，却不知从何说起、如何有序说、说清楚。本节课，教师先引导学生用"大家好！我是_____的_____"简单的句型打招呼；接着，以"袋鼠"的身份进行自我介绍，并引导学生学会倾听关键信息，然后，出示第一位参赛选手"熊猫"的自我介绍，引导学生听清"熊猫"是从哪些方面介绍自己的，最后，出示支架："大家好！我是_____。我长着_____。我喜欢_____。有时我_____……谢谢大家！"从易到难，从句到段，循序渐进，使学生的观察、思维、表达融为一体。

第三，颁奖环节，让学生学会评。学生对照评价标准评选出"最有趣动物奖"和"最佳听众奖"很好地落实了教学评一致，也是对开头"动物王国开大会"这一情境的呼应。本课教学不仅注重培养学生的自主评价能力,还侧重引导学生对自己、他人在口语交际中的语言、情感、态度等进行评价。如在小组比赛环节,学生既可对本组成员的发言进行补充、修改,也可对其他小组成员的发言进行评价。在自主评价中,学生的听、说能力,合作意识等得到发展,学生真正感到自己是学习的主人,增强了交际的兴趣和信心 。

# 写日记
## ——三年级上册二单元习作

重庆市南岸区黄桷垭小学校　程琼

**【教材分析】**

三年级上册的写日记教学是小学语文写作教学的重要起始阶段。这一阶段的学生正处于语言和思维发展的关键时期,写日记能够帮助他们提高语言表达能力,培养观察力和思考力,同时也为后续的写作学习打下基础。

教材先介绍日记的基本格式,包括日期、星期、天气等要素,然后通过示例引导学生理解日记的内容可以是生活中的点滴小事、自己的感受和想法等。重点在于让学生明白日记是记录真实生活和内心感受的一种方式,鼓励他们勇敢表达,不拘泥于形式和文采。

**【学习目标】**

1.了解日记的格式,能正确书写日期、星期、天气等信息。

2.学会选择生活中的一件小事作为日记的内容,并能把事情的经过写清楚。

3.能够表达自己在这件事情中的真实感受,使日记具有一定的情感色彩。

4.培养观察生活、记录生活的习惯,激发对写日记的兴趣。

**【学习评价】**

1.格式评价:观察学生日记的格式是否正确,包括日期、星期、天气的书写位置和规范。

2.内容评价:评估学生所选择的日记内容是否具体、清晰,事情经过是否叙述完整。

3.情感评价:关注学生在日记中是否表达了真实的感受,情感是否真挚。

4.习惯评价:考查学生是否养成定期写日记的习惯,能否坚持记录生活。

【学习活动】

(一)导入

1.展示一些名人的日记片段,如鲁迅、雷锋等,让学生阅读并谈谈感受。

**设计意图:**

通过名人的日记,激发学生的兴趣,让他们感受到日记的价值和魅力。

2.提问学生是否写过日记,为什么要写日记。

**设计意图:**

了解学生的已有经验和对日记的认识,为后续教学做好铺垫。

(二)知识讲解

1.介绍日记的格式

(1)日期:年、月、日、星期、天气;

(2)正文:开头空两格,按照事情发展的顺序或自己的想法分段写。

**设计意图:**

让学生明确日记的格式要求,为正确写作打下基础。

2.讲解日记的内容

(1)可以写自己看到的、听到的、想到的、做过的事情;

(2)可以写自己的心情、感受、体会。

**设计意图:**

帮助学生拓宽思路,知道日记可以记录生活中的方方面面。

(三)小组讨论

1.分组讨论以下问题:

(1)今天发生了什么有趣的事情?

(2)你的心情如何?为什么?

(3)最近有没有什么让你难忘的人或事?

**设计意图:**

通过讨论,激发学生的思维,让他们有更多的素材可写。

2.每组推选一名代表进行发言,分享讨论结果。

**设计意图:**

锻炼学生的语言表达能力,同时也为其他同学提供更多的写作灵感。

(四)写作练习

1.让学生根据讨论的内容,选择一件印象深刻的事情,写一篇日记。

2.教师巡视,及时给予指导和帮助。

**设计意图:**

让学生将所学知识运用到实践中,提高写作能力。

(五)作品展示与评价

1.选取几篇有代表性的作品,通过投影仪展示。

2.引导学生从格式、内容、语言表达等方面进行评价。

3.作者根据同学们的评价进行修改。

**设计意图:**

通过评价,让学生发现自己的优点和不足,提高写作水平。

(六)课堂总结

1.总结日记的格式和写作要点。

2.鼓励学生养成写日记的习惯,记录生活中的美好瞬间。

**设计意图:**

巩固所学知识,强化学生写日记的意识。

【板书设计】

　　　　　　写日记

1.格式　　日期　星期　天气

2.内容　　生活小事　事情经过　真实感受

**【课堂实录精彩片段】**

在讲解完日记的格式后,教师让学生再次读例文,体会文中的趣味。

师:请小朋友再读读这则日记,虽然不长但是很有趣,把你觉得特别有趣的地方画出来多读几遍,想想为什么这样写就有趣。

(学生自由朗读并画出有趣的地方,然后小组内交流)

师:谁来说说为什么你觉得这些地方有趣呢?

生1:我觉得"左摇右摇、晃动"这些描写摇牙动作的词很有趣,感觉牙齿好像真的在动一样。

生2:"摇摇欲坠、一挺身、滑到了"把牙齿写得好像一个人一样,特别生动。

生3:"唉!怎么办?让我感觉很难受"写出了小朋友当时的心情,很真实。

师:大家说得都非常好!这些描写让我们好像身临其境,看到了小朋友在那摇牙,感受到了他的心情。这就是写日记的好处,能把自己的经历和感受详细地记录下来。那你们能不能像他一样,把自己觉得有趣的事情说一说呢?

(学生纷纷举手发言,讲述自己觉得有趣的事情)

**【评课点评】**

通过本次教学,学生对日记的格式和内容有了初步的了解,在教学过程中,通过导入环节激发了学生的兴趣,知识讲解清晰明了,让学生易于理解。但在写作过程中,部分学生仍存在语言表达不够流畅、内容不够丰富等问题。在今后的教学中,应加强写作指导和练习,提高学生的写作能力。小组讨论和写作练习给予了学生充分的实践机会,展示与评价环节能够促进学生之间的相互学习和提高。但在教学中,还可以增加更多的范文示例,丰富教学资源,同时要更加关注学生个体的差异,提供更有针对性的指导。

# 我来编童话
## ——三年级上册三单元习作

重庆人民(融侨)小学校　肖刚

【教材分析】

三年级上册三单元以"童话世界"为人文主题,选编了四篇课文,包括《卖火柴的小女孩》《在牛肚子里旅行》两篇精读课文和《那一定会很好》《一块奶酪》两篇略读课文。本单元的阅读要求是"感受童话丰富的想象",在统编教材中,编者依据儿童兴趣和思维及语言能力的发展特点,逐层递进地安排了很多童话作品,也设计了训练孩子想象思维能力的目标,还有基于想象的习作园地,如下表所示。

| 册次 | 内容简介 | 阅读要素 | 表达要素(说话、写作、习作) |
| --- | --- | --- | --- |
| 一、二年级 | 选用童话36篇,占选文总数的32.1% | 培养兴趣,初步理解字词,学习朗读和默读,展开想象,感受语言的优美 | 说普通话,培养自信心,写自己想说的话,写想象中的事物 |
| 三年级下册 | 五单元 童话单元 | 走进想象的世界,感受想象的神奇 | 发挥想象写故事,创造自己的想象世界 |
| 三年级下册 | 八单元 童话民间故事单元 | 了解故事主要内容,复述故事 | 根据提示,展开想象,尝试编童话故事 |
| 四年级上册 | 四单元 神话单元 | 了解故事起因、经过、结果,把握内容,感受神话神奇的想象 | 展开想象,写一个故事 |
| 四年级下册 | 二单元 科学小品文单元 | 阅读时能提出不懂的问题,并试着解决 | 展开奇思妙想,写一写自己想发明的东西 |

本单元的习作要求是"试着自己编童话,写童话"。从读童话到写童话,教材编排体现了阅读铺路、由读到写的理念,也为三年级学生起步阶段的习作降低了难

度。"试着"一词明确本次习作旨在激发学生写童话的兴趣,未对"写"提出更高的要求。这个习作内容与本单元课文联系紧密,体现了阅读与习作之间的相辅相成。教材第一部分提出了编童话的习作任务,并呈现了三组词语给学生思考和练习;教材第二部分以3个问题提出了本次习作要求;教材第三部分提出了自读修改和给故事加题目的要求。

三年级学生刚刚由低段过渡到中段,虽然一、二年级时有写话的基础,但学生的写话能力有限,需要教师进一步耐心培养。另外,编写童话故事的教学要考虑到三年级起步阶段的特点,不宜拔高要求,重在让学生感到编写故事的乐趣,从而培养写作的兴趣。

本次习作还要学会尝试运用改正、增补、删除掉等修改符号自主修改习作,初步形成修改习作的习惯,并能给习作加题目。

【学习目标】

1.充分调动学生的情感,激发创作热情,引导学生入情入境,不仅学会写作,更陶冶情操。

2.能根据所创设的情境,展开丰富而合理的想象,并能比较流畅具体地记叙想象内容。

3.培养学生独立构思、相互评改和认真修改的良好习惯。

【学习评价】

1.故事中是否选择合适角色写出情节的波折。

2.有没有运用语言、动作等细节描写把故事写生动。

【学习活动】

### 活动一:回顾课文,感知童话

内容回顾:同学们,本单元我们游历了童话王国,学习了四篇童话故事(出示图片)。这些故事中,哪些故事让你印象深刻?

预设:种子有梦想;蟋蟀能在牛肚子里旅行;蚂蚁队长像人一样发号施令……

谈话导入：童话给了我们神奇的力量，给了我们无限的遐想，让我们当一次小作家，一起来编写童话故事。（板书——习作：我来编童话）

**设计意图：**

通过回顾单元课文创设情境，谈话导入，使学生去发现童话故事中的乐趣，从而对童话创作产生兴趣浓厚，投入接下来习作的学习中。

### 活动二：梳理写法，发现特点

童话故事与我们平时写的作文有什么不一样的地方？读一读"交流平台"。

小组讨论，梳理童话的特点：

第一，童话故事中的主人公，无论是动物还是植物，或是生活中的物品，作者都把它们当成人来写，赋予它们人的性格。

第二，童话有丰富而奇妙的想象。

第三，童话有曲折的故事情节，有的还能够给读者带来一些启示。

**设计意图：**

引导学生通过解读教材，链接园地中的交流平台去发现和梳理童话的特点，从而对自己的童话创作有了一定的思考。

### 活动三：审清题意，明确要求

自由读课本第 40 页作文的要求，批画要点。

明确本次习作的要求：

第一，要根据所提供的词语展开想象，编写一篇童话故事。

第二，写清事情发生的时间和地点。

第三，写清人物在做什么，他们之间发生了什么故事。

看一看所给的词语。竖着观察你发现了什么？（第 1 竖列都是写人物的，第 2 竖列都是写时间的，第 3 竖列都是写地点的）

看到这些词语，你脑海里出现了怎样的画面？

**设计意图：**

通过对课文中习作提示的梳理，初步明确写作对象及习作要求，并能够展开初步的想象,为下面习作做铺垫。

## 活动四:一波三折,细节刻画

这篇作文该怎么写呢?

(一)选择角色,想象故事

首先选择角色,可以在国王、啄木鸟、玫瑰花中选择,也可以根据故事情节的需要,来添加其他的角色,然后要想一想:这个角色有怎样的爱好?有怎样的性格?是温和还是暴躁,是乐于助人还是自私自利?再根据角色的性格想象他们之间会发生怎样的故事。

(二)情节曲折,想象有趣

文似看山不喜平,童话故事也是一样。如果一马平川,没有一点波折,那就不吸引人了。本单元学习的童话当中,主角总会遇到各种困难:红头被吞到牛肚子里,蚂蚁队长把奶酪的一角拽掉了。在解决困难的过程中,故事情节一波三折,引人入胜,最后克服困难,实现美好的愿望。同学们在写作的过程当中,也要想一想自己笔下的主角会遇到怎样的困难,他又会怎样解决问题。把这一过程写清楚,童话情节就有了波折。最后如果能够得到一个启示,那就更好了。

(三)细节描写,刻画故事

创编的故事要吸引人,首先得让童话中的一切都可以像我们人一样活动、思考,有了人类的语言、动作、思想和情感,这样读者读了才能感同身受。但写作时也要注意,不能把拟人化的角色完全当作真实中的人来写,还得保留它原本的某些属性。

**设计意图:**

这一版块主要发挥课文的例文作用,通过梳理情节和片段,发现课文中童话故事的情节曲折的特点和通过相关细节描写让故事更加生动,并把学会的方法迁移运用到童话故事的创编中。

## 活动五:范文引领,构思创编

出示范文《国王奇遇记》《善良的玫瑰花》,按照习作要求梳理值得学习之处。小组交流。

　　构思自己的习作要选取哪些人物，他们有怎样的性格特点？选用哪些关键词语，创编一个怎样的故事呢？发挥想象力，创编故事。

　　把自己编好的故事在小组里说一说，组内同学帮助补充修改。

　　各小组推荐代表在全班交流所编的童话故事。

　　将自己所说的童话故事写下来。

　　写完以后小声读一读，看看句子是否通顺。你还可以试着给故事加一个题目，注意题目要居中。

　　写完后和同桌交换，根据习作评价表评价。

**设计意图：**

　　引导学生通过对习作范文的学习，进一步发挥自己的想象创编故事，而创编故事分享活动，能丰富学生的阅读面，拓宽学生的写作思路，帮助学生获得一些习作的灵感。通过梳理本次习作的评价标准，紧扣本次习作训练重点，通过相互评改，引导学生审视自己和同学的习作，在交流中反复修改，巩固学到的评改方法。

**【板书设计】**

<pre>
          习作：我来编童话
   选角色   想事情   写故事   情节曲折
                           语言描写
      起因   经过   结果    动作描写
</pre>

【学习工具】

(一)学习单

**我来编童话**

**想事情**

学校：_____ 班级：_____ 姓名：_____

_____（时间），____（谁）在_____（在哪里）_____。（干什么）

**写故事**

起因
（故事是怎么开始的？）

经过
（故事的经过怎样？）

结果
（故事结果如何？）

童话摘星榜
选角色 ☆  想事情 ☆
写完整 ☆  写清楚 ☆

(二)评价表

| 习作评价表 | | |
|---|---|---|
| 评价内容 | 自我评价 | 同桌评价 |
| 1.能从要求中提取词语 | | |
| 2.选择合适的角色 | | |
| 3.结构清晰,情节曲折 | | |
| 4.语言生动,角色形象丰满 | | |

【课堂实录精彩片段】

师:同学们,我们可以怎样创编童话故事呢?来看看书上的提示。

(一)探究任务

小组合作,根据提示选择词语,发挥想象创编童话故事。

(二)探究活动

师:故事里有哪些角色?这些角色有什么特点?

生1:可以从国王、啄木鸟、玫瑰花等角色中任选一个或几个。我还想添加自己喜欢的其他角色,如小公主、月亮姐姐等。

生2:国王是个善良的人,玫瑰花多愁善感,啄木鸟关爱森林。

师:要想编写童话,必须先确定故事中的主人公,故事里有哪些角色以及角色的特点。

师:事情发生在什么时间?是在哪里发生的?

生1:时间可能是很久之前、古时候等。

生2:地点可以是森林里、王宫、一个小村庄等。

师:时间和地点是故事的背景。

师:他们在那里做什么?他们之间发生了什么故事?

生1:啄木鸟在森林里辛勤工作,救治了所有生病的树木。

生2:国王在一个小村庄里见到了一朵美丽的玫瑰花,把它带回王宫,发生了一连串离奇的故事。

师:把这些不同的童话人物之间发生的故事写完整,写具体,就把故事的经过和结果写清楚了。

师：围绕书上的提示，选定了童话故事重要"人物"后，进行大胆想象和描述，思考故事角色之间可能会发生些什么事，并认真构思故事的起因、经过、结果。（板书：起因　经过　结果）

师：怎样把故事写得有趣？我们从课文中找找方法。

出示片段一：

正在这时，一头大黄牛从红头后面慢慢走过来。红头做梦也没有想到，大黄牛突然低下头来吃草。可怜的红头还没有来得及跳开，就和草一起被大黄牛卷到嘴里了。

——《在牛肚子里旅行》

师：故事哪里很有趣？

生：红头和青头在玩捉迷藏，正玩得开心，结果却被大黄牛卷到嘴巴里去了，在牛肚子里来了一次旅行。故事中出现了意外，但随后青头想办法救出了红头，解决了这个意外。

师：在完整的故事情节基础上，如果能把故事情节写得曲折生动，那就有趣多了。（板书：情节曲折）

出示片段二：

"救命啊！救命啊！"红头拼命地叫起来。

"你在哪儿？"青头急忙问。

"我被牛吃了……正在它的嘴里……救命啊！救命啊！"

——《在牛肚子里旅行》

师：哪里写得很有趣？

生：这是红头和青头之间的对话，从"！""……""拼命"中可以体会到红头的害怕、慌张，从"急忙"可以体会到青头的着急。

师：作者运用了语言描写，生动地体现了故事中人物的心情，更能体现出故事的有趣。我们在写作中也可以运用人物的语言描写，增加故事的趣味性。（板书：语言描写）

出示片段三：

他低下头，嗅嗅那点儿奶酪渣，味道真香！可是，它犹豫了一会儿，终于一跺脚：

"注意啦,全体都有。稍息!立正!向后——转!起步——走!"

——《一块奶酪》

师:这段话哪里又写得很有趣?

生:从"低下头""嗅嗅""跺脚"这些动作描写中,可以看出蚂蚁队长内心的变化。

师:是的,这个细节描写把人物形象写得很丰满、具体、有趣。我们在写作中也可以运用动作描写,增加故事的趣味性。(板书:动作描写)

(三)活动小结

刚才展示的这些片段都是在讲故事过程中描写的一些细节,比如,无意间的一个动作,或者随口说的一句话,甚至是一个眼神、一个表情等。同学们在习作时,多运用这些细节描写,会给人留下深刻的印象。

**【评课点评】**

"我来编童话"是小学语文三年级上册三单元的习作,旨在通过编写童话故事,激发学生的想象力和创造力。童话故事作为一种富有想象力和创造性的文学形式,是培养学生语言表达能力和写作兴趣的重要手段。本次习作课的目标是引导学生发挥想象力,编写有趣的童话故事。因此,从课堂开始老师就通过回顾单元课文,创设情境,唤起学生对童话故事的兴趣,并引导他们思考:如果自己是童话故事的作者,会编写怎样的故事。

接下来通过走进教材,对课文里面提供的素材进行分析,并引导学生展开想象,让学生从中选择或自由组合,构思自己的故事情节,帮助学生打开想象的闸门。在最重要的写法指导的过程中,老师充分利用自己的评价导向,通过选择合适的角色、让故事变得更曲折和加上细节描写的刻画,让童话创编变得更有趣、更有动力。通过这样的即时评价,学生的创作热情被充分激发,积极性大大提高。

当学生通过在学过的课文中去寻找到方法时,老师及时给予肯定和归纳,让学生的收获形成写好故事的诀窍,进而形成作文评价的一套标准。通过这样的评价,学生不仅能发现自己作品的亮点,还能从中提取改进的建议,进一步完善自己的故事。

# 我们眼中的缤纷世界
## ——三年级上册五单元习作

南岸怡丰实验学校 许枫

【教材分析】

"生活中不缺少美,只是缺少发现美的眼睛"这是法国雕塑家罗丹的名言,作为单元导读语开启了三年级上册五单元全新的习作单元——"留心观察"。

(一)纵向分析

本单元是统编语文教材首次以单元整组的形式出现的习作单元。统编语文教材从三到六年级每册设置了一个"习作单元"。通过纵向关联,八个习作话题分别指向"留心观察""展开想象""把一件事情写清楚""按一定顺序写景物""运用说明方法介绍一种事物""学习描写人物的基本方法""围绕中心意思写"和"表达真情实感"。

| 教材 | 单元 | 语文要素 ||  精读课文 | 习作例文 | 习作主题 |
|---|---|---|---|---|---|---|
| | | 阅读要素 | 习作要素 | | | |
| 三年级上册 | 五单元 | 体会作者是怎样留心观察周围的 | 仔细观察,把观察所得写下来 | 郭风《搭船的鸟》,工鲁彦《我爱故乡的杨梅》 | 《我家的小狗》《金色的草地》 | 我眼中的缤纷世界 |
| 三年级下册 | 五单元 | 走进想象的世界,感受想象的神奇 | 发挥想象写故事,创造自己的想象世界 | 陈诗哥《宇宙的另一边》,顾鹰《我变成了一棵树》 | 《一支铅笔的梦想》《尾巴它有一只猫》 | 奇妙的想象 |
| 四年级上册 | 五单元 | 了解作者是怎样把一件事情写清楚的 | 写一件事,把事情写清楚 | 屠格涅夫《麻雀》,黄亦波《爬天都峰》 | 《我家的杏熟了》《小木船》 | 生活万花筒 |

(续表)

| 教材 | 单元 | 语文要素 阅读要素 | 语文要素 习作要素 | 精读课文 | 习作例文 | 习作主题 |
|---|---|---|---|---|---|---|
| 四年级下册 | 五单元 | 了解课文按一定顺序写景物的方法 | 学习按游览的顺序写景物 | 巴金《海上日出》，叶圣陶《记金华的双龙洞》 | 《颐和园》《七月的天山》 | 游____ |
| 五年级上册 | 五单元 | 阅读简单的说明性文章，了解基本的说明方法 | 搜集资料，用恰当的说明方法，把某一种事物介绍清楚 | 张姞民《太阳》，布封《松鼠》 | 《鲸》《风向袋的制作》 | 介绍一种事物 |
| 五年级下册 | 五单元 | 学习描写人物基本方法 | 初步运用描写人物的基本方法，具体地表现一个人的特点 | 徐光耀《摔跤》，老舍《骆驼祥子》，吴敬梓《两茎灯草》，冯骥才《刷子李》 | 《我的朋友容容》《小守门员和他的观众们》 | 形形色色的人 |
| 六年级上册 | 五单元 | 体会文章是怎样围绕中心来写的 | 从不同方面选取不同事例，表达中心意思 | 梁容若《夏天的成长》，铁凝《盼》 | 张婴音《爸爸的计划》，袁鹰《校长》 | 围绕中心意思写 |
| 六年级下册 | 五单元 | 体会文章是怎样表达情感的 | 选择合适的内容写出真情实感 | 朱自清《匆匆》，史铁生《那个星期天》 | 《别了，语文课》《阳光的两种用法》 | 让真情自然流露 |

通过表格可以发现，习作单元以语文要素为中心精选课文，精设话题，让原本孤立存在的习作教学外延扩大，内涵提升，给习作教学打开了广阔的空间。不论是语文要素的表述，还是精读课文的目标设置，"写作意识"都得到了充分体现，其目的就是让阅读教学与习作教学形成整体，读写融合。

本单元的语文要素是"体会作者是怎样留心观察周围事物的"，习作要求是仔细观察，把观察所得写下来。"观察"对于三年级学生来说并不陌生，如二年级上册"最喜爱的玩具"、二年级下册"写一写你的一个好朋友"、三年级上册第一单元习作"猜猜他是谁"、四年级上册"写观察日记"等都对"观察"进行过梯度化的训练。

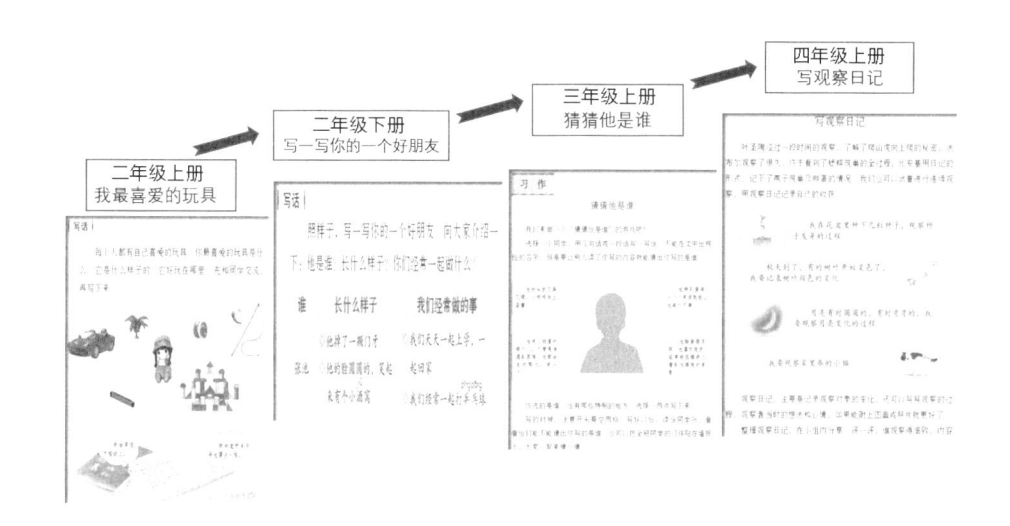

学生已知可以用眼观、手摸、耳听等多种方式进行观察。但是,他们对细致观察的方法不明晰,对有序表达的方法不熟练,观察能力也十分有限。

(二)横向分析

立足统编教材,不仅纵向看递进,还要横向看关联。习作单元打破双线组元结构的特点,以习作知识为训练主线致力于学生习作水平的提高和习作能力的发展。本单元由两篇精读课文《搭船的鸟》《金色的草地》、两个版块"交流平台""初试身手"、两篇习作例文《我家的小狗》《我爱故乡的杨梅》以及大作文"我们眼中的缤纷世界"构成。围绕语文要素"留心观察",本单元的《搭船的鸟》侧重引导学生细致观察;《金色的草地》体会通过长期观察能发现草地的变化;"交流平台"对本单元学到的表达方法或要求进行梳理和提示;"初试身手"提供了2个试写练习活动;习作例文,贴近儿童生活,表达方式契合儿童认知发展,为学生提供借鉴和仿写范例;习作则是学生运用学习到的表达方法,完整地写观察习作"我们眼中的缤纷世界"。

【学习目标】

1.迁移运用本单元所学的留心观察周围事物的方法来描写。

2.积累课文语言,体会作者如何运用准确生动的语言表达自己的观察所得。

3.积累生活中的习作素材,体会细致观察的好处,增强留心观察的意识。

【学习评价】

1.能否抓住事物的外形特点,体会作者留心观察。

2.能否主动积累课文语言,学习、体会并模仿作者运用准确、生动的语言表达自己的观察所得。

3.能否联系生活,积累生活素材,体会细致观察的好处,增强留心观察的意识,努力提高习作能力。

【学习活动】

## 活动一:情境支架导入,感受缤纷世界

引导学生观看《美丽中国》的纪录片,揭示课题。

世界上并不缺少美,而是缺少发现美的眼睛。引导交流:通过观看纪录片,你会用什么词来形容我们生活的这个世界?

学生交流。

教师小结,揭示课题:同学们,本单元我们一起学习和感受了动植物的美,许多同学获得了不同等级的"观察之星"。今天这节课,我们要用手中的笔展现"我们眼中的缤纷世界"。优秀的作品,会被学校校刊《悠悠怡韵》录用发表,大家要加油哦!(板书:我们眼中的缤纷世界)

解读课本,明确习作要求:

1.选择一种事物或一处场景,进行细致、深入地观察。

2.恰当运用多种感官进行描写。

3.写出事物的变化。

有人说我们的生活很单一,学校、家两点一线,似乎没有新鲜的事物。这是真的吗?罗丹曾说:"生活中不是缺美,而是缺少发现美的眼睛。"请大家拿出观察记录单。

1. 小组交流。引导学生交流:想想在这段时间的观察中,你印象最深的是什么?为什么它给你的印象最深?四人小组交流。

2.班级交流。

小结:瞧,我们的世界一点都不单调,只要有一双会观察、会发现的眼睛,我们的世界真是缤纷!这节课就让我们把观察的一种事物或一处场景写下来吧。

**设计意图：**

创设情境支架，利用谈话导入话题，使学生兴趣浓厚地投入习作的学习中。

## 活动二：搭建范例支架，习得表达方法

接下来让我们来回顾一下课文。

(一)怎样写好一种事物

回顾一下，课文的哪些地方让你感受到作者观察细致？把观察到的特点写清楚。

交流：仔细观察，抓住事物的特征。

1.细致观察，着眼外形

我看见一只彩色的小鸟站在船头，多么美丽啊！它的羽毛是翠绿的，翅膀带着一些蓝色，比鹦鹉还漂亮。它还有一张红色的长嘴。

——《翠鸟》

2.细致观察，学用多感官

杨梅不是真的变黑，而是因为太红了，看上去像黑的。你轻轻咬开它，就可以看见那新鲜红嫩的果肉，嘴唇上舌头上同时染满了鲜红的汁水。

——《我爱故乡的杨梅》

3.持续观察，顺序介绍

有一天，我起得很早去钓鱼，发现草地并不是金色的，而是绿色的。中午回家的时候，我看见草地是金色的。傍晚的时候，草地又变绿了。

——《金色的草地》

(二)怎样写好一处场景

1.小组合作，完成学习单

| 课题 | 观察方法 |
| --- | --- |
| 《搭船的鸟》 | 抓住特点写外形，多角度写动作 |
| 《金色的草地》 | 长时间持续观察草地的变化 |
| 《我家的小狗》 | 抓住特点写事例 |
| 《我爱故乡的杨梅》 | 调动五官从不同方面写杨梅的特点 |

2.联系课文，学习写场景

《搭船的鸟》中对下雨天的场景、翠鸟捕鱼的场景的描写；《金色的草地》中对哥

哥与弟弟在草地上玩耍的场景和草地变化的场景的描写,这些都是我们学习的好例子。

3.各小组交流总结写作方法,全班交流,师生共同总结：

第一,交代场景发生的时间、地点。

第二,描述场景要抓住场景氛围和特点。

第三,对场景描述要抓住场景中代表性的事物来写,以点带面。

第四,在描述中要表达出自己内心的感触。

**设计意图：**

通过回顾所学课文,指导学生交流所观察到的事物,在阅读中学观察,唤起学生的快乐体验,激起学生用文字记录"自己眼中的缤纷世界"的欲望,为下面习作指导做铺垫。

## 活动三：选择习作内容,试写练习

引导思考:现在我们再来看看前面两位同学在"初试身手"中写的两个片段,想想怎样把小兔子偷东西和牵牛花瓣张开、合拢的样子写清楚。

组织交流。

布置习作任务:借助观察记录表,请你选择最想写的一个内容写下来。可以写观察时发生的有趣的事或印象深刻的场景;可以写事物的变化,写写自己当时的想法。

学生试写习作,教师巡视。

**设计意图：**

教师应加强对"初试身手"、习作例文和单元习作的整合。根据学生在"初试身手"中观察方面存在的问题和困难,进行有针对性的指导。有选择地发挥习作例文的示范作用,通过学习例文和勾连课文提炼出基本的观察方法,搭建习作的支架。根据方法,指导修改,完善"初试身手"中的相关片段,使整个单元贯穿成一个整体。通过对观察方法的提炼和运用,能有效帮助学生减轻习作阶段的畏难情绪。

## 活动四：评选观察明星，收录习作投稿

教师小结：你们都有一双善于发现美的眼睛，你们的笔下也一定能展现出我们世界的缤纷多彩。让我们一起来看看这篇习作。

全班交流：选择一篇低层次水平的习作，师生一起交流并提出修改意见，学生再自由修改。

同桌互评，然后选择一组同桌的习作展示，看看每个人写得怎么样。还要关注同桌两人互相评价习作时是否围绕习作要求展开。

评选"观察小明星"，收录习作，校刊投稿。

**设计意图：**

好文章都是改出来的。师生共同评改习作，旨在引导学生发现并解决文中易出现的问题，掌握仔细观察、清楚有序表达的方法，并能够进行评议和共同修改，从而写出高质量的文章。

【板书设计】

我们眼中的缤纷世界
——评选观察之星

仔细观察

事物　多角度　多感官　　　多种感官
场景　按顺序　抓特点　　　写出变化

【学习工具】

(一)观察记录单

| 观察记录单 |||||
|---|---|---|---|---|
| 观察对象 | | 类型 | □事物 | □场景 |
| 观察时间 | | 观察地点 | | |
| 我的发现 | | | | |

(二)评价表

| 评价标准 | 自评 | 互评 | 师评 | 综合 |
|---|---|---|---|---|
| 细致观察事物或场景各部分 | | | | |
| 长时间细致观察,发现变化 | | | | |
| 看、听、摸、闻、尝等多感官参与 | | | | |
| 观察时有思考 | | | | |
| 按顺序观察 | | | | |

【课堂实录精彩片段】

(一)怎样写好一种事物

师:接下来让我们来回顾一下课文,想一想从课文的哪些地方让你感受到作者观察细致,把观察到的特点写清楚?

生1:在《翠鸟》一课中有这样一个句子:"我看见一只彩色的小鸟站在船头,多么美丽啊!它的羽毛是翠绿的,翅膀带着一些蓝色,比鹦鹉还漂亮。它还有一张红色的长嘴。"从这个句子中我能感受到作者观察得很细致,他把翠鸟的外形从整体的羽毛,写到了翅膀和长嘴。翠鸟外形各部分的颜色写得十分详细,作者担心读者不能很好地体会到翠鸟的美,还和我们熟悉的鹦鹉做了对比,十分形象而生动地写出了翠鸟的外形特点。这样的特点若不是仔细地观察很难描写得这么细致。

师:听了你的体会,仿佛让我看了你与作者的心有灵犀。其他同学还有补充吗?

生2:我喜欢《金色的草地》这篇课文,我发现作者是持续的、长时间地观察草地,文中"有一天,我起得很早去钓鱼,发现草地并不是金色的,而是绿色的。中午回家的时候,我看见草地是金色的。傍晚的时候,草地又变绿了"一句,写出了草地的变化,这样的变化不是一蹴而就的,作者可真了不起。

生3:在《我爱故乡的杨梅》一文中写道:"杨梅不是真的变黑,而是因为太红了,看上去像黑的。你轻轻咬开它,就可以看见那新鲜红嫩的果肉,嘴唇上舌头上同时染满了鲜红的汁水。"作者描写了自己看到杨梅的外形,品尝到杨梅的味道,感觉到杨梅的新鲜,从视觉、味觉和触觉多个感官进行细致的观察,我在习作中也要用上这样的方法来写一种事物。

师:真不错!还能够学以致用,很了不起。课文中像这样的描写还有很多处,学着作者细致、持续地观察,相信你们的笔下一定也能生"花"。

(二)怎样写好一处场景

师:我们纵向比较一下本单元学过的课文,通过填写学习单,看看你又会有什么发现,请大家以小组为单位,完成学习单。

| 课题 | 观察方法 |
| --- | --- |
| 《搭船的鸟》 | 抓住特点写外形,多角度写动作 |
| 《金色的草地》 | 长时间持续观察草地的变化 |
| 《我家的小狗》 | 抓住特点写事例 |
| 《我爱故乡的杨梅》 | 调动五官从不同方面写杨梅的特点 |

生:合作探究,填写学习单。

师:《搭船的鸟》中对下雨天的场景、翠鸟捕鱼的场景的描写;《金色的草地》中对哥哥与弟弟在草地上玩耍的场景和草地变化的场景的描写,这些都是我们学习的好例子。

各小组交流总结写作方法,全班交流,师生共同总结:

生1:写场景时要交代清楚场景中发生的时间、地点。

生2:描述场景要抓住场景氛围和特点。

生3:对场景描述要抓住场景中代表性的事物来写,事物不宜多,有详有略,以点带面。

生4:在描述中要表达出自己内心的感受就更好了。

师:同学们,读写一体,在回顾课文的同时,我们也习得了写作的方法。观察有法,习作得法。生活中,只要我们稍加留意,就会发现我们身处的这个世界是绚丽多彩的,是缤纷灿烂的。接下来,让我们带着这样的收获,去写你眼中的缤纷世界吧。

【评课点评】

搭建习作支架是当前一线教师在课堂教学中经常用到的教学辅助手段。本节课,执教教师力求用到情境支架、范例支架和评价支架。

第一,情境支架的搭建,是最难的。因为我们要清楚,这节课要到哪去,怎么去,去了吗,效果如何,这一系列的问题看似与情境无关,实则大有关联。本节课以"评选观察之星,力求校刊发表习作"的活动为支架,尽可能地调动学生观察所得,通过课堂实践活动,学生畅所欲言,想说、敢说、会说,激发表达欲望的同时,也为习作积累素材。

第二,习作支架有背景支架、图表支架、问题支架、对比支架、提示支架和范例支架……那是不是支架用得越多越能够帮助学生习作呢?答案一定是否定的。本节课,执教教师主要选择了精读课文和习作例文的典型表达为范例,让学生将阅读和表达有机地联系起来,从阅读中习得的方法,在习作中实践、运用,在完成习作的同时形成语文学科的核心素养,为其他学科的学习奠定基础。

第三,支架式教学环节步骤的研究有很多。何克抗教授将支架式教学过程分为五个环节:搭建脚手架—进入情境—独立探索—协作学习—效果评价。朱枫教授将支架式教学过程分为六个环节:搭脚手架—进入情境—探索尝试—协作学习—独立探索—效果评价。本节课吸纳了王海珊老师提出的支架式教学的三个环节:创设情境、师生共同解决问题和儿童独立学习。在师生共同解决习作中的难题时,执教教师没有把阅读和习作割裂,而是把二者融为一体。让习作例文服务于习作的教学,让学习细致观察的知识变成学生的"习作支架",成为学生聚焦的中心。

# 我们眼中的缤纷世界
## ——三年级上册五单元习作

重庆滨江实验学校　孔雨顺

【教材分析】

(一)单元解读

本单元是统编教材第一次出现以"观察"为主题的习作单元。本单元通过《搭船的鸟》《金色的草地》两篇精读课文的学习,让学生学习观察及表达,借助"交流平台"进行归纳梳理,提炼方法,在"初试身手"环节初步运用。习作例文《我家的小狗》和《我爱故乡的杨梅》,指导学生观察的对象是生活中常见的事物——小狗和杨梅。课本呈现的插图从"一处美丽的风景""早晨街道的一处场景""学校教室课间场景"等不同的角度提示学生可观察的对象,进而激发学生仔细观察身边事物或场景的愿望,拓宽学生习作的宣传思路。

无论是写人还是写景、状物,都离不开观察。学生要想有内容可写,有材料可用,也离不开观察。统编版教材中,与"观察"在纵向上有所关联的要素梳理如下:

| 册序 | 主题 | 写作训练要素 |
| --- | --- | --- |
| 三年级上册五单元 | 我们眼中的缤纷世界 | 仔细观察,把观察所得写下来 |
| 三年级下册一单元 | 我的植物朋友 | 试着把观察到的事物写清楚 |
| 三年级下册三单元 | 写观察日记 | 进行连续观察,学写观察日记 |
| 三年级下册四单元 | 我做了一项小实验 | 观察事物的变化,把实验过程写清楚 |
| 五年级上册五单元 | 介绍一种事物 | 通过观察抓住事物的特点 |
| 五年级上册七单元 | ＿＿＿＿即景 | 仔细观察,初步体会景物的静态和动态美,写出景物的变化 |

※素养导向下表达与交流理论主张与实践案例

三年级上册习作单元的内容是留心观察、细致观察,这也是统编版教材首次将此内容作为习作单元编排的初衷。本单元还提出了了解观察的方法,包括调动各种感官,不只是看一看,还可以听一听、闻一闻、尝一尝、想一想;注意观察变化,这种变化就是一个动态的变化。例如,三年级下册要求"试着把观察到的事物写清楚""借助观察记录卡"。在习作"我做了一次小实验"中提出观察事物的变化,把实验的过程写清楚;还可以写一写自己做实验时的心情,或实验过程中的有趣发现。观察不只是眼睛发现的,也可以把心里感受到的一些变化写下来。要想观察到事物的变化,就要进行连续观察。例如,统编教科书在四年级上册安排了一个连续观察单元,要求学生学写观察日记,"主要是记录观察对象的变化,还可以写一写观察时的过程,观察者当时的想法和心情"。通过观察抓住事物的特点,学生在写一个事物时,这个事物的特点很重要,只要抓住这个事物的特点,就能够正确地反映事物的本质。例如,五年级上册的习作单元安排了学写说明文,其中最关键的就是要抓住事物的特点写,把事物的本质写出来。以描写吃苹果为例,"苹果是甜甜的""带一点酸酸的(味觉)""苹果红红的颜色(外观)"就是苹果这个事物的特点,也是它的本质。

统编版教材的这种序列化安排,是想让学生经历系统的观察训练。从三年级开始,让学生掌握观察方法,养成观察习惯,培养学生的观察能力,到了高年段,让学生运用学到的方法和获得的能力完成静态描写和动态描写,从而达到把文章写具体的小学阶段终结性目标。

就本单元而言,习作单元有其独特性,以"观察"为主线,两篇精读课文从不同角度、进阶式地落实单元语文要素,引导学生学习表达方法:《搭船的鸟》记录了"我"旅途中的观察所得,既观察了旅途中听到的雨声,也观察了翠鸟的外貌和捕鱼时的动作;《金色的草地》主要呈现了"我"长时间观察到的草地的变化情况及变化的原因。"交流平台"梳理总结了表达方式,启发学生要留心周围的事物,积累习作素材。"初试身手"进一步启发学生调动多种感官进行观察的意识,让学生初步尝试运用表达方法,写一写生活中的事物或场景。习作例文《我家的小狗》《我爱故乡的杨梅》为学生提供了观察与习作的范例,让学生进一步感悟积累经验。教材的安排呈现螺旋式,层层递进和深入,为单元习作"我们眼中的缤纷世界"夯实写作方法,最终呈现本单元的学习成果。

(二)学情分析

三年级的学生对"习作"已经有了一定的掌握,并逐渐对习作产生兴趣。由于学生缺乏习作方法的支撑,在观察事物的过程中容易出现碎片化问题,因此教师要提前安排好观察活动,明确可观察的对象和本次习作的要求,为学生提供可观察的人、事、景、物等例子。学生主动发现和探索身边的习作素材,不仅符合学生认识事物的过程,还能让学生体会到观察的乐趣,为习作的开展做好准备。

【学习目标】

1.留心观察周围事物,把最近观察时印象最深的一种事物或一处场景写下来。
2.学习细致地观察,借助"观察记录单",将观察所得写清楚。
3.能将自己认为写得好的部分读给别人听,与同伴分享自己的观察感受。

【学习评价】

1.能否抓住事物的特点。
2.能否学会多角度、有顺序、多感官地细致描写事物的方法。

【学习活动】

## 活动一:解开"缤纷盒子",明确习作要求,交流观察所得

(一)观看视频,感受缤纷世界

这就是你们课前观察过的世界,原来我们的世界是这样丰富多彩、五彩缤纷,今天这节课就让我们把"我们眼中的缤纷世界"用笔描绘出来!(板书习作:我们眼中的缤纷世界)

(二)发现交流,明确习作要求

1.引导:请你翻开课本第72页,读一读,找一找,这次习作要求我们写什么?
2.指名说。(把最近观察时印象最深的一种事物或一处场景写下来)

(三)梳理发现,分享观察所得

本单元,我们一边学习课文一边留心观察世界,而且还填写了观察记录单,让我们一起看看同学们都观察了什么。

1.出示观察记录单,引导学生交流

在这段时间的细致观察中,什么事物或场景给你留下的印象最深?你是从哪些方面细致观察它的?可以结合自己的观察记录单和小组同学说一说。

2.小组交流反馈

预设:动物:外形、活动、声音……

植物:外形、颜色、味道……

场景:……

3.提炼方法

事物一个一个写(多感官、多角度)。

场景一个一个写(按顺序、抓特点)。

在此基础上,写一写自己与它们的趣事、自己的想法或想象或者发生的变化,会使自己的习作更有意思,让更多的人喜欢读!

**设计意图:**

本单元语文要素是"仔细观察,把观察所得写下来"。此环节创设让学生产生对本次习作的期待,激发习作的欲望,解决习作动机问题。

## 活动二:填写"缤纷观察图",厘清写作思路

怎么把观察印象最深的事物或场景一个一个写清楚呢?我们的缤纷观察图会帮助我们。

(一)师生合作,完成缤纷观察图

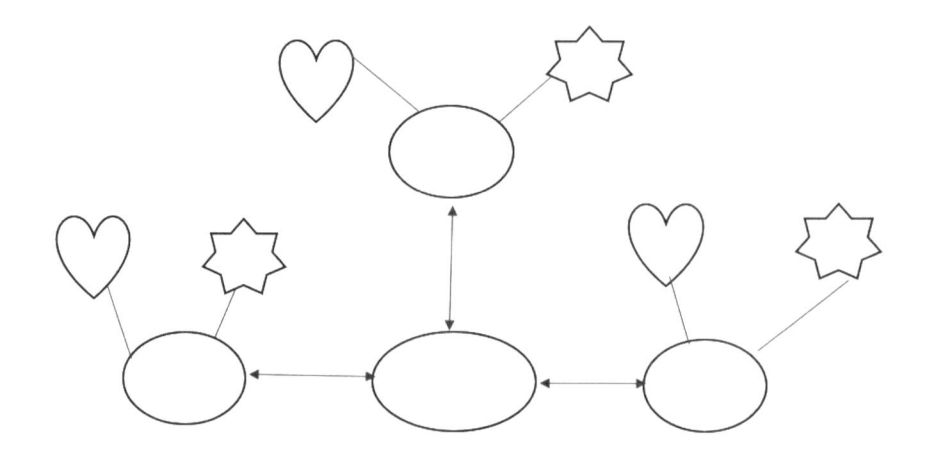

第一步:将你想写的事物或场景,写在椭圆里。(可以是你"初试身手"中写的,也可以是观察记录单中的)

第二步:你想从哪些角度写,写在星星里。(可以一个方面写在一个星星里面)

第三步:将你看到的、想到的写在桃心里。(填写关键词)

(二)同桌互相交流缤纷观察图。

**设计意图:**

让学生通过联系已有知识和经验,根据事物的特点来仔细观察、准确判断。《观察记录表》的设计有助于学生养成留心观察的习惯,凸显单元语文要素,同时为本次习作做铺垫。

### 活动三:描绘"缤纷世界",完成习作

根据"缤纷观察图",一段一段写清楚。

借助黑板板书,巧妙运用方法。

### 活动四:登上"缤纷舞台",修改写作

导入:同学们都能将自己观察到的事物或场景写下来,真棒!刚才,有一篇文章深深地吸引了我,我们一起来看一看。

指名该生朗读自己的习作,随后展台展示。

这篇习作差一颗星就满星了?知道为什么?(出示评价清单,引导学生依据清单主动评价)

**设计意图:**

《义务教育语文课程标准(2022年版)》强调语文课程是一门语言文字运用的综合性、实践性的课程。学生习作能力的培养要在语言实践中进行。此环节的设计呼应导入部分,呵护学生持续写好作文的动力,增强学生"想写"和"写好"的意识。

### 活动五:收录"缤纷习作",汇编成册

《慧眼看世界》作文集即将出版!请你继续完善,认真誊写,我们的习作集一直在等你哦。

交流:同学们通过这个单元的学习,你有什么收获,说说你最近的观察感受,给大家分享一下吧!

总结:同学们不仅有善于发现的美的眼睛,还有会记录的笔。相信大家都已经体会到了细致观察给我们带来的乐趣,让我们继续观察这个缤纷的世界,在笔下展现出更多的精彩。

**设计意图:**

教师通过引领学生构思起草、领悟写法、修改评赏,体现了学生的主体性,实现了学生习作的个性化。

【板书设计】

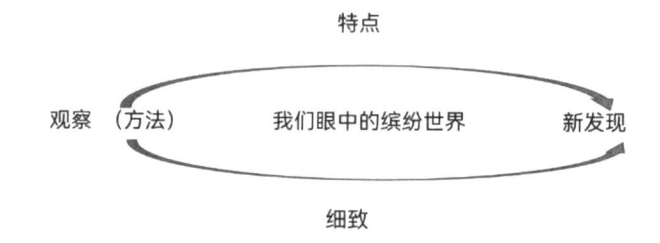

观察 (方法) 我们眼中的缤纷世界 新发现

特点　　细致

【学习工具】

(一)观察记录单

| 观察记录单 | | |
|---|---|---|
| 观察对象 | | |
| 观察时间 | | |
| 观察地点 | | |
| 观察所得 | 外形 | |
| | 吃 | |
| | 睡 | |
| | 活动 | |
| | 其他方面 | |

(二)评价清单

| | 评价清单 | 评定 |
|---|---|---|
| 1 | 标点正确,没有错别字 | ☆☆☆ |
| 2 | 写了看到的 | ☆☆☆ |
| 3 | 写了听到的(或者摸到的、闻到的、尝到的) | ☆☆☆☆☆ |
| 4 | 加入了自己的想法或想象 | ☆☆☆☆☆ |
| 5 | 写清楚了观察的事物(或场景)的变化 | ☆☆☆☆☆ |

**【课堂实录精彩片段】**

师:同学们,通过前面的学习,我们明白了怎样写出事物的变化,怎样把事物写有趣。本次习作,我们要写观察到的某种事物或者某一个场景。写作之前,我们先来交流两篇习作例文后的思考题。

《我家的小狗》中的"王子"淘气可爱,你从文中的哪些地方发现了它淘气可爱呢?

《我爱故乡的杨梅》中作者主要从哪些方面来写杨梅果的特点?

师:我们首先交流第一个问题。

生:"王子"外形漂亮。

生:"我"教"王子"认"狗"的时候,他叫得最欢。

生:"王子"跟火车赛跑,真是自不量力。

师:是的,为了表现"王子"淘气可爱这一特点,作者写了三个方面的内容。再看第二个问题。

生:作者主要写了杨梅果的外形、颜色和味道。

师:非常好!通过刚才的交流,我们发现这两篇文章在写法上不一样,我们既可以用几件事来表现事物某一个方面的特点,还可以写一个事物的几个方面。(板书:①一个特点,几件事;②一种事物,多个角度)

师:形式①我们一般用来写什么呢?

生:动物。

师:形式②一般可以写什么呢?

生：水果、植物。

师：是的。下面请同学们从自己的观察记录单中选择一种事物写一写,注意写出事物的变化,加上想象,选择一种合适的形式。

生：我家门前的树上结满了橘子。这些橘子有些是青绿色的,有些带着一点黄色。那青绿色的橘子很硬,我想它一定没有成熟,味道很酸；带黄色的橘子有点软,应该可以吃了。我摘了一个黄一点的橘子,闻了闻,真香！我剥开皮,尝了尝,还是很酸。橘子这时候还没有完全成熟,成熟的橘子比蜜还甜呢！

师：你写出了橘子味道的变化,很棒！其实橘子不仅仅味道变化,还有什么也在变化呢？

生：大小和颜色都会发生变化。

师：你一定是个留心生活的孩子,你能说说橘子大小和颜色是怎样变化的吗？

生：我家有好多橘子树,我发现刚开始橘子特别小,就像黄豆一样,青青的,几乎看不见。慢慢地,橘子渐渐长大了,皮也渐渐变黄了。

师：此处应该有掌声！在这里他不仅写出了变化,而且把特别小的橘子比作了一粒黄豆,那么小的橘子藏在绿叶丛中的确不容易发现,不像长大了的橘子,远远望去就像……

生：就像挂了好多黄色的灯笼。

师：这位同学写出了橘子的大小、颜色、味道,采用的是形式②来写的。如果能仿照《我爱故乡的杨梅》写一写自己吃橘子的过程会更好,希望你回家好好修改,写成一篇文章。我们继续分享。

生：我养了一只小乌龟,小小的头,圆圆的身子,背着硬硬的壳,就像战士穿着铠甲一样。它常常静静地趴在鱼缸底部,一动也不动。它是在想它原来的朋友吗？它很胆小,只要外面有一点响动就把头缩进壳里。不过它一点也不怕我,我每天都会给它喂食。

师：你写了小乌龟的外形,特别值得表扬的是,你加上了猜测。你是想写出乌龟胆子小的特点吗？

生：是的。

师：你想一想，还有什么其他的事让你觉得它胆子小吗？

生：有一次，我正在丢肉给它吃，它吃得正起劲，突然我家的小猫"喵"地一叫，它连忙把头缩进去了。别人给它喂食，它也要等人走了才敢伸出头来吃。

师：的确够胆小的。说得特别棒，加上去，你的文章更精彩。

师：同学们，你们在记录卡上记录了有趣的动物、多彩的植物、好吃的水果等。我们眼中的缤纷世界还可以是什么呢？请看大屏幕。（播放课本上的照片）

生：村庄、大街上、教室里。

师：是的。同学们，我们应该观察的不仅仅是一种事物，还可以是一处场景，那宁静的乡村、车水马龙的城市、充满生机和活力的校园等都是我们眼中的缤纷世界。课后，请同学们综合运用本单元学到的表达方法完成自己的观察习作。

【评课点评】

一是单元整体观照，彼此呼应。本节课的教学，是在完成"精读课文"和"交流平台""初试身手"教学基础之上结合"习作例文"进行的习作前指导。基于在精读课文学习中发现观察与表达的一些基本方法，再在"交流平台""初试身手"中提炼总结、尝试运用，教师根据"初试身手"中呈现出的学情基础，利用"习作例文"进一步优化、提升学生的观察能力与表达品质。这样的教学，紧扣单元习作要素整体架构，前后贯通，避免了传统单元习作教学"孤立独行"的尴尬。

二是目标层层递进，拾级而上。习作单元的编排，体现了从发现、尝试，再到综合运用的渐进性特点。就本单元而言，在前面学习了细致观察、连续观察，初步尝试了"抓住特点写外形"和"分解动作写场景"的表达方法。教师在本节课继续挖掘精读课文和习作例文的表达秘妙，重点指导"写变化""写想法"，并且初步渗透了"通过几件事写一个特点""一种事物从几个方面来写"的谋篇意识，这对于三年级学生而言是适切的，也是进一步优化习作品质的有效途径。

三是媒介统整运用，服务表达。"阅读铺路，读中学写"是习作单元的基本理念。无论是"精读课文"，还是"习作例文"，都是习作的范本，教学的"用件"。用好、用足课文资源，解构表达密码，及时迁移运用，是教学的应有之义。教师本节课也不例外,既有对多个"个性"语段的重点使用,又有对两篇习作例文的整体把握。此外,本课引入的图片和微视频资源,更是直观、形象,为迁移运用提供了鲜活的观察、表达实践材料,感官刺激强烈,极大地激活了学生的思维和言语才情。

# 那次玩得真高兴
## ——三年级上册八单元习作

重庆市南岸区南坪实验外国语小学校　沈佳星

【教材分析】

本单元以"美好的品质"为主题,编排了《司马光》《掌声》《灰雀》《手术台就是阵地》四篇课文,四篇文本都以事写人,恰恰指向了单元的习作要求"学写一件简单的事"。

本次的习作话题是"那次玩得真高兴",是小学阶段第一次安排写一件事,要求把自己最开心、印象最深刻一次玩的过程相对完整地写下来,并表达出当时快乐的心情。

本次习作"那次玩得真高兴",要求把一次玩的过程写下来,并表达出当时快乐的心情。教材中分为三个部分,从习作话题、习作内容、习作方法以及习作修改等方面做了习作提示。

教材第一部分以问题激趣,引出本次习作的话题,并提供了与同伴掰手腕、和爸爸妈妈外出旅行、和爷爷一起钓鱼、去游乐场游玩4幅图,场景有校内也有校外,有和同龄人的快乐游戏,也有和家人长辈的温馨相处。活动形式多样,贴近学生生活,旨在从不同角度唤醒学生对快乐往事的记忆,为学生习作的选材做铺垫。

教材第二部分布置了本次习作的任务——写一次玩的过程,并指导学生用"放电影"、看照片、和别人聊一聊等方法回忆当时的情形,以便选择习作内容,梳理习作顺序。

教材第三部分提供了交流和评价的建议,提示学生写后大声朗读,重新在文字中体验当时的快乐心情,并和同学分享交流这种快乐心情。在同伴反馈的基础上,修改别人看不明白的地方,学习如何将习作写得更清楚。

梳理发现,这是统编版教材第一次要求写事,写亲身经历的一件事的过程,使学生能不拘形式地写下真实的经历与感受。

**【学习目标】**

1. 借助照片,通过交流,唤起学生回忆,帮助学生拓宽选材。

2. 能简单有序地写一次玩的过程,表达出当时快乐的心情,正确使用标点符号。

3. 能和同学交流习作,修改同学看不明白的地方,分享表达的快乐。

**【学习评价】**

1. 能用放电影"定画面,连一连"和"会说话,动起来"的方法,简单有序地写一次玩的过程。

2. 通过联系生活实际回忆,借助积累词语,表达快乐心情,正确使用标点符号,在交流的过程中体会分享的快乐。

**【学习活动】**

### 活动一:借助图片 聊聊玩儿

介绍老师的爱好"玩",利用老师生活照中讲述"玩什么",打开学生思路,引发思考,让学生分享自己平时喜欢玩什么

揭示课题——那次玩得真高兴。

**设计意图:**

创设语境,利用课前谈话和教材的图示打开学生写作话题,主要功能是激发表达动机。

### 活动二:聚焦最开心的玩

(一)聚焦最开心的那一次

学生将课前所收集到的玩耍的照片中选择认为自己玩得最高兴的那一次,借助黑板上的言语支架和同桌进行交流(如果想到照片以外的事情也可以)。

抽生借助句式进行分享,让学生知道玩可以是不同的时间和不同的人在不同的地方,玩不一样的游戏或者活动。

(二)如何讲玩的过程

借助教材提示:把你玩耍的过程像放电影一样在脑海里回想一遍,借助导学单先说给自己听,再与同桌交流。

(三)全班交流,构建方法

1.抽生交流分享玩耍的过程。

2.发现问题:学生不能把玩的过程讲清楚。

3.讨论如何说清楚玩耍的过程。

(四)出示范文,习得方法

1.播放微课,学习放电影"定画面,连一连""会说话,动起来"的方法有序写玩的过程。

2.小结方法。

**设计意图:**

三年级的学生作文刚起步,要达成"有序写出玩儿的过程"这个目标很有难度,帮助学生在脑海中"放电影",将当时的场景清楚地回忆起来,方可达成目标。借助教材《沙滩上的童话》《金色的草地》两篇课文片段,学会"放电影"有这样两步:第一步是定画面,连一连;第二步是回想当时的声音和动作。这样就达成了"有序写出玩儿"的过程这个目标。

## 活动三:初试身手 分享习作

学生借助导学单和微课所学习的方法初试身手开始习作。

习作后根据评价表进行自评。

抽生分享习作,根据评价标准进行互评。

**设计意图:**

教师开发评价工具,引导学生比照评价要点进行自评和互评,让学生评价言之

※素养导向下表达与交流理论主张与实践案例

有物,更加精准。一方面检验学生学习效果,将所学知识和方法,另一方面发挥学生自主性,引导学生互相学习,共同进步。

## 活动四:添加词句 表达快乐

借助学生例文,采访读者是否感受到他的快乐,从哪里感受到的。

全班交流写出高兴心情的方法。

引导学生设身处地,联系生活回忆高兴时自己会怎么说,怎么做。

播放微课,借助例文学习修改的方法,总结写出高兴的方法。

用修改符号和以前学过的词语进行习作修改。

同桌互评,分享快乐,赠送笑脸。

推荐习作,全班共评。

**设计意图:**

通过前测,我们发现学生不知道如何表达快乐的心情,词语也非常贫乏。通过创设情境,唤起学生已有的生活体验,想一想开心的时候会说什么,会做什么,将"快乐"具象化,同时将从以前课文、语文园地中搜集的一些表达快乐心情的词语提供给学生进行修改习作时选用,这样的方法支架和词语支架能帮助学生更好地表达出快乐的心情。

【板书设计】

那次玩得真高兴

定画面 连一连
动起来 会说话   } 写出过程
高兴地做 高兴地说   表达快乐

【学习工具】

(一)导学单

**导学单**

我可以回想当时玩耍的画面,连起来说说玩的过程……

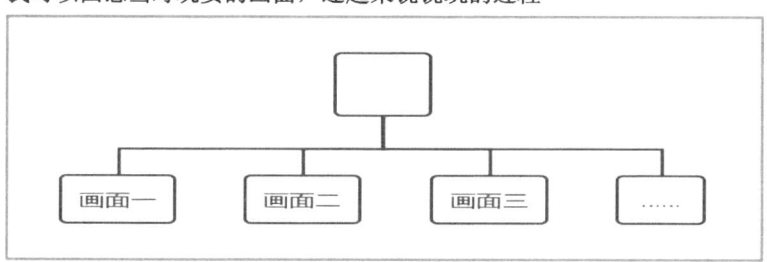

```
              ┌─────┐
              │     │
              └──┬──┘
       ┌────────┼────────┬────────┐
   ┌───┴──┐ ┌───┴──┐ ┌───┴──┐ ┌───┴──┐
   │画面一│ │画面二│ │画面三│ │ …… │
   └──────┘ └──────┘ └──────┘ └──────┘
```

(二)评价卡

**评价卡**

都做到了吗?请在括号里打"√"

评价一:写出了玩的过程
我写出了几幅画面　　　　　　　　写了(　) 没有写(　)
我写出了当时的动作和发出的声音　写了(　) 没有写(　)

评价二:表达了高兴的心情
有高兴地做　　　　　　　　　　　写了(　) 没有写(　)
有高兴地说　　　　　　　　　　　写了(　) 没有写(　)

【课堂实录精彩片段】

活动三:初试身手　分享习作

师:现在就请同学们在音乐声中借助照片,在脑海中"放电影"回想你玩的过程,然后把回想到的画面写在作文纸上,从一开始写起。

学生开始练写习作片段。

师:我看到了许多好玩的事情,这里是一张评价卡,谁来读一读评价标准。

学生读评价标准。

师:现在请同学们大声读读自己的习作,评一评,勾一勾看看自己都写到了没有。

师:来读读你的,我们认真听,看他有没有写出玩的过程。

生:在暑假里我和我的朋友一起去体验滑翔机的过程。一开始我们系好了安全带,戴好了通话耳机和头盔。然后我们坐上了滑翔机,我的心怦怦直跳,对飞行的过程充满了好奇。接着,滑翔机的螺旋桨慢慢转动了起来,开始在路面上快速滑行,最后腾空而起,大地离我越来越远,地面上的人也越来越小,山川湖泊尽收眼底,我兴奋不已,不禁赞叹道:"哇,好美啊!"我感觉自己像一只雄鹰在高空中飞翔。

师:听完了这位同学写的内容,谁来根据评价表评价一下他的习作?

生:他通过写乘坐滑翔机,头脑中"放电影"定格了三幅画面并连起来了。第一幅是准备体验的画面;第二幅是滑行起飞的画面;最后是在高空飞翔的画面。他还通过穿戴、转动、滑行、腾空而起等一连串的动作和"哇,好美呀!"让人物会说话,动起来,让我看到了他体验滑翔机的过程。

师:像这样借助照片,把刚开始的画面、接下来的画面、最后的画面连起来像放电影一样就把玩的过程写清楚了。

## 活动四:添加词句　表达快乐

师:从这位同学写的内容中你知道他体验滑翔机时是什么感受吗?

生:我从"我的心怦怦直跳""我兴奋不已,不禁赞叹道:'哇,好美啊!'"感受到了他坐滑翔机时特别兴奋,特别高兴。

师:你们有和他相似的经历吗?高兴的时候你还会做什么,还会说什么呢?

生:我高兴的时候还会大声喊:"啊,太好玩了!我还想玩一次!"

生:我高兴的时候会手舞足蹈,去和别人分享我的快乐。

师:同学们,在习作中怎样表达高兴的心情呢?乐乐同学又有小妙招了。

(播放微课)

师:我们通过写高兴地做,高兴地说,不仅能写出玩的过程,更能把快乐的心情写出来。还等什么呢,赶紧把快乐的心情添进习作中吧,你还可以用上这些词语哦!

## 【评课点评】

本堂课的设计与教学中有这样几个亮点:

首先是搭建了有效的习作支架。语境支架,利用课前谈话和教材的图示打开学生写作话题,主要功能是激发表达动机;言语支架,能够让学生完整地表达在什么时间什么地方和谁玩什么;范例支架,让学生清楚地表达玩耍的过程;评价支架,通过自评检测自己是否写出了玩的过程,通过同桌互评看自己是否写出了高兴的心情。通过搭建学习支架,让思维过程可视,让学生有方法可寻,有利于不断增强他们的学习自信心。一个一个的学习支架成了课堂教学助学系统的组成部分。

　　其次是本节课的学习活动相互关联,实现了学习内容的结构化。表达课一般有这样几种类型的学习活动:一是语境创设活动。主要解决为何表达的问题,激发学生表达动机。二是前测诊断活动。主要解决摸底学生学习起点的问题。三是建构新知识、新方法的活动。这是学习活动的主体,通常引导学生在读写结合中建构新知。四是自主表达实践活动。这类活动的时间要很充分,有利于学生在创设的语境中运用本课所学进行表达,学与用相结合。这节课,四个学习活动相互关联,层层推进。从选材、立意、构思、起草、加工、修改等实践活动中,让精准的核心知识落地。

　　我们进一步感受到,40分钟的表达课很短, 却仿佛麻雀虽小五脏俱全的系统工程。任何一个问题的解决,都要有系统思维的方法,将它们置于同一个系统之内,整体观照各部分的相互联系。如果用系统思维的方法来设计学习活动,更能有效避免发生捉襟见肘、丢三落四的情况。

# 我会大胆想象
## ——三年级下册五单元习作

重庆市南岸区南坪实验小学校　曾杰琳

【教材分析】

(一)纵向分析

统编教材建构了具有整体性、关联性和发展性的语文学习目标体系。三年级下册五单元是习作策略单元,本单元是以"大胆想象"为主题的习作单元,从属想象序列中,有层次、有梯度地训练学生的思维能力,提高学生的习作水平。

| 单元<br>人文主题 | 语文要素 ||  习作表达的<br>主要要求 |
|---|---|---|---|
|  | 阅读要素 | 习作要素和话题 |  |
| 三年级上册<br>三单元<br>童话世界 | 感受童话丰富的想象 | 试着自己编童话、写童话<br>(我来编童话) | 借助提示的问题,发挥想象续编童话故事,把故事写下来(角色、时间、地点、什么故事) |
| 三年级下册<br>五单元<br>大胆想象 | 走进想象世界,感受想象的神奇 | 发挥想象写故事,创造自己的想象世界<br>(奇妙的想象) | 自选题目,写一个想象故事。要大胆想象,创造自己的想象世界 |
| 三年级下册<br>八单元<br>有趣的故事 | 了解故事的主要内容,复述故事 | 根据提示,展开想象,尝试编童话故事<br>(这样想象真有趣) | 选一种动物作为主角,根据教材的提示展开想象,尝试编一个有趣的童话故事 |

三年级上册学生已经接触过"想象"。三年级上册三单元童话世界,感受了童话丰富的想象,试着编童话、写童话。本单元是走进想象的世界,感受想象的神奇,发挥想象写故事,创造自己的想象世界,同时也为三年级下册八单元选一种动物作为主角,根据教材的提示展开想象,尝试编一个有趣的童话故事做准备。作为以习作

来组元的五单元,其想象中的思维训练落点在"大胆、新奇"的思维层级上,即教材中所说的"奇妙的想象",能够掌握进行奇妙想象的几种思维方式,训练学生的思维能力,进而创编一个想象故事。

(二)横向分析

"我会大胆想象"是统编教材三年级下册五单元"交流平台"与"初试身手"的教学内容。三年级下册五单元在单元导语中明确指出了本单元的单元主题与"想象"有关,即"想象比知识更重要——爱因斯坦"。本单元的语文要素也是围绕着"想象"展开:"走进想象的世界,感受想象的神奇"和"发挥想象写故事,创造自己的想象世界"。五单元里包括两篇精读课文《宇宙的另一边》《我变成了一棵树》和"交流平台""初试身手"栏目,以及两篇习作例文《一支铅笔的梦想》《尾巴它有一只猫》和一次习作"奇妙的想象"。精读课文重在教会学生大胆想象的方式方法,感受想象的神奇魅力;"交流平台"是对想象方法的梳理和小结;"初试身手"旨在让学生初步尝试运用方法展开想象;习作例文则是对方法的再次感悟;最后的单元习作是对本单元学习的检测,要求学生根据自己所学,运用想象的方法,创编一个想象故事。可以看出,整个单元都是围绕"想象"展开,重在让学生"感受想象的神奇,并发挥想象写故事"。

本单元的"交流平台"围绕"想象"展开,先让学生明确想象可以创造出现实中不可能存在的事物和景象,读想象故事十分有意思;然后回顾了两篇精读课文中大胆、有趣的想象,并提示学生大胆想象可以实现现实中不可能实现的美好愿望,拥有奇异的经历;同时还提示学生可以把自己想象成别的事物或者根据特点来展开想象,目的在于引导学生体会想象的神奇,帮助他们找到想象的思路,鼓励学生试着去大胆想象,创编故事。

"初试身手"部分安排了两个激发想象的体验活动:"手指画"练习通过让学生动手实践,在涂涂画画中展开想象;续编故事则供了两个故事的开头,让学生大胆想象,运用方法续编故事。片段的练习初步尝试运用方法续编故事,以便为习作创编故事做准备,走向生本实践。

因此,以想象的思维训练引领整个单元的学习,通过确定明确的单元目标、创设有趣合理的情境任务、组织形式多样的学习活动以及制定逐步进阶的评价体系,将零散的单篇课文统整到单元的整体框架之内,实现教学内容的整合,让学生的思维能力得到训练,有效落实"思维发展与提升"的语文核心素养。

【学习目标】

1.创作手指画感受大胆想象的乐趣,交流并梳理大胆想象的方法。
2.用方法续编故事,能"抓特点,顺着想或反着想"让故事更新奇。
3.能根据评价卡评一评、改一改故事。

【学习评价】

1.学生是否能创造不存在的事物、创造不存在的景象、创造奇异的经历。
2.学生是否能抓特点,顺着想或反着想。

【学习活动】

### 活动一:课前谈话,创设情境

引用一张图片,让学生想一想、猜一猜是什么。

出示谢尔写的小诗,引导学生走进想象,并尝试想象、尝试述说小诗,感受想象真有趣。

**设计意图:**

用图片激发学生形象思维,用文字激发学生抽象思维,将学生引入想象的氛围,激发其表达欲望,初步感受想象的乐趣。

引入"趣味故事会"的语文学习活动,开启第二阶段活动——大胆想象,续编故事。

**设计意图:**

新课标指出,学生在习作中"愿意将自己的习作读给人听,与他人分享习作的乐趣",写作要关注学生的读者意识。创设真实语境,激发写作动机,是本次习作的起点。

## 活动二：创作手指画，梳理并提炼大胆想象的方法

（一）手指画激发想象与思考

1.学生想象摸准起点：你的想象够大胆吗？看看手指印，你能把这个手指印想象成什么？

2.教师示范想象发现不同。

第一次示范想象：一个有着长头发的小女孩，她最奇特的是头发很长。

第二次示范想象：天空中下起了雨。

3.请学生评价，聚焦大胆。

4.梳理提炼方法：出示"交流平台"，原来大胆想象就是要创造现实生活中不存在的事物和景象。

**设计意图：**

小学生处于天真活泼的年龄阶段，对新鲜事物充满好奇，厌倦常规和概念性的东西，通过充满乐趣的手指画猜想，打开学生的想象，对比老师的想象，发现大胆想象的方法是要创造出不存在的事物和景象，让学生在一种充满趣味性的活动中思维得到训练。

（二）迁移创作，体验想象乐趣

1.学生迁移创作

在手指画上，印上指印把你想到的事物或景物画出来，看谁想得更新奇。

2.交流作品，感受奇妙

(1)请学生介绍；

(2)学生认真倾听。

3.学生评价，巩固方法：谁的作品想象最大胆最新奇？为什么？

**设计意图：**

创作和评选手指画活动，激发学生大胆想象的乐趣，带来积极的学习效果。学习知识不是外部的硬性植入，而是在活动中主动发现，内部生成，同时在活动中内化方法，真正理解掌握大胆想象的方法。

（三）挖掘教材交流总结方法

1.想象奇异经历：你创造的作品，会发生什么事呢？

2.梳理提炼方法:我们一起找到了让想象更奇妙的方法,创造不存在的事物、创造不存在的景象、创造奇异的经历。

**设计意图:**

落实新课标用好教材的理念,让学生回归教材,通过挖掘和关联几篇课文,感受想象创造出的奇异的经历,为学生提供了想象思维路径。梳理和总结"交流平台"的方法不是教师说教式传授,而是在活动中建构出大胆想象的方法。

## 活动三:发现问题,搭建支架解决问题,续编故事

(一)初次续编暴露学情

1.视频明确续编任务。

2.小组合作初次续编。用不同方法大胆想象,借助想象卡,说一说。

3.分享故事。

4.评一评,发现问题。

5.小结:创造出奇异的经历是难点,我们一起回忆课文提供的方法,解决问题。

**设计意图:**

学生运用方法大胆想象,借助形象的"想象卡"和同桌说一说,进行言语练说,让想象的思维过程变得可视、可触,在初次续编故事中实践想象方法,暴露学生真实的学情,发现学生想象过程中"创造奇异的经历"是难点,课堂里真正发生着学习。

(二)回忆方法续编故事

1.微课回忆课文方法。抓特点,顺着想或反着想。

2.借助支架续编故事。

**设计意图:**

想象从来不是平地惊雷,而是需要借助丰富的思维方式来进行推动,充分利用本单元课文中的写法为学生习作做示范,让学生的想象有支架、有抓手。通过微课,整合学生零碎经验,使缄默知识显性化,转化为学生可以运用的方法。

## 活动四：对照评价卡，评一评，改一改

(一)分享故事评一评

1.根据评价卡，自己评一评，改一改。

2.班级分享故事，在评价卡的引导下，对同学的故事评一评，改一改。

3.回应情境，鼓励课后继续修改故事，贴在故事墙上分享。

4.回顾课堂知识。

**设计意图：**

本节课的落点在鼓励学生大胆想象，因此"是否能展开大胆想象"是评价的核心要素。借助评价卡通过自评、展示交流、师生评议，为修改习作提供依据，也为后面的单元习作课能创作奇妙的想象故事打通思路，形成示范与改进的双向提升。

(二)迁移运用促发展

1.推荐读一读课后两篇习作例文，鼓励探究其他想象方法。

2.联系生活，浅谈想象的作用。

**设计意图：**

落实学科育人，让学生感受想象的乐趣，让学生明白想象对人类世界的作用，联系生活，激发学生大胆想象。

【板书设计】

【学习工具】

(一)手指画

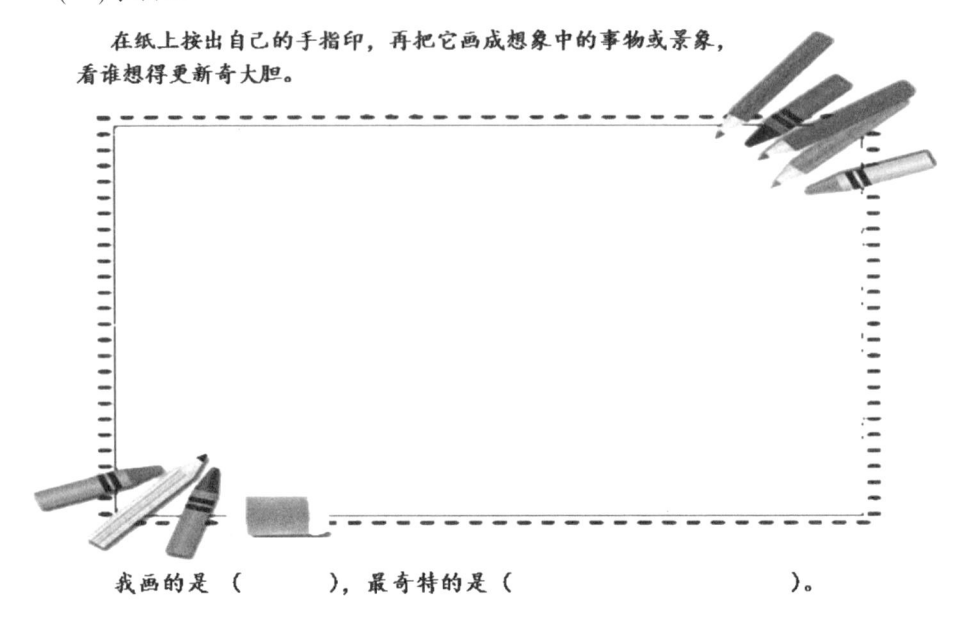

在纸上按出自己的手指印,再把它画成想象中的事物或景象,看谁想得更新奇大胆。

我画的是（　　　），最奇特的是（　　　　　　）。

(二)想象卡

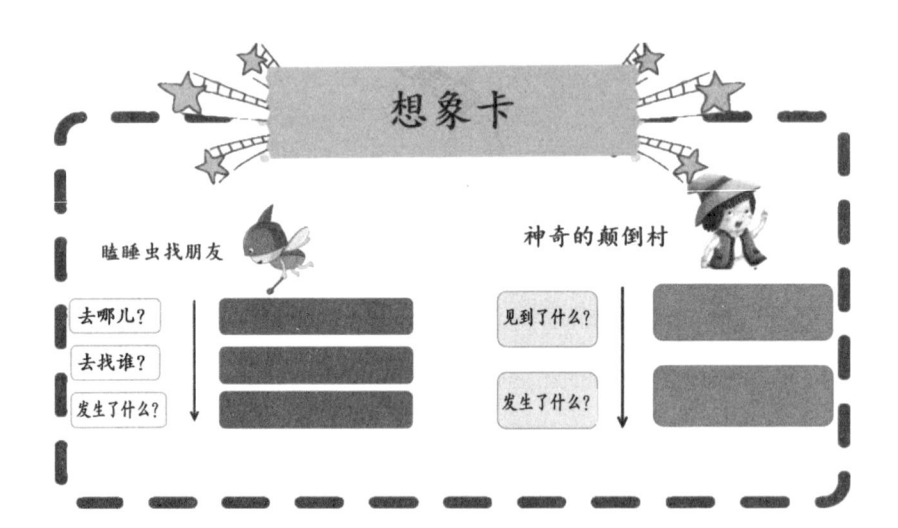

想象卡

瞌睡虫找朋友

去哪儿？
去找谁？
发生了什么？

神奇的颠倒村

见到了什么？
发生了什么？

(三)续写纸和自评卡

**神奇的颠倒村**

先写 见到了什么?
再写 发生了什么?

　　一阵大风过后,小牧童被吹到了颠倒村。他睁开眼睛,只见树枝和树叶长进土里,树根却张牙舞爪地伸向天空。

**瞌睡虫找朋友**

先写 飞到哪里?
　　 找谁?
再写 发生了什么?

　　夏天到了,瞌睡虫王国一片沸腾,它们纷纷飞出洞口,去寻找自己的朋友。

## 自评卡

我的故事做到了哪几点？请打"√"

抓特点
顺着想  { 1. 创造出不存在的事物　（　）
反着想     2. 创造出不存在的景象　（　）
           3. 创造出了奇异的经历　（　）

想让故事更新奇，哪一点需要改？我再改一改。

【课堂实录精彩片段】

师：你们的想象够大胆吗？

生：够大胆！我会想象……

师：咱们来试一试，你能把这个手指印想象成什么？(师做手指画,并投影出来)

生：像一只虫子。

师：有意思、有想法、挺奇妙的你把它想象成了动物。

生：有点像家里的鸡蛋。

师：你想成了我们生活中的事物,在你的想象中它是鸡蛋。

生：我觉得它很像一个苹果。

师：在你的想象中它是植物。

大家太会想象了,你们的小脑袋里装满了奇妙的想法。

师：听了你们的想象,我也想来试一试,可以让我也大胆想象一下吗？

生：可以！

师：(边画边想象)那我想象她是一个有着长头发的小女孩,她最奇特的是她的头发很长,很长,很长,那么这些头发可以做什么？

生：可以钓鱼。

生：可以织毛衣。

生：可以当晾衣绳。

生:可以当围巾。

师:真好,谁来评价一下我的想象?

生:老师的想象力很丰富。

师:谢谢你的表扬,哪点有趣?

生:老师让她长出长长的头发,很有趣。

师:看来小女孩长长的头发最吸引你们,为什么?

生:……

师:原来,你们表扬我想象大胆,是因为我想出现实生活中没有的事物,那我还可以想象得更大胆,你们愿意再给我一次想象的机会吗?

生:可以!

师:这一次,它变成了一条鱼。

师:怎么样?让你失望了,别急,我还没有大胆想象呢!虽然它是生活中普通的鱼,可这时候天空中下起了鱼雨,怎么样,谁来评价我这一次的想象。

生:很神奇,天空竟然会下鱼。

生:鱼只在水里,但是怎么会出现在天空,我从来没有看到过。

师:奇妙吧!这样的景象,现实中可没有,正如交流平台说的那样。

生:创造不存在的事物、创造不存在的景象。

师:看到这样新奇的景象,你感觉有趣吗?

生:有趣。

师:那你能比我想得更大胆吗?

生:能!

师:那就请大家,拿出指印变身卡,把你想到的事物或景物画出来,看谁想得更新奇。

【评课点评】

在本次关于统编版小学语文三年级下册五单元"交流平台"与"初试身手"的教学中,课堂中展现出了诸多亮点。在"交流平台"环节,教师能够有效地引导学生回顾本单元课文中奇妙想象的运用,通过创意手指画,帮助学生梳理和总结想象的特点及表达效果,使学生对想象的认知更加清晰、系统。学生积极参与讨论,思维活跃度高,充分体现了"交流平台"的互动性和启发性。而在"初试身手"部分,教学安排富有创意。教师通过设置多样化的情境和任务,激发了学生展开想象的热情。学生在尝试创作的过程中,想象力得到了充分的释放和锻炼,无论是口头表达还是初步的文字创作,都展现出了一定的创意和个性。

教师在整个教学过程中,能够给予学生充分的鼓励和指导,及时反馈学生的表现,让学生在积极的氛围中大胆尝试。同时,教学环节的衔接自然流畅,从知识的回顾到实践的应用,过渡合理,符合学生的认知规律。然而,也有一些可以进一步优化的地方。例如,在学生展示作品时,可以给予更多时间让其他学生进行评价和互动,以促进学生之间的相互学习和提高。此外,对于想象的引导可以更加深入,挖掘更多的角度和可能性,进一步拓展学生的思维边界。

总体而言,本次教学在促进学生对想象的理解和运用方面取得了较好的效果,为学生后续的学习奠定了良好的基础。

# 身边那些有特点的人
## ——三年级下册六单元习作

重庆市南岸区教师进修学院附属小学校 赵霖

【教材分析】

(一)立足习作体系,梳理写作已知点

三年级习作以训练学生"观察"为主,也教会学生写人、写事、写物的基本方法。

关于写人的作文,学生已在三级年上册一单元习作"猜猜他是谁"中,初试身手,掌握了抓住印象深刻的某方面,写一段表现人物特点的话。到三级年下册六单元时,学生已通过一系列训练,初步学会了调动感官,观察生活中的人和物;还能通过描写人物的动作、语言等写清楚事情经过。

| 册序及单元 | 作文类别 | 题目及要求 |
| --- | --- | --- |
| 三年级上册一单元 | 写人 | "猜猜他是谁"要求:从同学的长相、爱好、品质等方面选择一两点印象深刻的地方,用几句话或一段话写一写 |
| 三年级上册三单元 | 童话故事 | "我来编童话"要求:选择词语创编故事。写清故事发生的时间、地点,以及故事里的角色做了什么 |
| 三年级上册其余单元 | 写事、景、物和想法 | "续写故事""那次玩得真高兴""我们眼中的缤纷世界""这儿真美""我有一个想法" |
| 三年级下册二单元 | 看图写文 | "看图画,写作文"要求:写清楚图画上人物的动作和语言 |
| 三年级下册其余单元 | 写动植物、实验、故事 | "我的植物朋友""我做了一项小实验""奇妙的想象""国宝大熊猫""这样想象真有趣" |

(二)立足单元整体,梳理读写结合点

本单元围绕"多彩童年"这一主题,编排了《童年的水墨画》《剃头大师》《肥皂泡》《我不能失信》四篇课文。单元语文要素是"运用多种方法理解难懂的句子"。习

199

作要求是"写一个身边的人,尝试写出他的特点"。此次习作相对独立,并未依附阅读单元,但《剃头大师》里先写小沙行为,再通过具体事例突出小沙胆小的特点这一方法与习作教材给出的方法基本一致。

(三)立足教材内容,梳理写作生长点

教材内容涉及四个方面:第一,在气球图上呈现了一系列表现人物特点的词语,这些词语不仅活泼俏皮,还鲜明地揭示了人物的特点。接着,让学生围绕词语,说说联想到谁,为什么;还能想到哪些人,还可用哪些词形容。第二,设计了两个泡泡,第一个泡泡提示学生可以通过一件事来表现人物的特点,第二个泡泡提示学生可以通过人物的一系列行为来体现人物特点。第三,习作完成后,用上表现人物特点的词语给习作取个合适的题目。第四,建议学生将写好的习作"给你写的那个人看看",并听取他的评价,看是否准确地把握住了人物特点。

结合习作体系和单元整体,我们发现,教材有两点新知:一是用有意思的词归纳身边人的特点;二是可以通过"日常行为+具体事例"的方法写出人物特点。

【学情分析】

(一)知识起点

1.通过梳理教材得知学生的应有起点。本次习作主题为"身边那些有特点的人",学生已经在三年级上册一单元学习过"猜猜他是谁",能"写几句话或一段话介绍自己的同学",但只是抓住某一方面写一段话。

2.通过前测分析得知学生的真实起点。通过对同年级另外班级的学生进行纸笔前测(写人物卡)、面对面访谈,我们发现学生本次习作有一定难度。其一,无法从众多身边人中敏锐地捕捉某个人的突出特点,约占参与测验人数的45%;其二,通过具体事例或人物的系列行为来体现这个特点,约占38%的学生无法列举出与特点相对应的日常表现或事例。分析得知,这些目标的达成需要经过复杂的思维过程,因此在教学中应重视学生思维方式的引导和思维能力的培养。

(二)生长点

围绕前测和访谈中出现的问题,根据教材编排的特点,我们拟定了以下两个生长点:一是学会围绕人物特点写出系列日常表现;二是在日常表现的基础上选择具体事例突出人物特点。

(三)突破点

一是结合《剃头大师》中第一自然段和"语文园地"中的"词句段训练",借助"词语开花"的思维工具,打开习作思维,引导学生学会写出特点,即通过"一系列表现"来说明人物一个特点;二是运用微课和例文支架。微课打破教师角色引领,以儿童的口吻展开,例文选择贴近学生生活,引导学生学会选择"一系列"中的某件印象深刻的事写下来,使人物的特点更加突出。

【学习目标】

1.能找出身边人的特别之处,用一个词归纳其特点。

2.能通过词语开花的方式写出人物这一特点的平时表现,再选择突出人物特点的事例写下来。

3.能给习作取一个体现人物特点的题目,并乐于与他人分享。

【学习评价】

用学习单、评价量表对习作的有效性进行评价。

【学习活动】

## 活动一:猜一猜

出示三年级上册语文教材 P10 习作"猜猜他是谁",老师给出表示人物特点的词语,与学生一起玩游戏"猜猜他是谁"。

揭晓答案,揭示课题。

**设计意图:**

设计学生熟悉的游戏"猜猜他是谁",意在回顾三年级上册第一次写人的经验,在游戏情境中感受人物特点的表现。这样,既活跃了上课气氛,又在游戏中唤醒记忆,关联身边人的特点。

## 活动二：想一想，说一说

**(一)由词想到人**

(PPT出示教材中的气球图)看到这些词？哪个词让你想到了身边的谁？为什么会想到他？同桌交流。

**(二)拓词**

除了这些，你还想到了哪些表示人物特点的词？

**(三)引入情境**

这每个词的背后都是一个个有特点的人哟，那我们今天就来举办一场人物分享会吧——他的特点我来说。

**(四)学生选材**

你想分享谁？他有什么特点？从哪些方面可以看出他的这个特点？

**设计意图：**

引导学生通过一个词想到身边的一个人，继而顺势启发学生拓词，在学生兴趣盎然之际，引入"人物分享会"的情境，进而激发写作动机。然后在情境中实现学生从"由词想到人"到"由人想到词"的双向思维，从而帮助学生确定最想写的人。

## 活动三：写一写

**(一)词语开花，梳理素材**

1.出示《剃头大师》中的小沙特点范例，引导学生思考选定的人物表现。

2.学生完成学习单。

3.评讲学生学习单。

**(二)第一次习作，日常表现写出特点**

1.出示范例《剃头大师》第一段学习写日常表现。

2.学生仿写，体现人物特点。

3.展示分享。

**(三)第二次习作，具体事例突出特点**

1.出示例文，学生发现、交流、建构突出人物特点的方法。

2.借助微课，梳理突出人物特点的方法。

3.明确写作要求,引导学生把印象深刻的事情写下来,让人物特点更突出。

4.学生第二次写作。

**设计意图:**

立足单元整体,勾连课文,运用《剃头大师》中小沙"胆小"这一特点,进行词语开花,帮助学生梳理人物在这一特点上的平时表现。通过交流反馈,让学生进行求异思维,去发现与人物特点相关的多方面表现。而后进行第一次写作,将人物的平时表现写成一段话。然后通过例文,让学生通过自主发现,建构出要想突出人物特点,还需举出具体事例。最后,通过微课中学习小伙伴的话,还原"用具体事例突出人物特点"的思维过程,唤醒记忆,运用旧知,写出表现人物特点的事例。同时,为进一步激发学生写作的兴趣,实现教学评一致的目标,本课采用动态评价的方式,让学生在每一个思维发展处都得"小红花"。

## 活动四:秀一秀

1.展示分享。

2.出示《"热心肠"爸爸》范例。

3.学生想题目,分享。

4.总结提升。

每一个人都与众不同,每一个人都绽放出自己独特的色彩,这个世界才会如此缤纷。

**设计意图:**

为落实立德树人根本任务,教学中,始终采用人文与工具双线并进的小结。课尾拓展延伸处,总结了写人可采用"平时表现+具体事例"的写作支架,还揭示了写有特点人的意义在于去观察、去发现身边每个人的与众不同,做一个绽放精彩的、与众不同的自己。

【板书设计】

# 身边那些有特点的人

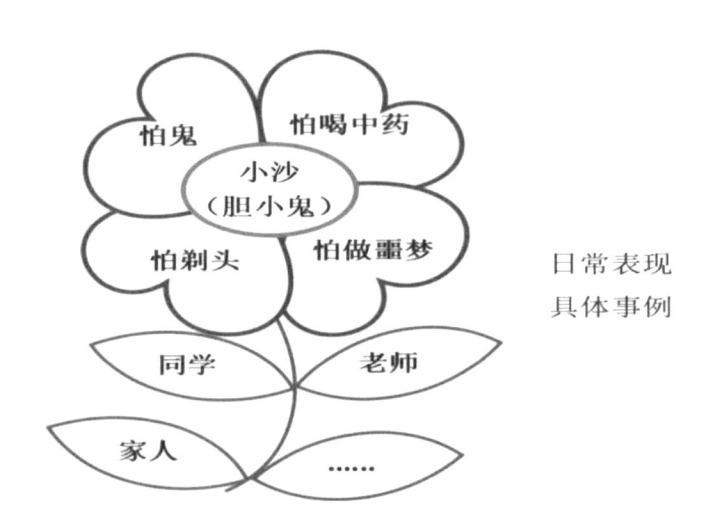

```
        怕鬼    怕喝中药
           小沙
          （胆小鬼）
        怕剃头  怕做噩梦
                          日常表现
                          具体事例
         同学    老师
       家人      ……
```

【学习工具】

学生准备:"猜猜他是谁"习作。

教师准备:多媒体课件、黑板贴、学习单。

【课堂实录精彩片段】

师:同学们,我们的生活中有着形形色色的人,他们相貌不同,性格不同,生活习惯也不同。这节课,就让我们踏上发现之旅,去寻找身边那些有特点的人。看,老师给大家带来了一组词语。(出示词语:小书虫、昆虫迷、小问号、幽默王子)自由地读一读,看看你能发现什么。

生:上面这几个词语都是根据人物特点起的绰号。

师:有没有哪个绰号让你想起了谁？为什么呢？

(学生联系生活回答,教师随机点拨)

师:你们在读这些绰号的时候,有没有想到什么别的绰号？

生:大胃王、戏迷、购物狂。

师:其实,每个人都是有特点的,每个特点背后都有故事。那我们今天就来举办一场人物分享会吧——他的特点我来说。

师:你想分享谁?他有什么特点?从哪些方面可以看出他的这个特点?

生1:看见"智多星",我想起了我的姐姐。暑假里,当我遇到不会做的题目时,我就会问姐姐,每次她都能对答如流。

生2:"花迷",这不是在说我的爷爷吗?他家里养了各种各样的花。最不可思议的是,他在家里收藏了各种各样种花的书籍,一有时间就会拿出来看。

师:看来,我们身边有特点的人还真多,故事也很多。

【评课点评】

课堂上老师注重打开学生思维,不局限于书中的词语,同时引入"人物分享会"的情境,进而激发学生的写作动机。然后在情境中实现学生从"由词想到人"到"由人想到词"的双向思维,更加帮助学生确定最想写的人和最突出的特点。

# 身边那些有特点的人
## ——三年级下册六单元习作

重庆市南岸区珊瑚鲁能小学校　陈虹宇

**【教材分析】**

"身边那些有特点的人"是统编版三年级下册六单元的习作,本单元习作要求学生写身边一个有特点的人。

统编版教材作文的教学目标,是按照年级目标分层落实的。统编版二年级下册教材就已经试着"根据提示写自己的一个好朋友",三年级上册安排"猜猜他是谁"的习作,引导学生通过外貌、兴趣爱好、性格特点等介绍人物的特点,而三年级下册再次安排写人作文,则是在学生原有的基础上提出了更高的习作要求,要求学生学会通过一件事情或者一系列行为来表现人物特点。

教材的第一部分内容是解决"写什么内容"的问题,呈现了一系列表现人物特点的词语,这些词语不仅活泼俏皮,而且鲜明地揭示人物的特点。有表现人物性格的,例如幽默王子、乐天派;有表现人物品质的,例如热心肠、智多星;还有表现人物兴趣和爱好的,例如故事大王、小书虫、运动健将、昆虫迷。这些词语有新鲜感,富有生活气息,给学生提供了很好的范例,并很容易发散学生的思维,让学生联想到写作素材。

教材的第二部分内容是解决"怎么写"的问题。教材设计了两个泡泡,以"小贴士"的形式,明确地呈现写作要求。第一个泡泡提示学生可以通过一件事来表现人物的特点,第二个泡泡提示学生可以通过人物的一系列的行为来写这个人。习作完成后,教材还要求用上表现人物特点的词语,给习作取个合适的题目,并提供了具体的范例。

教材的第三部分内容是解决"如何评价"的问题。该部分提出了评价的建议,建议学生将写好的习作"给你写的那个人看看",并听取他的评价,看是否准确地把握住人物的特点,体会分享的快乐。

【学习目标】

1.留心观察身边的人的特点,尝试用一件事或一系列的日常表现突出人物特点。

2.模仿范例,抓住描写人物特点的词,能给习作取一个题目。

3.通过读一读、评一评、问一问、改一改等方式修改、完善习作,并与他人分享习作,感受习作的乐趣。

【学习评价】

用学习单、评价量表对习作的有效性进行评价。

【学习活动】

## 活动一:链接旧知,导入新课

(一)从学情出发,链接旧知,明确此次习作要求

这节课不写多个特点,只聚焦一个特点,不仅可以写同学,还可以写身边的其他人。

(二)聚焦人物最突出的特点,送雅号

1.采访《猜猜他是谁》的小作者,聚焦人物突出特点。

2.采访其他同学,交流想写的人物及其突出特点,教师送雅号。

3.出示书本插图,启发学生拟雅号。

4.学生完成学习单,明确要写的人、人物特点和雅号。

**设计意图:**

1.留心观察身边的人,确定自己想写的人物,并确定他最突出的人物特点;2.能根据人物突出的特点取雅号。

## 活动二:建构方法,启发思路

(一)学习通过一系列日常表现来体现人物特点的方法

1.出示3篇"猜猜他是谁"的习作片段,请小作者读文本。

2.学生交流:他们三个人是怎么写出小伙伴的特点的呢?

3.教师圈画、梳理,引导学生发现小作者是从不同方面的日常表现写出的人物特点,但都只写了一两处日常表现,今天我们只写一个特点,怎样写得更清楚呢?

4.教师小结方法:把观察到的多个方面的日常表现汇集起来,就更清楚了。

(二)学习通过一件事来表现人物特点的方法

1.教师读学生习作片段,边读边追问不清楚的地方。

2.引导学生追问,启发将事情写得更清楚。

3.教师小结方法:我们按照一定的顺序,把事情的开始怎么发生的,接着干了什么,最后怎么样写出来,就能把事情写得更清楚。

**设计意图:**

1. 学生能发现3篇习作片段从不同角度来展现人物特点;2. 遇到读不懂的地方,能及时追问,借助同学的追问,小作者能通过回忆细节,将事情写得更清楚;3. 知道按照一定的顺序用一件事或多个方面的日常表现将人物特点写得更清楚。

## 活动三:出示要求,练写片段

(一)课件出示习作要求,学生练习写作。

习作要求:

想一想:用方法一还是方法二突出人物的特点,并在方法后面打"√"。

写一写:用上这样的方法写出人物特点,尽量做到表现多样或事情清楚;尽量10分钟完成。

(二)教师巡视,进行指导。

**设计意图:**

尝试按照一定的顺序用一件事或多个方面的日常表现将人物特点写得更清楚。

## 活动四：同伴互改，全班展评

同伴互评：读一读、评一评、问一问、改一改。

教师选取学生习作片段，全班展评。

出示课后任务，课堂小结。

我们在原来的基础上有了进步，学会了抓住人物的一个特点，从日常表现的多个方面或者一件事情把他的特点写清楚，以后我们还会继续学习写人的方法去写不同的人。

**设计意图：**

通过读一读、评一评、问一问、改一改等方式修改、完善习作，并与他人分享习作，感受习作的乐趣。

【板书设计】

猜：外貌、性格、品质、爱好

身边那些有特点的人

方法一　　　　　方法二

点点滴滴的日常表现　　一件印象深刻的事

多个方面　　　　　一开始……接着……最后……

【学习工具】

学生准备："猜猜他是谁"习作。

教师准备：多媒体课件、黑板贴、学习单。

【课堂实录精彩片段】

学习通过一系列日常表现来体现人物特点的方法。

师：同学们，来看看这是以前班上同学写的《猜猜他是谁》的片段，请一个同学来读一读，边听边想，作者是怎样写出小伙伴特点的呢？

生1：他特别喜欢体育运动。他经常在阳光灿烂的操场上奔跑，身材瘦长，姿态轻盈。他喜欢踢足球,每次比赛都拼尽全力,即使满头大汗也毫不在意。他的朋友们都称赞他,说他是班里最勇敢的球员。

师:这是写的谁呢?

生:小宋。

师:你怎么知道是他的?

生:因为他写的是喜欢体育运动、奔跑、身材、比赛、球员,都是小宋的特点。

师:原来这位作者是围绕小宋爱运动,写了他在运动上的表现,就把他爱运动写清楚了。我们可以写人物的日常表现,就能把特点写清楚了。

师:再请一个同学来读读另外一篇。

生:他是我的好朋友,我们经常一起玩耍、互相鼓励。有一次,我们在公园里玩耍时,我不小心摔倒了,他赶紧跑过来扶我起来,还安慰我不要哭。那一刻,我感受到了他的温暖和友情。

师:他是怎么写清楚的呢?

生:他是用一件事把特点写清楚的。

师:"猜猜他是谁"是写一个人的很多个特点,而今天我们只写一个特点,怎样写能更清楚呢?

师:再来看看这位小作者写的片段,我们看看怎样帮助他写清楚人物特点吧。

生:他的成绩虽然不是最好的,但他很努力。每次上课,他都认真听讲,积极回答问题。虽然他的答案有时候不正确,但他总是不放弃,一直努力学习。

师:人物的特点是什么?

生:学习很努力。

师:他把事情写清楚了吗?

生:没有。

师:哪些地方你有疑问的?

生:积极回答问题,回答的什么问题?

生:回答错误之后他的表现是怎样的?

生:老师提出的什么问题,他没有争取回答?

师:我们按照一定的顺序,把事情的开始怎么发生的,接着干了什么,最后怎样写出来,就能把事情写得更清楚。那同学们带着这些问题,把你想到的内容用增加符号,增加到学习单上吧。

**【评课点评】**

(一)课堂结构紧凑

习作教学要让学生在课堂中写起来,在课堂中就能完成习作,这是一种挑战,也是一种突破。这堂课将导、写、评、改有机融合,交替进行,从学生实际出发,一步步向前推进,课堂是立体的。几个教学环节,环环相扣。

其一,问:看到哪个雅号,让你想到了生活中的什么人?再说说为什么。

其二,引导学生跳出书中雅号,拓展到别的雅号、人、事。这既是导,也是联系学生学情的一种练。

其三,关注两个气泡框,引导学生了解两种写作方法,这又是"导"。激活实践,读写结合,联系以前写过的《猜猜他是谁》,唤醒学生已有知识储备。在对话中练,对话也是导;在评价中导,评价也是练。

(二)尊重学生主体

纵观整节课教学,没有直接把方法告诉学生,也不是简单地让学生读、记有关方法的知识,而是尊重学生主体,引导学生在语文实践活动中慢慢自悟、自得。

其一,让学生自由读读雅号,思考从中发现了什么。

其二,通过两个气泡框理解两种方法时,让学生自主选择运用。

其三,初步导入之后,学生先自主写作,再共同讨论,集体批改一篇现场作文。

学生的情感表达能力直接关系到作文的个性化发展,要尊重学生的起点。教师应发挥集体功能,让学生共同讨论,完成要点,集思广益,活跃思维,之后再独立修改,把集体改的习作再拿出来展示,学生作文素养的提高落实到了练习的实践中,贯穿整个教学过程。教师将学生作为作文的主体,尊重他们,把提高全班每个学生的作文素养放在最主要的位置。学生自主精神体现得好,写出来的习作也很令人欣喜。

# 身边那些有特点的人
## ——三年级下册六单元习作

重庆市南岸区南坪实验外国语小学校　沈佳星

**【教材分析】**

本单元的人文主题是"多彩童年"。围绕这一主题,编排了《童年的水墨画》《剃头大师》《肥皂泡》《我不能失信》四篇课文。四篇课文从不同角度,呈现了不同的儿童生活,展现了童年生活的纯真和美好。本单元的表达要素是:"写一个身边的人,尝试写出他的特点。"此要素旨在通过具体事例和多种行为尝试写出一个人的特点来。研读教材,我们发现课文《我不能失信》选取了宋庆龄小时候为了遵守教小珍叠花篮的承诺而拒绝去伯伯家这个事例,写出了她诚实守信的特点;《剃头大师》则通过描写小沙的具体事例和多种行为表现,让我们感受到小沙胆小的特点,意在引导学生在理解课文内容的基础上感受什么是有特点的人。

本单元的习作要求是"写一个身边的人,尝试写出他的特点"。

教材所呈现的内容包括四个部分:一是列举一系列有着鲜明人物特点的词语,有的表现人物性格,有的表现人物品质,还有的表现人物兴趣爱好;二是设计了两个泡泡,提示学生可以通过一件事表现人物特点,还可以通过多种行为体现人物特点,帮助学生拓宽表达思路;三是要求选一个人来写,写完后取个题目;四是建议将写好的习作分享给写的那个人,并听听他的评价。

梳理发现,从二年级开始教材就对学生进行了一定的"写人"训练,二年级下册二单元写话,要求能根据提示(他是谁?长什么样子?你们经常一起做什么?),照表格中的样子写自己的一个好朋友;三年级上册一单元的习作起步之旅"猜猜我是谁",尝试用几句话或一段话,写一写同学一两点印象深刻的地方;三年级上册三单元习作中,学生还试过给故事加一个题目。由此可见,无论是写身边有特点的人,还是给习作加一个题目,学生都是有基础的。

这次写话不仅要写身边有特点的人,还要用一个事例或者多种行为把特点写清楚,再根据人物特点取个题目,使学生的习作能力有一定的进阶。如何把人物的特点写清楚,是学生学习的难点。

| 年级单元 | 习作主题 | 掌握能力点 | 指导关键点 |
| --- | --- | --- | --- |
| 三年级上册一单元 | 猜猜他是谁 | 1. 能选择一两点特别的地方,写几句话或一段话介绍自己的同学<br>2. 能注意写一段话时开头空两格 | 用几句话或一段话介绍他人的特点 |
| 三年级下册六单元 | 身边那些有特点的人 | 1. 写出身边人的特点,通过事例表现人物的特点<br>2. 能给习作取一个表现人物特点的题目 | 通过事例表现人物的特点 |
| 四年级上册二单元 | 我家的"动物园" | 1. 能抓住家人与动物的相似之处,写出家人的特点<br>2. 能主动与同学和家人分享习作,修改不通顺的语句,体验表达的乐意 | 写一个人,把印象最深的特点写下来 |
| 四年级下册七单元 | 我的"自画像" | 1. 能从外貌、主要性格、最大的爱好和特长等方面写出自己的特点,并能用具体的事例说明<br>2. 能主动与家人分享习作,再根据他们的建议修改习作 | 学习从多个方面写出人物特点,并能用具体的事例说明 |

【学习目标】

1. 尝试用一个事例或者多种行为写一个人,写出他的特点来。
2. 学习通过让人物动起来、会说话、有表情等方法写清楚人的特点。
3. 能取一个表现人物特点的题目,乐于与他人分享习作,感受表达的乐趣。

【学习评价】

1. 学生能根据课本中泡泡语的提示,了解到能用一个事例或者多种行为写一个人,并能写一个人的特点。

2. 学生能通过对微课中的范文支架的学习,利用让人物动起来、会说话、有表情等方法写清楚人的特点。

3. 学生能根据课本中出示的一些有特点的题目,取一个表现人物特点的题目。并乐于在小组中与他人分享习作片段,感受表达的乐趣。

【学习活动】

### 情境创设,发布编书征集令

课前谈话,通过老师给出的提示,猜一猜老师的雅号。打开学生思路,想一想身边哪些人有雅号,为什么取这个雅号。引导学生发现取的雅号和他的特点是有关系的。

开启编书之旅《有趣的人物》,通过找一找、选一选、写一写、取一取的活动,让自己作品中那个有特点的人出现在这本书中。

**设计意图：**

通过猜教师雅号的活动,不仅拉近与学生的距离,还让学生感受到雅号和人物特点的关系;发布一个真实的任务——制作班级作文集,激发学生表达的兴趣,并通过几个活动的布置让学生知道本节课我们的目标是什么。

### 活动一：借助词语 找到人物

(一)揭示课题,借助教材气球中的词语,了解人物特点

抽生读词语,其他学生听词语进行思考：看到(词语)想到了(谁),因为(什么)。

(二)对词语进行归类

人物的特点是多方面的,有兴趣爱好方面的特点,也有性格、品质的特点等。

(三)打开思路,拓宽选材

你还能想到关于这个方面的哪些词语和哪些人？想好后在组内交流。

(四)抽生分享并验证

抽生分享想到了哪个人可以叫什么雅号？符不符合这个人的特点呢？采访同学是否认可,还可以采访当事人认可与否。

**设计意图：**

利用词语趣解,加深学生对给出词语的理解,激发兴趣。引导学生通过观察、

回忆、搜索等思维联想活动,将词语与身边的人进行匹配,逐步聚焦最有特点的人身上。

## 活动二:选择句式 练说人物

1.读读课本中的泡泡,思考它是怎么介绍人物特点的。用一个事例或者多种行为来表现特点时,让学生进行判断甄别,行为是否符合这个人的特点。

2.借助导学单,选择一种方式在组内练说有特点的人。

3.学生汇报分享,通过一个事例或者一系列的行为交流身边那个有特点的人。

4.思考如何把一个人的特点写清楚。播放微课学习把人物特点写清楚的方法。

**设计意图:**

引导学生学习书中的方法,了解可以用一个事例或者多种行为表现一个有特点的人,再让学生借助导学单上的语言支架选择一种方式进行交流,从而帮助学生有序表达。在学生叙述的过程中没有把人物的特点讲清楚,于是通过微课和范文搭建起方法支架,师生共建写清楚人物的方法,使学生零碎经验得以整合,"对症下药"解决学生的表达困难,提升表达效果。

## 活动三:写出特点 分享评价

1.选择一个事例或者多种行为的方法来写一个有特点的人。(8分钟)

2.出示评价卡,自评习作。

3.推荐习作,全班共评。

4.小结:选择通过一个事例或人物的多种行为表现写人物的特点,利用让人物会说话、动起来、有表情等方法写出人物的特点。

**设计意图:**

教师开发评价工具,引导学生比照评价要点进行自评和互评,让学生评价言之有物,更加精准。一方面检验学生学习效果,将所学知识和方法进一步巩固加强;另一方面发挥学生自主性,引导学生互相学习,共同进步。

## 活动四:趣取题目 精彩无限

1.回忆课文《剃头大师》中写小沙胆子小用了"一件事+行为表现"的方法,引导学生可以用这种方法去修改自己的习作。

2.简介《调皮的日子》及观察习作标题特点,引出有趣的题目。

3.趣味命题:尝试给自己的习作片段取一个表示人物特点的标题,并乐于分享。

**设计意图:**

课件出示例子让学生观察发现,引导学生可以取一个表示有人物特点的标题,并乐于分享。

【板书设计】

（板书内容：书本形状，左页写有"身边那些有特点的人 一件事 多种行为 会说话 动起来 有表情"，右页为"目录"）

【学习工具】

(一)学习单

习作《身边那些有特点的人》学习单

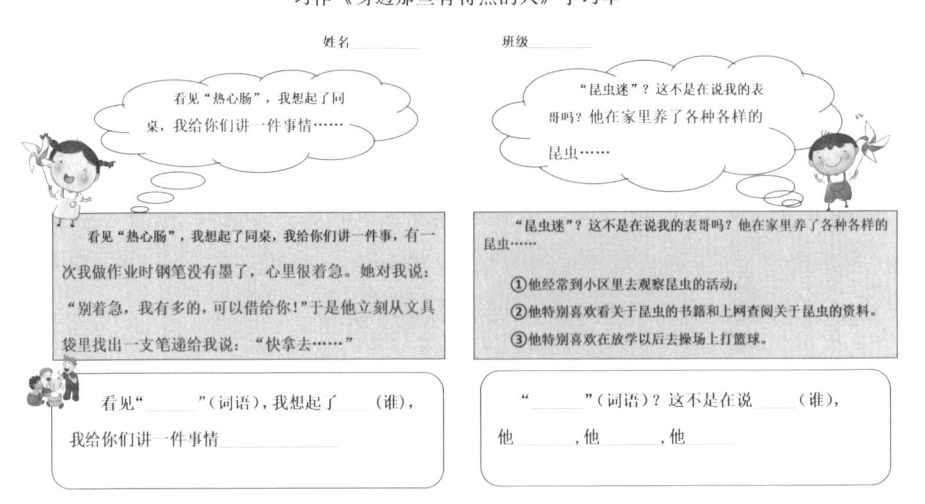

姓名＿＿＿＿ 班级＿＿＿＿

左侧思考泡：看见"热心肠",我想起了同桌,我给你们讲一件事情……

右侧思考泡："昆虫迷"？这不是在说我的表哥吗？他在家里养了各种各样的昆虫……

左侧示例：看见"热心肠",我想起了同桌,我给你们讲一件事,有一次我做作业时钢笔没有墨水,心里很着急。她对我说:"别着急,我有多的,可以借给你!"于是她立刻从文具袋里找出一支笔递给我说:"快拿去……"

右侧示例："昆虫迷"？这不是在说我的表哥吗？他在家里养了各种各样的昆虫……
①他经常到小区里去观察昆虫的活动;
②他特别喜欢看关于昆虫的书籍和上网查阅关于昆虫的资料。
③他特别喜欢在放学以后去操场上打篮球。

左侧填空：看见"＿＿＿＿"(词语),我想起了＿＿＿＿(谁),我给你们讲一件事情＿＿＿＿

右侧填空："＿＿＿＿"(词语)？这不是在说＿＿＿＿(谁),他＿＿＿＿,他＿＿＿＿,他＿＿＿＿

(二)评价卡

习作要求：回想身边那些有特点的人，选择一个人的一个特点写下来，时间10分钟。

评价卡 （做到了请在表格里面打"√"）

| 评价内容 | 写了 | 没有写 |
|---|---|---|
| 通过一个事例或者多种行为写出人物的特点 | | |
| 让人物动起来 | | |
| 让人物会说话 | | |
| 让人物有表情 | | |

【课堂实录精彩片段】

## 活动二：选择句式　练说人物

师：那怎么来说人物的特点呢？书中给了我们提示。我们来看看这两位同学都是怎样来介绍的。

播放音频:看见"热心肠",我想起了同桌,我给你们讲一件事情……

师:这位同学他打算怎么介绍他的特点?

生:通过写一件事情来写他的特点。

师:那通过这件事写了他什么特点?

生:他的热心肠。

师:你想到了关于"热心肠"的什么事?

生:主动给受伤的同学打饭。

生:放学的时候,下了很大的雨,主动提出和同学打一把伞回家。

生:给生病返校的同学补习落下的功课。

师:从第一个泡泡就发现了他是用一个事例来说他的一个特点。谁能从第二个泡泡发现什么呢?(出示教材中的泡泡语)

瞧,表哥是个昆虫迷,除了在家养各种各样的昆虫,他还会干什么呢?这是老师搜集的几条信息,哪些是昆虫迷会做的事情?

生:我觉得第一条和第二条是昆虫迷会做的事情。

师:第三条能不能证明表表哥喜欢昆虫呢?

生:不能。

师:所以我们不能写。

师:不管是一件事还是多种行为,都要表现这个人的特点。那接下来我们就运用泡泡教给我们的方法,选择一种方式在组内说一说身边那些有特点的人。

学生在小组内进行交流。

师:在巡视的过程中,我发现了很多有特点的人,我们一起来听一听这两位同学的分享。听一听他用的是哪一种方法写了谁的什么特点。

生:看见小书虫,我想起了我的同桌黄语汐。我给你们讲一件事情,下课了同学们都在楼道上玩耍,只有她坐在椅子上看课外书,连我叫她的名字,她都没有听见。

师:谁来说说他是用的什么方法写了谁的什么特点?

生:他写了一件事情表现同桌是一个小书虫。

师:你会讲,你会听,真棒!再请一位同学分享一下。

生:我选择的是用多种行为来写一个人:我的哥哥是一个足球迷。因为每到周末他都会看球赛;还经常和我聊起他喜欢的球队和球星;他在每个下午放学的时间都在小区足球场上踢球。

师:谢谢你的分享,听了两位同学的分享,我们发现真的可以用一个事例或者他的多种行为表现人物的特点,真的很不错。

请同学们如果觉得自己用一个事例或者多种行为表现出了人物的特点,在选一选的地方给自己打上一颗星。看到好多同学都给自己打上了星。恭喜大家离入选又进了一步。

不过老师有个小小建议,我觉得人物的特点还说得不够清楚,怎样把人物的特点说得更清楚? 看看其他同学是怎么做的。

(播放微课)

师:通过视频,你们知道怎样能把一个人的特点写清楚了吗?

生:我知道可以通过让人物动起来、会说话、有表情等方法写清楚人的特点。

师:现在就请同学们用上这样的方法写一写身边那个有特点的人吧。

**【评课点评】**

本堂课在教学设计与实施中,有这样几个亮点:一是动机导向,唤醒学生表达冲动。课前交流活动中通过猜教师雅号,不仅拉近与学生的距离,还让学生感受到雅号和人物特点的关系,接着发布一个真实的任务——制作班级作文集,激发学生表达的兴趣,并通过几个活动的布置让学生知道本节课我们的目标是什么。二是基于学情,找准学生的表达困难。选择一个事例或者多种行为表现一个人的特点不难,但是想要写清楚则是我们本节课的重点及难点,于是暴露学情,发现学生说不清楚时基于范围支架和方法支架,真实解决了学生的问题。三是在展评反馈、修改加工的活动中,前后贯通学习内容、表达要求与评价标准,通过内在的一致性,实现教学评一体化,呈现出的课堂效果就是"教得聚焦,学得清楚,练得有效"。

# 生活万花筒
## ——四年级上册五单元习作

重庆市南岸区珊瑚康恒小学校　李小涵

【教材分析】

本单元为习作单元,本单元的两个语文要素,指向同一项目标:把一件事写清楚。这是"写好一件事"的最基本要求。

(一)横向分析

围绕这一目标,本单元安排了《麻雀》《爬天都峰》两篇精读课文、"交流平台""初试身手"两个版块和《我家的杏熟了》《小木船》两篇习作例文。

精读课文,选择能充分体现该习作能力的典型文章,通过具体的语言文字让学生感受表达的特点,学习写作方法,即按一定顺序把事情写清楚,并且用上"看到的、听到的、想到的"和"怎么说、怎么想、怎么做"把重要部分写清楚。

"交流平台"则结合对精读课文的分析,帮助学生梳理、总结从课文中学到的习作方法。"初试身手"是让学生初步尝试用学到的习作方法进行表达练习。

习作例文为学生提供可资借鉴的习作范例,并且进一步让学生感受按照一定顺序写、围绕事情发展的重要部分表达的特点。

在单元习作中,引导学生运用学到的习作方法进行习作实践,培养完成单元习作所需要的习作能力。习作单元的全部内容都以习作能力的达成为目标,各部分紧密联系。

| 课文 | 读写结合点(1.顺序清楚;2.重要部分清楚) |
|---|---|
| 《麻雀》 | 重要顺序:事情发展顺序(起因、经过、结果) |
| | 重要部分:看到的,听到的,想到的 |
| 《爬天都峰》 | 重要顺序:爬山前,爬山时,爬上峰顶后 |
| | 重要部分:怎么想,怎么做,怎么说 |
| 《我家的杏熟了》 | 重要顺序:事情发展顺序(起因、经过、结果) |
| | 重要部分:根据需要选择方法 |
| 《小木船》 | 重要顺序:从友谊破裂到和好 |
| | 重要部分:详略得当,重点部分写详细,其他部分略写 |

(二)纵向分析

1.语文要素一:了解作者是怎样把事情写清楚的。

三年级下册三单元:了解课文是怎么围绕一个意思把一段话写清楚的。学生知道要写清楚需要围绕一个意思写。三年级下册第七单元:了解课文是从哪几个方面把事物写清楚的。初步了解把事物写清楚的方法。四年级上册四单元:了解故事的起因、经过、结果,学习把握文章的主要内容。虽然神话故事与生活中的真实事情有所不同,但他们在表达顺序和文章结构上有共性。

在阅读能力上,三年级下册的学生便能够说清楚作者是怎样围绕一个意思把一段话写清楚的;并且能够借助起因、经过、结果的顺序,把握文章的主要内容。本单元中了解作者是怎样把事情写清楚的,即是由一段到一篇,提高了阅读理解的难度,但四年级上册的学生有起因、经过、结果这样的理解支架。

2.语文要素二:写一件事,把事情写清楚。

| 册次 | 目标 |
|---|---|
| 三年级上册八单元:那次玩得真高兴 | 学写一件简单的事,把事情的过程相对完整地写下来 |
| 四年级上册五单元:生活万花筒 | 写一件印象深刻的事,能按照一定顺序把事情写清楚 |
| 四年级上册八单元:我的心儿怦怦跳 | 选一件感受强烈的事,写清楚事情的经过和当时的感受 |
| 四年级下册六单元:我学会了____ | 按学习顺序写学做事情的过程,写出困难或有趣的经历,把心理变化写下来 |
| 五年级下册一单元:那一刻,我长大了 | 写一件印象深刻的事,把经过写清楚,把感到长大的"那一刻"情形写具体,记录起初感受 |
| 五年级下册四单元:他____了 | 选择某人给自己留下的印象深刻的事,把经过写清楚。从多个角度把人物当时的表现写具体,反映出人物内心 |
| 六年级上册二单元:多彩的活动 | 写清楚活动过程,将重点部分写具体。运用点面结合的写作方法进行细节描写,写出活动中的体会 |

| 册次 | 目标 |
| --- | --- |
| 六年级上册四单元:笔尖流出的故事 | 围绕主要任务创编生活故事。情节完整,吸引人,试着写出故事发生的环境和人物的心理 |
| 六年级下册三单元:让真情自然流露 | 能选择合适的内容,把内容写具体。能真实自然的表达自己的情感 |

从上表可以发现,统编教材在习作能力的训练上是循序渐进的。要想把一件事写清楚,从三年级上册的写完整到三年级下册的把图片写清楚、把节日过程写清楚、把实验过程写清楚,再到本单元的把一件事情写清楚。学生的能力训练是慢慢渗透的,所以在本单元学生达到这个目标是不难的。

【学习目标】

基于以上教材分析,确定以下学习目标:

1.能借助表情图片和分类提示,通过交流,拓宽选材,选择一件印象深刻的事。

2.能借助表格,按照一定顺序,把事情讲完整;

3.能聚焦事情发展的重要部分,通过"看到的、听到的、想到的""怎么想、怎么说、怎么做"等补充,把重要部分写清楚。

【学习评价】

学习目标确定之后,我们可以从表现性评价和结果性评价两个方面来确定评估证据。如表现性证据:1.妙语连珠:课堂上,学生能够积极主动回答问题,说出作者是怎样把一件事写清楚的;2.思维导图:学生能通过学习习作单元的精读课文和习作例文,用思维导图的方式总结把一件事情写清楚的方法;3.视频:学生能够完成一个视频录制,将生活中印象深刻的一件事录下来,并分享班级圈,集赞。其他证据:1.单元习作:学生能够把一件事情写清楚;2.手抄报展览:习作+配图,展览在教室外墙。

【学习活动】

## 活动一:多角度唤醒记忆,确定写什么

开心的表情图片唤起开心回忆,惊恐的表情图片唤起惊恐回忆,学生分享。

出示其他六种表情图片,归类生活中印象深刻的事。

我们每天都有着不同的心情,这些波动的心情往往会伴随着印象深刻的事,这些事有的是我们亲身经历的,有的是我们听到的、看到的。想必,现在有很多事在你脑子里冒泡泡,请你打开学习单,写下题目吧。

写下题目并分享题目。

**设计意图:**

充分唤醒学生记忆,让学生有话可说。

## 活动二:按照一定的顺序把事情说完整

出示习作要求:选一件印象深刻的事,按一定顺序把事情的经过写清楚。

(板书:把一件事情写清楚)

孩子们,这么多精彩的事情,想听听到底怎么回事吗?我们先回忆一下,要把一件事情讲清楚,必须按顺序。本单元中的课文都是按什么顺序写的呢?

回顾本单元课文、例文的顺序。出示表格支架,学生借助表格,按顺序说一说自己的故事。

学生分享。(分享的学生不说顺序,倾听的孩子仔细听并能表述顺序)

总结:你看,如果你在讲这件事的时候,顺序清楚了,别人会听得更明白。

(板书:顺序清楚)

**设计意图:**

在正式写作之前,用说的方式,把整个事情说完整,是写清楚的第一步,同时减少了写作用时,为后面的重点段落写作做铺垫。

## 活动三:初写重要部分,对比自评

在你刚刚的讲述中,最重要的是哪个部分?

(一)写一写重要部分。

出示学习单:

一颗星:把事情的重要部分写完整了。

三颗星:把事情的重要部分写清楚了。

## (二)对比范文,发现方法

学生汇报自己的发现。(看到的、听到的、想到的,怎么想、怎么说、怎么做)

**设计意图:**

以学生的学情为本,了解写作起点,让学生自己通过对比发现自己的问题所在,并学习范文方法,建构方法。

## 活动四:微课指导,修改

出示微课。

学生修改习作。

## 活动五:分享习作,发现乐趣

同桌分享习作,推荐习作全班分享,交流修改的部分。

总结:同学们,我们运用了在前几课中学习的方法,按一定顺序,把事情讲完整了,同时通过把看到的、听到的、想到的等重要部分写清楚了。生活五彩缤纷,变幻莫测。愿孩子们,能爱上手中的笔,用它写下自己想写的文字,丰富你我他的生活。下课后,孩子们把习作的开头结尾写完整,把习作完善后分享给更多的人吧。

**设计意图:**

新课标提出,小学中段学生要乐于分享自己的习作,该设计也是回应目标中学生能够分享习作,发现乐趣。

【板书设计】

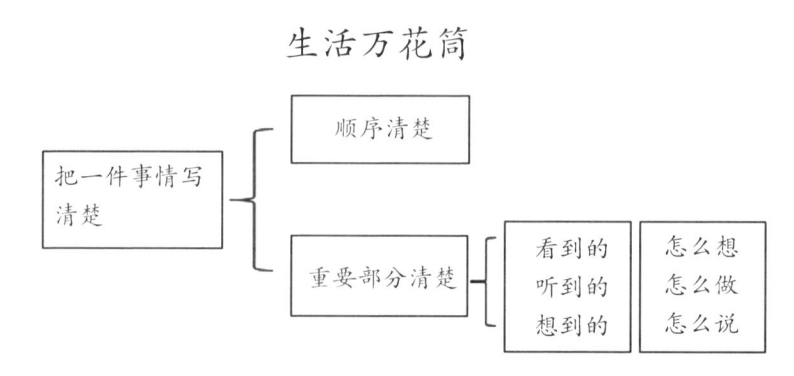

生活万花筒

把一件事情写清楚
- 顺序清楚
- 重要部分清楚
  - 看到的 听到的 想到的
  - 怎么想 怎么做 怎么说

【学习工具】
(一)学习单

《生活万花筒》学习单

1.题目：_____　　姓名：_____

2.写一写：请你回忆事情的重要部分，把它写下来，可以用上之前学习的方法哦。写的时候注意正确使用标点符号。

| | 内容 | 评定 |
|---|---|---|
| 把一件事情写清楚 | 写清楚了人物、事件 | ☆☆☆ |
| | 按一定的顺序写 | ☆☆☆ |
| | 能根据需要,借助看到的、听到的、想到的等方法,把经过写清楚 | ☆☆☆ |

**【课堂实录精彩片段】**

师:孩子们,这么多精彩的事情,想听听到底怎么回事吗? 我们先回忆一下,要把一件事情讲清楚,必须按顺序。本单元中的课文都是按什么顺序写的呢?

生:《麻雀》这篇课文是按照"起因、经过、结果"的顺序,《爬天都峰》是按照爬山前、爬山时、爬山后的顺序。

师:是的,一篇是事情发展顺序,一篇是时间顺序。除了这两种顺序之外,大家也可以按照你们的习惯,试试运用一定的顺序来讲一讲故事。在此之前,请大家看PPT上的表格,借助表格进行练习。

……

师:老师已经迫不及待想要听你们分享了。接下来,我会请几位孩子来讲故事,讲故事的孩子不要说你是用的什么顺序,其他听故事的孩子需要仔细听,然后说说你听出了什么顺序。请你来说说。

生1:我讲的故事是"大战蚊子"。有一天晚上,天气炎热,我躺在床上,正昏昏欲睡,辗转反侧。这时,忽然听到耳边"嗡……嗡"传来了蚊子的声音。哼,臭蚊子,今天我非消灭你不可。第一次,我打开灯,到处搜寻蚊子的踪迹,无果,只好继续关灯躺下,可是一躺下,嗡嗡的声音又来了,我开始了第二次打蚊子,这次我终于看见了它在哪里,我小心翼翼接近,伸出双手用力一拍,结果打开时又没有。气死我了。第三次,我去拿了电蚊拍,这次终于将蚊子消灭了。

师:故事讲得真精彩,你们听出他讲故事是有顺序的吗? 什么顺序?

生:事情发展顺序。

师:可以这么说,第一次、第二次是一种顺序词。

(接着又请了一位同学分享,一位同学理顺序)

师:你们看,如果你在讲这件事的时候,顺序清楚了,别人会听得更明白。

(二)评价表

【评课点评】

在这节课中，教师的思维清晰，目标明确，授课有支架，个人状态亲切真实且生动。本节课有以下几个优点：

1.愿意说就是内心的成长。老师向学生分享的事情，是老师成长过程中真实的窘事，拉近和学生的距离，让学生更愿意说。

2.充分唤醒。开课5分钟的唤醒比较充分，帮助学生打开思路，让学生愿意表达。

3.充分唤起写作欲望。写作是学生认识自我，认识世界，进行创造性表达的过程。在写作课中，让学生到了跃跃欲试的状态才开始写。怎样把习作面向人人？就可以用这种人人自评的方法。

但还需要注意以下几个方面：

1.由看或听到说，困难的部分应有转折。在看范例过渡到自己说的这一部分，应有转折点，不应该轻描淡写，应该多说两句。例不同的事情，叙述的顺序是不同的，你们的事情适合什么顺序呢？试着按照一定的顺序把这件事情说清楚，这次的要求是顺序，不用把过程说得非常具体。

2.建构"顺序"这个概念。在本节课中，"顺序"在脑子里有标签，本课关注到起因、经过、结果和××前、××中、××后两种顺序，忽略了学生在表达上的其他顺序，例如时间顺序。怎样在这个过程中去关注到人呢？借助抽选学生的回答。例如这位同学交代得很明白，看看你自己的，哪些同学也是这样的顺序，举个手……

3.进行更有针对性的点评。在学生分享自己的事情后，教师需要立即进行判断，分类，确定重点。不能随意点评，进行情绪回应：很有趣、听起来很不错……在对学生的回答进行初步处理后，点评要往目标带，在之后的活动中才能进行更有针对性的提问，才具有指导性。

4.课堂总结一定要双线，不仅要有人文主题，还要兼顾技术和方法。

# 安慰
## ——四年级上册六单元口语交际

重庆市南岸区珊瑚实验小学校  黄昊

**【教材分析】**

(一)单元解读

四年级上册六单元以"成长故事"为主题,编排了《牛和鹅》《一只窝囊的大老虎》《陀螺》三篇精读课文。这是本套教材继三年级下册六单元后,第二次安排与童年生活有关的主题。但本单元的童年是"缤纷的童年",这和低段"快乐的童年"不同,一系列课文的出现,意在让学生明白童年的多样性,童年生活是有笑也有泪的。而本次口语交际的主题"安慰",就与单元人文主题非常契合。

安慰在人际交往中十分重要,对培养学生社会适应能力有着重要的意义。教材在三年级口语交际中提示学生"多从别人的角度着想,这样别人更容易接受",这为本次口语交际中提出的"设身处地想他人的心情"奠定了基础。学生在此基础上能更好体察被安慰人的感受,站在对方的角度进行安慰,取得更好的安慰效果。

(二)关于表达要素的思考

本单元口语交际"安慰"属于功能性口语交际。功能性口语交际是口语交际的重要教学内容,处理好功能性口语交际的教学,对于提高学生的交际素养有十分重要的意义。从一年级上册到四年级上册,统编版语文教材中功能性口语交际出现过7次。从教材编排来看,这样的逐步进阶,适应了学生从个体到群体发展,交际从简单到复杂的真实需求。

功能性口语交际的教学策略包括:唤醒真实需求,点燃交际动机;灵活运用资源,创设交际语境;回归功能本位,引导交际应对。另外,在功能性口语交际的背后,还需要关注学生交际品质的培养。其中,交际思维是核心,交际情感是支点,交际品德是关键。

(三)学情分析

四年级是学生从个体性向群体性转变的重要时期,这个阶段学生的童年生活,不仅有欢乐,更有挫折和烦恼。大多数学生已有安慰他人的经历,初步知道怎么安慰他人,但还需培养学生有意识地安慰他人的意识,引导其对自己的安慰行为进行反思,进一步提升他们的交际能力。

本次口语交际,旨在教会学生正确面对童年生活中的烦恼,并且能够在别人不顺心时给予安慰,提升学生应对生活实际问题的交际能力。同时,安慰不仅是一种方法、一种需求,更是一种智慧、一种美德,我们都应该拥有释放善意的能力,这也是这节课的育人价值所在。当学生无法接纳自己的负面情绪,或者不能被安慰好时,我们还要教会学生,把烦恼交给时间,让时间去抚平和治愈内心的伤痛。

【学习目标】

1.通过关注具体情境和被安慰的对象,思考被安慰人需要得到怎样的帮助。

2.能选择肯定和鼓励、建议和帮助、讲类似事例等合适的方式进行安慰。

3.知道安慰是一种美德,能够用真诚去帮助需要安慰的人,并在得到安慰时心存感激。

【学习评价】

用心情指示牌对安慰的有效性进行评价。

【学习活动】

### 活动一:创设交际语境,激发安慰需求

以"一堂特别的公开课"引入,同桌倾诉感受并分享。

师生共情,学生尝试安慰老师。

揭示主题"安慰",板书课题。

**设计意图：**

开课五分钟,教师设计了三个层次的基于真实语境的开课唤醒,让学生的学习状态从"苏醒",到"清醒",再到"活跃"。从交流真实感受,到教师分享心声,再到共情安慰……用真诚打开了学生的心扉,也能激发课堂中学生口语交际的愿望和积极性。

## 活动二:进入课本情境,尝试有效安慰

(一)走进情境一

1.播放情境一音频。

2.学生了解事件,体会心情并尝试安慰。老师粘贴词卡"你可以……""你已经……"

(二)同桌合作交流情境二、情境三

合作要求：

1.从情境二、情境三中选择一个情境。

2.想想发生了什么事,被安慰人的心情怎么样?

3.尝试对他/她进行安慰。

(三)走进情境二

1.播放情境二音频。

2.学生自由安慰,老师表扬学生能借助语调进行安慰。

3.学生评价:刚才谁的安慰更能打动你?

(四)走进情境三

1.播放情境三音频。

2.学生自由安慰,老师评价。

3.播放微课,了解这块手表背后的故事。

4.老师引导学生关注事和人进行安慰。

5.老师引导学生举类似事例进行安慰。(粘贴词卡"我曾经……")

(五)老师小结。(板书:关注事 关注人)

**设计意图：**

从四年级学生生活中的真实需求和认知发展的现状出发,以课本中的三个场

景进行模拟安慰,这是老师对四年级学生已有安慰能力的一种前测。在师生共同建构安慰方法的过程中,柔化了安慰方式上的一些概念,让学生能比较轻松地在已有基础上掌握有效的安慰方法,再通过观看微课,引导学生在安慰时关注具体情境和被安慰的对象,选择合适的方式进行安慰,安慰就更加有效了。

## 活动三:回归真实情境,丰富安慰经验

和同桌倾诉不顺心的事。

(一)小组合作

合作要求

被安慰人:倾诉自己的烦心事,把事情讲清楚;

倾听安慰后,作出回应。

安慰的人:倾听被安慰人的经历;

选择合适的方法,轮流进行安慰。

温馨提示:控制音量,小声说话,不影响其他组的讨论。

(二)小组展示

1.老师采访被安慰者,共情说感受。

2.安慰的人轮流安慰被安慰人,台下的同学根据评价标准进行评价。

PPT出示评价标准:

| 安慰很有效 | 橙牌 | 充分考虑了事和人,选择了合适的安慰方式(你已经……你可以……我曾经……) |
| --- | --- | --- |
| 安慰效果一般 | 黄牌 | 考虑了事,但关注人不太够,选择了一些安慰方法 |
| 安慰效果不好 | 蓝牌 | 考虑了事,但完全没关注到人,选择了一些安慰的方法 |

3.学生举心情指示牌进行评价,老师相机引导借助恰当的肢体语言进行安慰。

4.引导安慰者与被安慰者交流互动,安慰者在得到安慰时心存感激。老师粘贴词牌:……

**设计意图:**

从课本中的场景,回到需要安慰的真实场景,增加学生安慰的真实感和对象感,被安慰人也会有真实的体验和反馈。引导学生在巩固"关注具体情境和被安慰的对象,选择合适安慰方式"这一方法的同时,将思维路径外显化。心情指示牌的运

用,让学生能用更显性的方式进行课堂评价。真实的交际、真实的评价,让学习在课堂上真实地发生。

## 活动四:关注安慰金句,感悟美德智慧

图片出示:春节全家团聚吃年夜饭的场景,感悟安慰的智慧。

师:能说出这些安慰话语的人,会是怎样的人?

引导学生做善良、乐观、豁达的人,竭尽所能地释放自己的善意,去抚慰他人的心灵。(板书:哭脸变笑脸)

**设计意图:**

关联真实生活中的具体场景,引导学生去发现安慰中蕴含的美德和智慧,教育学生做一个善良、乐观、豁达的人,学会关心他人,竭尽所能地去释放善意,帮助需要帮助的人。我们的语文课堂不仅是语言和思维发展的课堂,还是核心素养落地的课堂,更是铸魂培根、启智润心的"育人"课堂。

【板书设计】

```
              安 慰
   关注人              你已经……
         ♡           你可以……
   关注事              我曾经……
                       ……
```

【学习工具】

学生准备:预习四年级上册六单元课文,填写名为"我的心里话"的调查问卷。

教师准备:PPT、微课、信封(内装橙、黄、蓝3色心情指数卡)。

【课堂实录精彩片段】

小组合作交流5分钟后,老师抽一组上台展示。

师:你叫什么名字?

生1:我叫文蓝希。

师:你最近遇到了什么不顺心的事?

生1:开学时,老师把杂志发了下来。我把杂志拿回家放在了书桌上就去吃饭了。我吃完饭回到书房,竟然发现弟弟已经把我的杂志撕烂了。我当时特别生气,特别想揍他一顿,但是妈妈反而骂我,说我是姐姐,弟弟年纪小不懂事,叫我让着他点。

师:他是你的亲弟弟,长期生活在一起是不是?

生1:嗯。

师:他经常都这样影响你的学习或者生活吗?

生1:是的。

师:弟弟几岁了?

生1:两岁多。

师:弟弟确实比较小,难怪这么不懂事啊!蓝希,我能够理解你的心情,你心里肯定特别难受,而且这种难受不只是持续一天两天。接下来,我把时间交给你们组,请你们选择合适的方式,轮流对她进行安慰,被安慰的同学要认真倾听,及时做出回应哦!

生2:文蓝希,你已经是一个非常好的姐姐了,如果换作是我的话,我已经把我弟弟骂一顿了,而你却一直都没有骂。但是你的妈妈完全不理解你的心情,我觉得你可以把你的烦心事说出来,和你的妈妈说一下,让你的妈妈了解你当时的心情。

生1:谢谢,听到你的安慰,我的心情好多了。

生3:文蓝希,我曾经也有过类似的经历,只是让我伤心的不是人,而是我家的猫。有一次,它把我的作业本给撕坏了,害得我不得不把作业重写一遍。后来,我批评了它,心情就好一些了。我觉得你可以写封信,把事情的经过写清楚,放到你妈妈的床头,你妈妈应该会看的。

生1:好的,我会按你说的那么做。

生3:文蓝希,你可以把这件事告诉你的爸爸妈妈,让他们公平处理你和弟弟的矛盾。如果你还有些烦心的话,可以把烦心的事写在一张纸条上,带到班里分享给你的同学们。老师说过,说出来会好受一点。

生1:谢谢。

学生举心情指示牌。

师:你举的橙色牌子,是觉得他们的安慰特别有效对不对?

生4:对。

师:请说说理由。

生4:因为我觉得他们都说到了我的心坎里来了。我以前也有这种经历,就是我跟姐姐,然后……我也有被安慰到……(哽咽)。

师:孩子,别难过,老师抱抱你。其实,我们在讲自己曾经有过的类似经历的时候,实际上就是在分担他人的痛苦,大家看,她就被这样真诚的安慰所打动。举黄色心情指示牌的同学谁来说说?

生5:我觉得他们有一点说得不是很好,因为张逸萱在表扬文蓝希没有骂弟弟,但其实文蓝希说的是自己很想揍弟弟,但是被妈妈阻止了。

师:孩子,你很会倾听。通过认真倾听,你关注文蓝西这个人,关注到她讲述的自己的经历,然后发现这个地方可能安慰的内容不太恰当,是不是?

生5:是的。

师:那如果是你的话,你会怎么安慰文蓝希呢?请面对她,说出你的安慰。

生5:文蓝希,其实你会遇见很多的人,有那种比较调皮捣蛋的,也有那些比较善良的。你弟弟还小,不太懂事,你可以先原谅他,保持良好的姐弟关系会更好。

师:文蓝希,你觉得呢?

生1:谢谢你。

**【评课点评】**

这一篇口语交际案例,有几个方面值得我们学习。

第一个方面,临场情境的创设。教师在这节课上创设了"现场很多人在关注,我有一点害怕,请你安慰我"这样的一种情境,不仅真实感很强,而且带有情感的渗透,这样的情境创设得非常巧妙。学生在情境中,自然而然地产生了同情心。同情心对于安慰来说,它就是一种基础心态。

新课标颁布以后,我们一直在琢磨怎么创设情境。我们也看到,不少的课例为情境而情境。执教老师情境的创设非常自然,是可遇不可求的。

第二个方面,尊重教材,解读情境。教材提供的几个不同的安慰情境,大部分的教师上课时是撇开这些不管,直接让学生纯粹地进行安慰、隔空安慰,甚至于悬空安慰……这些都是对教材的理解不够导致的,也是一味地"求新求变""教学讲花样"导致的结果。执教老师尊重教材,对教材中创设的情境予以深入地解读,不但自己解读,还在执教中转化,让学生们理解。

第三个方面,给出话术。四年级学习口语交际,学生接触安慰,会不会呢?都会,因为这是生活中常态的话术。但真的会吗?从教学系统中、在课程视域下,他们要学会,必须在原有认知上升级。怎么升级呢?学会方法,得到话术。什么是话术?就是在安慰中,一些可以借鉴的语言。执教老师给出了三个:"你已经……""你可以……""我曾经……"它们都很生活化,也正是因为这种生活化,让话术的功能得到充分的发挥。执教老师很了解口语交际的教学要义,他不断强调,安慰是建立在倾听的基础上,然后才是讲述。你不倾听而纯粹地去安慰别人,那样是没有效果的。

第四个方面,了解新课程标准中将口语交际和习作合并,变成交流与表达。对交流与表达中的交际功能、语言在语境中的交互性信息传递,你中有我,我中有你的教学理念,教师有深刻的把握。因此,这节口语交际课,教得既科学又有效。

# 书信
## ——四年级上册七单元习作

重庆市南岸区珊瑚浦辉实验小学校 肖婧

【教材分析】

在《义务教育语文课程标准(2022年版)》中,第三版块课程目标第二学段"表达与交流"中有这样的表述:"乐于用口头、书面的方式与人交流沟通,愿意与他人分享,增强表达的自信心。"

在"发展型学习任务群"的"实用性阅读与交流"中明确提出:"阅读有关家庭生活、学校生活、社会生活的短文,学习用口头和书面的方式,客观地表述生活中的见闻片段。学习写留言条、请假条、短信息、简单书信等日常应用文,注意称谓和基本格式,文明礼貌地进行交流。引导学生在语文实践活动中,学习阅读说明、叙写大自然的短文,感受、欣赏大自然的奇妙与美好。学习用日记、观察手记等,展示自己观察自然、探索科学世界的收获。"

统编版小学四年级上册七单元习作训练"写信",是在二年级写留言条的基础上,继续学习写应用文。教材第一部分提供了一封简短的书信作为例文,并且以批注的方式提示了书信的基本格式。信中的内容是学生熟悉的生活,有真实的情境、真切的互动。批注具体地提示了书信中称呼、问候语、正文、祝福语、署名、日期的书写位置和规则,一目了然。第二部分启发学生联系实际积极思考,期望学生在自主讨论中总结出书写信封的注意事项。第三部分提出了写信、寄信的习作任务,体现了应用文写作以"实用"为导向的教学原则。教材为寄信这一实践活动提供了两种方式,其中,通过电子邮件发送书信体现了时代性。

书信曾经是人们和远方的亲人、朋友互通消息、交流感情的主要方式,在学习、工作、生活和社会交往中有着特殊的意义,现在仍然是重要的联络手段。书信不但讲述事情,互通信息,更注重交流思想,表达情感。

【学习目标】
1.懂得写信的实用意义在于愿意跟他人沟通,表达真情实感。
2.通过自主学习,发现书信基本格式,学会写书信,内容清楚,表达得体。
3.初步掌握信封的写法,了解寄信的途径。

【学习评价】
设置评价清单,学生互相判断书信格式是否正确,书信内容是否清楚,情感是否真实,再进行修改

【学习活动】

## 活动一:亲身经历唤起写信欲望

老师出示一封毕业生给自己写的信,请学生说一说老师的心情。

提问学生,一封信的好处,学生回答。

你们是否也有想写信的对象呢?说说看。

确实,书信具有和远方的亲人、朋友交流感情的作用,也表达了自己的快乐、思念等感情。

**设计意图:**

创设真实情境,唤起学生情感体验,激发学生认识写信包含特殊意义,激发学生写信的欲望。

## 活动二:观察范文,聚焦格式

同学们,你们发现了吗?书信和我们平常的文章在表达格式上有较大的不同。

二年级时我们学过留言条,让我们来看看它们两者有哪些相同和不同之处吧!

**留言条**

> 妈妈:
> 　　外婆打来电话说她做了我爱吃的红烧鱼,我就不在家吃午饭了。外婆还让我给你们带些好吃的,晚饭你可以少做点儿菜。
> 
> 　　　　　　　　　　　　　　　　　　　　　　　　　　　小新
> 　　　　　　　　　　　　　　　　　　　　　　　　　　　11月4日上午

学生通过观察后各抒己见。

教师小结。

**留言条与书信的格式对比**

| 相同点 | 不同点 |
| --- | --- |
| (1)开头都要顶格写称呼<br>(2)最后右下角先署名后写日期 | (1)书信称呼下面空两格写问候语<br>(2)书信正文之后写祝福语<br>(3)书信称呼前可加上"敬爱的""亲爱的"等表达情感的词语 |

**设计意图:**

通过回忆二年级留言条格式,唤起学生新旧知识的联结,增加学生学习新知的兴趣。

### 活动三:情境游戏,明确格式

设置一个火眼金睛的游戏,让学生辨别格式上的错误,用贴图的形式,让学生把写信的六要素贴在信的具体位置。妙招一:格式要正确。

**设计意图:**

通过问题设置,充分调动学生探究问题、解决问题的积极性,培养学生动脑、动手解决问题的能力,锻炼学生大胆展示自我的能力。这一环节使学生明确书信的正确格式,为后面的写作练习打好基础。

### 活动四:读范文,感受内容

再次出示范文,了解书信内容。妙招二:内容要清楚。

讨论书信内容,表达真情实感。妙招三:感情要真挚。

总结：我们在写信的时候就最近相关事件向对方简单告知。详细书写中心事件，遵守作文的写作方法，有总有分，有详有略。使用第二人称，描写要生动。表达一下对收信人的思念、尊敬或爱戴之情。

无论是写一件事，还是几件事，都要把事情的内容写清楚，写完一件事再写下一件，重要的事情可以多写几句。

**设计意图：**

本环节着重于解决如何把信的内容写清楚，分别从"写什么"和"怎么写"两个角度加以引导点拨。充分利用教材例文让学生明白如何将传递的信息写清楚，联系生活实际让学生明白如何借助具体事例将情感表达清楚。

## 活动五：明确要求，动笔写信

明确写信要求：1.格式要正确；2.内容要清楚；3.感情要真挚。

学生独立习作。

**设计意图：**

根据习作要求，进行习作训练，提高学生的写作能力。

## 活动六：修改习作，分享互评

(一)自我修改

俗话说：文章不厌百回改。好文章是改出来的。请大家拿出习作，自我修改。

温馨提示：

1.书写端正，语句通顺。

2.标点符号无误，无错别字。

3.书信格式正确。

教师巡视，指导。

(二)分享互评

与自己的好朋友分享、四人小组互评。

(三)再次修改自己的书信。

(四)佳作分享,请学生展示自己的书信。

**设计意图:**

根据习作要求,进行习作训练,提高学生的写作能力。通过互评的评价方式再次巩固学生对于写信的基本格式和内容的掌握。引导学生学习优秀作品,帮助学生扩大阅读面,同时在赏析活动中,提高学生的阅读能力、鉴赏能力。

## 活动七:学写信封,明确格式

现在我们清楚了,要写好一封信,首先要有正确的格式。然后可以分几个自然段把正文内容写清楚。信写完了要寄出去,寄信需要信封,老师这儿有一个信封样式,我们来看一看信封上的内容是由几个部分组成的。

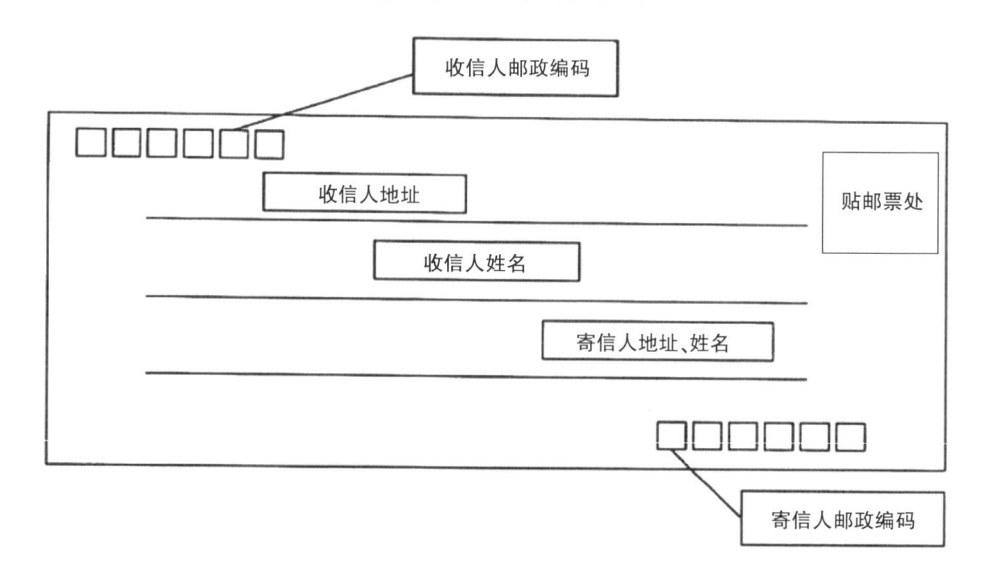

学生观察,了解信封的特点——上下各六个格子,中间三条线。右上角一个大方框。

教师小结:信封上的内容由五个部分组成,收信人邮政编码、收信人地址、收信人姓名、寄信人地址、姓名和寄信人邮政编码。

写信封时,第二和第三行要写清收信人的地址和姓名,第四行写寄信人的地址和姓名。信封第一行左上角和最后一行右下角的这几个方框,分别用来填写收信人和寄信人所在地的邮政编码。邮政部门给全国每个县市都编制了一个六位数的数字代号,方便分解,使信件能更快、更准确地投递。你可以在网上或邮政局查到你需要的邮政编码,如果信封上不写邮政编码,就会造成投递不便,信件可能无法及时到达收信人的手中。

学生将来信的信封取出,再次观察地址的写法并说说观察发现。

教师小结:地址要写详细,顺序是省、市、区、街道、门牌号,缺一不可。

学生将自己的地址、邮编和对方的地址、邮编写到正确的位置,将邮票贴好,鼓励学生放学后去邮局将信寄出。

同学们,通过今天的学习,我们知道了书信可以帮助我们传递消息、交流情感,它有特定的阅读对象和基本格式。写好一封信,信和信封的格式要正确,信中所写的内容也要表达清楚。这次的活动只是个开始,希望今后能和同学在不断的书信往来中,交流所见所闻、所思所想,更希望你们通过彼此间真诚的交流,成为知心朋友。

**设计意图:**

信写完后,再学习写信封,是水到渠成之举,更是语文教学应用于生活、服务于生活的体现。以学生自己写的信为例,请学生当小老师,"指挥"老师填写信封,激发了学生自主学习的热情。课后布置寄信的作业,学以致用,体现了"语文是一门实践性课程"这一理念,让学生在实践中学会技能。

【板书设计】

$$
\begin{array}{c}
写信\\
\\
感情要真挚\\
内容要清楚\\
格式要正确
\end{array}
$$

【学习工具】

书信评价表

| 学生姓名 | |
|---|---|
| 书信格式正确 | ☆ ☆ ☆ ☆ ☆ |
| 书信内容清楚 | ☆ ☆ ☆ ☆ ☆ |
| 书信语言得体 | ☆ ☆ ☆ ☆ ☆ |
| 书写规范,标点符号使用正确 | ☆ ☆ ☆ ☆ ☆ |

给_____的建议：




评价人_____


【课堂实录精彩片段】

师:请你们再读读这封信,结合批注想一想,写信除了内容要清楚,还要注意什么？(学生结合批注再读书信)

生1:我觉得称呼、问候语、祝福语、署名和日期也是很重要的。

师:这位同学说的都是书信的格式。我们在二年级学过留言条(出示二年级上册第55页的留言条),大家比较一下,书信和留言条的格式有什么相同和不同之处呢？

生1:书信和留言条都先要说写给谁。

师:开头要写称呼。

生2:它应该在信纸第一行顶格写,后面还要加个冒号。然后另起一行,空两格写问候语"你好"然后写正文,右下角署名,写上日期。

师:你很会观察。同学们,这里有个小朋友也写了一封信,请大家用上你们的火眼金睛来找找他的错误,并帮助他找到正确的位置。

(出示一篇范例,学生找不对的地方)

师(出示写有"称呼""正文""署名""日期"的词卡):请你把它们摆放到大稿纸

的正确位置上。(学生把词卡摆放到大稿纸的正确位置上)

师:请你把它们也摆到正确的位置上。(学生继续摆贴词卡)

师:(指着学生已经摆好的"祝福语"):请注意,"祝"要空两格,另起一行顶格写"身体健康"等祝福的话。这位同学摆得非常正确!

师:大家看大稿纸,这就是正确的书信格式。(板书:格式要正确)

【评课点评】

(一)创设真实的交际情境

书信的教学要激发学生的写作需求。创设真实的交际情境,可以使学生在真实任务的驱动下,确定收信对象和书信内容,积极主动地学习书信写作的相关知识,认真完成习作任务,从中获得真实体验和感受。教师以自己学生给自己写了一封信为契机,将情境引入语文学习,旨在提示语文学习不是将知识作为终点,而是借助知识,使学生形成核心素养,体现学生在真实的语言运用情境中反映出来的语言能力及品质。

(二)发挥教材教与学的功能

学生在二年级已经写过通知、留言条,对书信的基本格式已有一定的了解。本次习作是在此基础上,继续培养学生用应用文进行日常交流的能力。书信的应用性强,需要用简洁的语言传递信息,注重交际,不需要过多笔墨来描摹对象、抒发情感。教师要准确把握学生学写书信的起点和难点,充分发挥教材习作的导学功能。教学中,教师安排学生分步探究教材中的书信范例与批注,引导其逐步明白写信要做到格式正确、内容写清楚、语言有互动感等。以"读一读小杰写给叔叔的信,说一说信中写了哪些内容"为学习要求,让学生知道书信要做到"内容清楚",一段写一个意思。统编版教材的习作编排增强了活动性和指导性。通过范例、批注、泡泡语、图表、问题链等多种形式,指导学生学习并运用表达方法。

(三)"评价即学习"的全过程指导

"评价即学习"强调评价本身就是一种学习的过程,体现评价与教学的一体性,促进教、学、评的有机衔接。学生在教师创设的真实交际情境中,根据自己的表达需求选定写信对象和内容;借助教材范例,探究写信的要点(格式要正确、内容要清楚、情感要真挚),这是学生对写作知识的构建过程。学生初步完成书信后,教师组织学生以评价清单为抓手,进行有针对性的评改。习作评价清单使"评价即学习"成为可能,写信最终过渡到信封书写的学习,鼓励学生从书本走向生活,通过寄信实践提升学生社会能力,从而培养学生的核心素养。

# 写信
## ——四年级上册七单元习作
重庆市南岸区南坪实验小学校　杨子谊

【教材分析】

"写信"是统编教材小学语文四年级上册七单元的习作。本单元以"家国情怀"为主题,包含"关注主要人物和事件,学习把握文章的主要内容""学习写书信"两个语文要素。

统编版教材在编排上体现学生能力发展的螺旋上升序列。纵观多册教材,二年级上册四单元安排写话训练——学写留言条,学生第一次接触应用文习作训练,掌握了留言条的格式、内容、作用,初步感受了应用文的表达方式和实用性。三年级下册二单元"语文园地"又安排学写通知,学生第二次接触应用文习作训练,通过对比留言条和通知的格式、内容、作用,加深对应用文的理解,为学写信做铺垫。到本次习作,学生已经有感知应用文"实用"导向的能力,同时表达能力提升,但对于如何按正确格式写信和把书信内容写清楚有一定困难,这正是本课需要学生学习掌握的。六年级上册六单元和六年级下册六单元还分别安排了学写倡议书、策划书,应用文书写难度加深。所以本次学习也为第三学段"学写常见应用文"打下基础。在教学时,教师要关注学情,调动学生已有知识经验,结合学生生活实际,为学生搭建支架,让思维过程可视。

※素养导向下表达与交流理论主张与实践案例

| 单元<br>人文主题 | 语文要素 阅读要素 | 语文要素 习作要素和话题 | 习作表达的主要要求 |
|---|---|---|---|
| 二年级上册<br>四单元 |  | 写话<br>(学写留言条) | 先写留给谁,再写有什么事,最后写自己的名字和时间 |
| 三年级下册<br>二单元<br>寓言故事 | 读寓言故事,明白其中的道理。 | 把图画的内容写清楚<br>(看图画,写一写)<br>备注:《语文园地》写通知 | 自选题目,写一个想象故事。要大胆想象,创造自己的想象世界<br>备注:选择一种情况,注意格式,写一则通知 |
| 四年级上册<br>七单元<br>家国情怀 | 关注主要人物和事件,学习把握文章的主要内容 | 学习写书信<br>(写信) | 给自己的亲友或老师写一封信,通过邮局或者电子邮箱寄给对方 |
| 六年级上册六单元<br>保护环境 | 抓住关键句,把握文章主要的观点 | 学写倡议书<br>(写倡议书) | 借助教材的提示,通过事情写一个人,把事情写具体,表达出自己的情感 |
| 六年级下册六单元<br>综合性学习<br>难忘小学生活 |  | 学习整理资料的方法<br>策划简单的校园活动,学习策划书 | 为办好毕业联欢会,写策划书,或者写一封信,可以给老师或同学,给母校,还可以给自己 |

本单元中,精读课文《古诗三首》描写了将士征战沙场的勇气、坚守故土的决心,通过历史关键事件引导学生感受历史人物的爱国之情;《为中华之崛起而读书》讲述了周总理立志为中华之崛起而读书的缘由,要求学生抓住周总理经历的主要事件体会其忧国忧民之心。后面的略读课文《梅兰芳蓄须》《延安,我把你追寻》虽然体裁不同,但也同样贯穿了重点事例,学生通过自学,巩固关注主要人物及事件把握文章主要内容的方法。本次习作落实"学习写书信"这一要素,属于应用文训练,要求学生用正确的格式写一封信,做到内容清楚,同时将书信通过邮局寄给收信人或通过电子邮件发给对方,旨在让学生学会用书信与别人互通消息、交流情感。看似与前面内容关联较弱,其实包含了学生利用主要人与事写清楚书信内容的要求,体现出从阅读中习得方法到习作时应用方法的过程。

值得注意的是,书信作为实用文体之一,除关注内容外必须注意格式与实用性。教材第一部分,用简要的文字说明书信在生活中的作用,通过例文加批注的形式,让学生感知书信特点,明确书信格式要求。教材第二部分,前半句话提示学生寄信需要信封;后半句话引导学生联系生活实际思考,通过交流得出写信封的注意事项。教材第三部分突出应用文"实用"导向,提出写信、寄信的习作任务,并与时俱进,为寄信的实践活动提供通过邮局寄送和电子邮件发送两种方式。

【学习目标】

1.能用正确的格式写一封信,做到内容清楚。

2.能将书信通过邮局寄给收信人或通过电子邮件发给对方。

3.通过学习,对写信产生兴趣,愿意用写信的方式向对方传达消息,和对方交流情感。

【学习评价】

1.通过观察例文、对比纠错,借助导学单、语言支架等,学习把格式写正确、内容写清楚的方法,并用正确的格式写一封信,做到内容清楚。

2.通过相互修改、自己修改等方式,完善书信,并和同学分享。

3.学习信封、电子邮件写法,能将书信通过邮局寄给收信人或通过电子邮件发给对方。

4.通过学习,对写信产生兴趣,愿意用写信的方式向对方传达消息,和对方交流情感。

【学习活动】

第一课时

### 活动一:创设情境,认识书信

交流讨论,感知写信。

1.回到没有手机、微信、QQ的时代,人们多通过写信传递信息,直到今天,我们依然会用写信交流。

2.你给家人写过信吗？写给谁？写了什么内容？

(学生联系生活实际分享写信经历)

3.看来写信对于我们并不陌生,我们既可以写给在远方的亲人、朋友等,也可以写给在身边的父母、老师、同学等。写信可以传递消息,也可以交流想法、表达情感。

4.今天,我的好朋友丽丽想邀请你们参加"写信达人大赛",谁能闯过关卡成为"写信达人"呢?请进入第一关。

**设计意图:**

通过联系生活实际,引导学生感受书信传递信息、交流情感的作用,感受写信对象多,同时内容依据对象确定,可以分享趣事,可以诉说烦恼,可以表达感谢、爱意和歉意。通过情境创设,激发学生写信兴趣。

## 活动二:对比观察,掌握格式

关卡一——格式正确

(一)结合范例,学习格式

1.也许你和家人已经写过信了,但是格式一定正确吗?请大家看课本上的例文,记住一封信由哪些部分组成。

2.请看黑板上的这一封信,你能依次叫出各组成部分对应的名称吗?

(称呼、问候语、正文、祝福语、署名、日期)

3.这六部分缺一不可,例文又是如何做到每部分格式均正确的呢?看例文,你有要提醒同学注意的地方吗?用这样的方式说。

支架:请大家注意(  ),它应该(      )。

(老师引导学生观察各部分位置、空格、标点、尊称等)

(二)对照纠错,巩固所学

导学单上这封信写错格式了,你能当小老师用笔纠正它的错误吗?

(出示导学单一,学生找出所有错误并修改,展示,补充)

**设计意图:**

利用语言支架,引导学生从位置、空格、标点、尊称等角度,说出正确格式。再利用纠错的方式加深印象,巩固认识。

## 活动三:巧搭支架,习得方法

关卡二——内容清楚

结合例文,学写清楚。

1.只掌握格式并不能把信写好。请看例文中的正文部分,侄儿小杰写了什么?你读懂了吗?

(学生思考汇报)

2.你们读懂了,是因为小杰把内容写清楚了。小杰是怎样把内容写清楚的?请你在课本上勾画出关键词句,和同桌讨论,合作完成导学单,班级里分享。(出示导学单二)

方法:

(1)按(时间)顺序写;(板贴"按顺序写")

(2)详略得当,详写(你最想让对方知道)的事;(板贴"详略得当")

(3)写出(心情)。(板贴"写出心情")

3.小杰是怎样把搬新校园这件事写详细的呢?

(学生回答)

(老师引导学生回顾以前学过的方法:用一句话简单写搬进新校园,再从不同的方面介绍新校园)

4.看来写出中心句,再围绕中心句从不同方面写,这件事就写详细了。这是我们以前学习过的写作方法,用在了写信中,这就是学以致用。(板贴"中心句+不同方面")

5.希望你们向小杰学习,用上面的3个方法把信的内容写清楚。

**设计意图:**

学生通过看例文,交流讨论,完成导学单,体会把内容写清楚的方法——按照一定顺序写,最想说的重点写,写出心情或感受。

## 活动四:初试身手,趁热打铁

关卡三——初试身手

(一)整理思路,口头表达

1.学习了把格式写正确、内容写清楚的方法,恭喜大家进入第三关,尝试写一写。

2.写之前,联系生活实际,用上学习的方法说说,你想写信给谁?写什么?

(学生思考,汇报)

(老师和其他同学结合方法评议)

(二)应用方法,尝试写信

1.请你们拿出作文本,用上学过的方法写信。(回家继续完成)

2.通过今天的学习,你有什么收获?

3.我们下节课接着闯关,期待你成为"写信达人"。

**设计意图:**

习作课的落脚点是写作实践,课堂上应留出足够时间让学生试写。试写前,尝试用聊天式的语气把内容说清楚,最想说的重点说,说出心情或感受,理清思路。现场书写时,教师可相机指导并把握学生学习情况,为下节课修改完善书写和提升书信水平做铺垫。

**【板书设计】**

写信

| 格式正确 | 内容清楚 |
|---|---|
| 六部分 | 按顺序写 |
| (位置、空格、标点、尊称) | 详略得当 |
|  | (详写时:中心句+不同方面) |
|  | 写出心情 |

**【学习工具】**

导学单一

亲爱的爸爸:

您好!近来身体是否健康?工作是否取得成绩?现在我正一刻不停地学习知识,老师也经常表扬我,我感到十分高兴。

您不是批评我贪玩么,今后一定努力改正错误。

祝您心情愉快!

6月18日

导学单二

| 时间 | 事件(详写/略写) | 心情 |
| --- | --- | --- |
| 之前 | 书已收到(略写) | 感谢、开心 |
| 现在 | 搬新校园(详写) | 开心 |
| 之后 | 期待回家(略写) | 想念、期待 |

## 第二课时

### 活动一:完善书信,综合评价

(一)回顾所学,激趣引入

1.通过上节课的学习,你们成功攻破了把格式写正确、内容写清楚的难题。"写信达人"的称号正在向你们招手。

2.回顾上节课所学知识。

思路:先选定对象,再确定内容。

格式正确:有六个组成部分,分别是称呼、问候语、正文、祝福语、署名、日期。注意位置、空格、标点、尊称。

内容清楚:按照一定顺序写,最想说的重点写,写出心情或感受。

(二)结合方法,相互批改

1.依据方法,同桌互改书信,交流对方写得好的地方,提出改进意见。

2.学生汇报,在班级推荐同桌写得好的地方,并提建议。

3.师生评议。

(三)自我修改,完善书信

学生根据建议修改自己的书信。老师巡视指导。

(四)结合标准,综合评定

1.6人小组内根据把格式写正确、内容写清楚的要求,评定最佳书信,交流理由。

2.依据评价标准,从小组代表里评选4名"写信达人"。

3.小结:这次"写信达人大赛"优胜者诞生啦!这4位同学把格式写正确了,内容写清楚了,语气恰当,情感真诚,是名副其实的"写信达人"。其他孩子能得几颗星呢?相信通过前面的学习,你们也有大的进步。

**设计意图:**

引导学生修改完善书信需要循序渐进。首先,学生回顾上节课学习内容,说出把格式写正确、内容写清楚的方法。其次,依据方法,同桌互改书信,说出优点、问题,并提出意见和建议。接着各自再根据师生提出的建议修改书信,保证格式正确、内容清楚。最后,根据星级评价标准评选"写信达人",充分调动学生主观能动性,激发学生思维,巩固学习成果。

## 活动二:拓展知识,服务实践

(一)认识信封,会写信封

1.你要将信寄给对方,信封上要写哪些信息?

2.学生交流讨论,汇报。

3.小结:收信人姓名、详细地址、邮政编码,寄信人姓名、详细地址、邮政编码。

4.出示信封,学生观察汇报信息位置:左上角和右下角分别写收信人邮编和寄信人邮编。第一根横线写收信人地址,第二根写收信人姓名,第三根写寄信人地址、姓名。

5.老师纠正补充。(邮编可以到邮局查询,信封右上角还要贴邮票)

6.学生写信封。

(二)认识电子邮件,学写电子邮件

1.随着科技发展,社会进步,通过电子邮件写信越来越普遍。请看邮箱页面。谁知道怎么写?

2.学生汇报。

3.老师补充。(收件人一栏写收件邮箱地址,主题可以是你想说的事的概括,也可以直接写"给××的信",正文就写这封信的全部内容)

(三)总结所学,准备寄信

1.学生谈收获。

2.小结:你们学习了把格式写正确、内容写清楚的方法,完善了书信,那就请把这封信通过邮局寄给收信人或通过电子邮件发给对方,相信他一定可以了解你的故事,感受你的情谊。

**设计意图：**

写信是为传达信息、交流感情服务。学生习得写信方法，应保持热情，积极投身实践。学生通过交流讨论、观察信封图片，准确说出信封写法，并正确书写信封。同时，随着时代变迁，信息技术不断发展，除了传统书信外，还应掌握多元的书信模式，如电子邮件。

**【板书设计】**

写信

格式正确：六个部分

内容清楚：按顺序写，详略得当，写出心情

　　　信封　　　　　　　　电子邮件

姓名、详细地址、邮政编码　　收件人、主题、正文

**【学习工具】**

| | 评价项目 | 完成一项得一颗星 |
|---|---|---|
| 格式正确 | 有称呼、问候语、正文、祝福语、署名、日期 | ☆ |
| | 位置、空格、标点、尊称正确 | ☆ |
| 内容清楚 | 按顺序写 | ☆ |
| | 详略得当 | ☆ |
| | 写出心情 | ☆ |
| 语气恰当 | 用聊天式的语气 | ☆ |
| 合计 | | |

**【课堂实录精彩片段】**

师：亲爱的同学们，回到没有手机、微信、QQ的时代，人们多通过写信传递信息。直到今天，我们依然会用写信的方式交流。你给家人、朋友写过信吗？写给谁？写了什么内容？

生1：我写过，我给在北方的姥姥写。我们很长时间没见面了，我很想她。我跟她讲了我和弟弟之间发生的趣事，还有我学习上取得的进步。

生2：我给我的同学写了一封信，我告诉她，她转学后我经常会想起我俩在一

起的时光。

生3:我给身边的好朋友写的,我把她最喜欢的笔摔坏了,又怕当面说不出口,所以通过写信的方式给她道歉。

师:看来写信对于我们来说并不陌生,我们既可以写给在远方的亲人、朋友等,也可以写给在身边的父母、老师、同学等。写信可以传递消息,也可以交流想法,表达情感。

师:今天,我的好朋友丽丽想邀请你们参加"写信达人大赛",谁能闯过关卡成为"写信达人"呢?请进入第一关——格式正确。也许你给家人已经写过信了,但是格式一定正确吗?请大家看课本上的例文,记住一封信由哪些部分组成。

生:有称呼、正文、署名、日期。

师:说出了主要部分,但不够完整。请你补充。

生:还包括问候语、祝福语。

师:正确。请看黑板上的这一封信,你能依次叫出各组成部分对应的名称吗?

生齐说:称呼、问候语、正文、祝福语、署名、日期。

师:这六部分缺一不可,例文又是如何做到每部分格式均正确的呢?看例文,你有要提醒同学注意的地方吗?请用这样的方式说一说。

请大家注意(　　),它应该(　　　　)。

生1:请大家注意称呼,它应该顶格写,后面加冒号。再请大家注意问候语和正文,它们应该换行空两格,问候语在正文上面,有感叹号。

生2:请大家注意署名和日期,它们应该写在最后,而且要靠右边写,署名在上日期在下。

师:哪个勇士来说说祝福语?这个比较复杂。

生:我补充祝福语,它应该先写"祝"再写内容,"祝"字在正文下面空两格,内容顶格写在"祝"字的下一排,最好是4个字,还要打感叹号。

师:非常准确,你很会观察。同学们,要关注这六个部分的位置、空格、标点和表述方法,一定不能写错地方,也不能用错标点符号。

【评课点评】

"写信"是统编版教材小学语文四年级上册七单元的习作。书信作为重要的实用文体,一定要体现"实用"导向。教学时必须关注格式与内容。教师紧扣格式正确、内容清楚两个重点,通过创设竞赛情境设置关卡,激励学生写对书信、写好书信。环节简练,目标清晰,活动落地。为突破格式正确、内容清楚这两个重难点,教师善于搭建交流平台、语言支架,巧用导学单、小游戏,引导学生充分讨论,自主发现,深入理解,精准掌握,充分体现学生主体地位及教学设计的思维启发性。如,在学习正确格式时,教师指导学生观察、速记、练说、纠错,建构书信格式立体知识体系。

另外,书信的传递方式应与时俱进,体现信息时代特征。所以教材还特意编排了学习电子邮件的部分。由于学写信封和电子邮件部分并非最主要部分,所以教师开展教学时,预留恰当时间,采用恰当方式,重点关注学生体验感,引导学生做中学。教师利用真实信封与网页,邀请学生在操作中了解与把握信封格式与写电子邮件的方法,把写信的习作活动与寄信的实践活动紧密融合,体现出语文学习服务于现实生活的重要意义。

※素养导向下表达与交流理论主张与实践案例

# 我的"自画像"
## ——四年级下册七单元习作

重庆市南岸区南坪实验小学校　罗先芬

重庆市南岸区南坪实验外国语小学校　肖冯

重庆市南岸区南坪实验小学校　李欣

【教材分析】

本单元以"人物品质"为主题,编排了《古诗三首》《"诺曼底号"遇难记》《黄继光》《挑山工》四篇课文,单元语文要素是"从人物的语言、动作等描写中感受人物的品质",旨在引导学生仔细研读文本,发现人物品质、特点是如何通过人物的言行表现出来的,并能够受到人物品格的感染。

本单元的习作要求是"学习从多个方面写出人物的特点",要求学生能从外貌、主要性格、最大的爱好和特长等方面写出自己的特点,并能用具体的事例说明。

教材第一部分创设了向新来的班主任介绍自己的情境,体现了习作的实用价值,激发学生习作兴趣,同时列举了自我介绍的几个方面的内容,打开学生的习作思路。第二部分呈现两个泡泡,进一步启发学生如何丰富习作内容。第三部分提出了修改习作的要求,提示学生主动与家人分享习作,再根据他们的建议修改习作。

| 年级单元 | 习作主题 | 掌握能力点 | 指导关键点 |
|---|---|---|---|
| 三年级上册<br>一单元 | 猜猜他是谁 | 1.能选择一两点特别的地方,写几句话或一段话介绍自己的同学<br>2.能注意写一段话时开头空两格 | 用几句话或一段话介绍他人的特点 |
| 三年级下册<br>六单元 | 身边那些有特点的人 | 1.写出身边人的特点,通过事例表现人物的特点<br>2.能给习作取一个表现人物特点的题目 | 通过事例表现人物的特点 |
| 四年级上册<br>二单元 | 我家的"动物园" | 1.能抓住家人与动物的相似之处,写出家人的特点<br>2.能主动与同学和家人分享习作,修改不通顺的语句,体验表达的乐趣 | 写一个人,把印象最深的特点写下来 |
| 四年级下册<br>七单元 | 我的"自画像" | 1.能从外貌、主要性格、最大的爱好和特长等方面写出自己的特点,并能用具体的事例说明<br>2.能主动与家人分享习作,再根据他们的建议修改习作 | 学习从多个方面写出人物特点,并能用具体的事例说明 |

通过梳理发现,学生在三年级和四年级上册已经学习了一些写人的方法。学生经历了从几句话介绍人物的特点,到通过事例尝试写出人物特点,再到把一个人印象最深的特点写下来的习作历程。本次习作建立在之前多次训练的基础上,通过聚焦一件事或罗列几件事,突出自己的特点,是本次习作的重、难点。

【学习目标】

1.能从外貌、性格、最大的爱好和特长等多个方面写出自己的特点,并能用具体的事例说明特点。

2.联结已有经验,结合评价支架,综合运用已学的方法写出自己的特点。

3.通过观察自我、发现自我、描述自我,做真实的自己,学会悦纳自己。

【学习评价】

1.是不是写的真实的自己?(他人评价:家人、教师、同学)

2.是不是用事例说明特点?

3.是不是清楚地突出特点?

【学习活动】

## 活动一:自我观察,找特点

(一)课前准备:自我观察找特点。

学生结合口语交际"自我介绍"的内容,用关键词概括自己各方面的特点,完成"人物卡"。

(二)课前谈话

1.教师选取部分学生填写的"人物卡",遮住姓名,引导学生猜班级人物。

2.回顾写人习作,唤醒学生旧知,学生交流曾经写过的人物形象。

3.揭示课题:我们写人是有经验的,从认识他人、认识家人,今天认识自己,给自己画一幅自画像。

**设计意图:**

合理利用本单元口语交际与习作学习要素之间的关系,相互结合,充分体现各版块的价值,提高学习效率。以"人物卡"为支架,引导学生有目的地自我观察,提高素材筛选的能力。

## 活动二:情境导入,明方向

创设情境:假如你们班来了一位新班主任,想尽快熟悉你们,可以从哪些方面介绍自己?

预设1:可以介绍外貌、性格、爱好特长等多方面来介绍自己的特点。

预设2:要用具体的事例来证明自己的特点。

小组交流,找准主要特点。

选一选:结合"人物卡",你想向新班主任介绍哪些方面?在"人物卡"上打"√"。

说一说:在小组内说一说你介绍的内容,并说一说理由。

评一评:小组评议,这是不是他(她)的突出特点?

全班交流,现场向老师介绍自己。

**设计意图：**

明确写好"自画像"的基本要素，指导学生找准自己的主要特点，初步明确写作方向和写作思路，为接下来的实践做好准备。

## 活动三：用事例写，写得像

(一)围绕特点选事例

外貌上的特点一看便知，这节课，从性格、爱好和特长中选择一个特点来介绍。

(二)选用的事例和特点一致

关注教材中的"泡泡语"，明确我们选择的事例和特点要一致。

(三)初试身手

1.学生尝试用事例表现自己的特点：

回顾"生活万花筒"教会我们怎么把一件事写清楚。动笔写一段"自画像"，写清楚事例表现特点。

2.学生分享习作片段，全班评议：

是不是真实的自己？是不是用事例说明特点？说说你的建议。

(四)回顾方法，修改交流

1.借助微课。回忆《"诺曼底号"遇难记》《黄继光》，链接"交流平台"，选最能表现自己特点的说、做、想展开写，特点更突出。

2.修改自己的习作。

3.分享学生习作，评议交流。

**设计意图：**

教材上的泡泡语告诉我们，一是选用事例来说明特点是一个好办法，二是选用的事例和特点要一致，才能更好地说明特点。学生围绕特点筛选出典型事例之后，需要解决如何把事例写具体的问题，巧借微课，指导方法，再借助"评价要点"进行反馈评价。

## 活动四：总结经验，乐分享

(一)总结经验

1.课堂上只完成了一个特点，在完善我的"自画像"时，对照评价标准，想一想：

是不是真实的自己？是不是用事例说明特点？是不是清楚地突出特点？

2.请家人评价像不像，再进行修改。

(二)小结

每个人都是独一无二的自己，只有认识自己、了解自己、完善自己、超越自己，才能成为最好的自己。

**设计意图：**

课堂小结追问三个"是不是？"请家人评价，帮助学生进一步修改习作，及时强化习作要点，巩固习作的方法，通过习作为自己画像，不断地了解自己，认识自己，悦纳自己。

【板书设计】

我的"自画像"

👍 是不是真实的自己？　　　多方面

👍 是不是用事例说明特点？

👍 是不是清楚地突出特点？　　想、说、做……

【学习工具】

| 我的"自画像"——人物卡片 ||
|---|---|
| 我的姓名 | |
| 外貌特点 | |
| 性格特点 | |
| 最大的爱好 | |
| 本领/绝招 | |
| 其他方面 | |

**【课堂实录精彩片段】**

师:外貌上的特点一看便知,这节课时间有限,请你从性格、爱好和特长中选择一个你最想让老师了解的特点,在名片上打"√"。

师:你想介绍哪个特点?

生:我想介绍我胆大这个特点。

师:怎么来说明你的这个特点?

生:我去欢乐谷可以自己一个人进鬼屋,其他人都在我后面躲着,我走第一个。

师:你举了去欢乐谷的事例。书上也是这样告诉我们的,一起来读一读"泡泡语"他的特点是什么?用了什么事例来说明?

生:我发现他的特点是喜欢安静,事例是经常去图书馆。

师:是啊,因为喜欢一个人静静待着,所以才经常去图书馆看书,我们选择的事例和特点要一致。

师:大家用事例说明了自己的特点,我对大家的印象值有了7分。接下来,就把你选择的那一个特点写下来,并用事例来说明。如何写一件事,我们是有经验的,五单元"生活万花筒"中学习了把一件事写清楚。请你来读一读学习提示:(1)写你选择的那一个主要特点;(2)时间为8分钟。

师:好了,写作时间到。我们来看看这名同学的"自画像",请你自己读一读。

生:我爱看书,有一回就是要吃饭了,妈妈一连喊了我三遍,可是我都没有听见。后来妈妈把书给我拿走,我才去吃饭。

师:他是不是写出了真实的自己?是不是用事例说明了特点?同学们,谁来评一评。(学生评价时贴大拇指)

生:我给他两个赞,他用妈妈喊他吃饭,他都没听见来说明他爱看书的特点。

师:如果你是新班主任,你对他印象深刻吗?

生:一般吧,因为特点不是很突出。

师:听了他的介绍,如果要特点更突出,给老师留下深刻印象,你们有什么建议?

向新班主任介绍自己,除了用事例来说明自己的特点,还应该思考如何清楚地突出特点。来看看学习伙伴是怎么做的(播放微课)。

师:我们都知道写人物要写出怎么做、怎么说、怎么想的,为自己画像,一定要在能突出特点的地方展开来写,这样就能让老师对你印象深刻。按照这样的思路,完善自己的片段吧!注意用上红笔和修改符号。

师:同学们,先修改到这儿。看看这名同学的"自画像",是不是真实的自己?是不是用事例说明特点?是不是清楚地突出了特点?根据这三个标准,你给他几个赞,用手势告诉老师。

我很胆小。有一次晚上我一个人走夜路回家,路上的灯光昏暗,风吹着树沙沙响,感觉是树在呜呜地哭泣,不知是谁家的狗在路上对我"汪汪汪"地叫,把我吓得连哭带跑地冲回家,叫着:"妈妈,妈妈。"等看到妈妈,我一下子就扑进了妈妈的怀抱里。

生:我给他3个赞。

师:为什么?

生:她不仅写出了真实的自己,还用走夜路的事例来说明了胆小的特点,并且写到了走夜路时她怎么想、怎么说、怎么做的,特点写得非常突出。

师:同桌之间相互看看片段,可以得几个赞。

**【评课点评】**

本节课有一个重要目标,就是用具体事例来说明自己的特点。教师为突破教学重点,巧借微课,导学助教,引导学生发现要清楚地突出特点才能"像自己",使其思考自己选择的事例,如何清楚地去突出特点,通过初试身手写片段,师生合作修改,从而达成本节课运用事例表现人物特点的目标。

教师巧妙搭建直观形象的评价系统,充分发挥评价的导向功能,不仅指导学生如何写,还明确评价要点:多方面写,能用上事例表现特点,突出特点。学生在写的时候,能清楚地知道自己是否达成目标,哪些方面符合要求,哪些方面还有待改进。结合评价要求,判断习作与自己"像不像",同桌互评"像不像",促进学生习作能力的提升。

# 我的"自画像"
## ——四年级下册七单元习作

重庆市南岸区和平小学校　陈佳

【教材分析】

《义务教育语文课程标准(2011年版)》指出第二学段"表达与交流"要求：乐于用口头、书面的方式与人交流沟通，愿意与他人分享，增强表达的自信心，观察周围世界，能不拘形式地写下自己的见闻、感受和想象，注意把自己觉得新奇有趣或印象最深、最受感动的内容写清楚。尝试在习作中运用自己平时积累的语言材料，特别是有新鲜感的词句。

本单元以"人物品质"为人文主题，习作要求是"学习从外貌、性格、爱好等多个方面写出人物的特点"。借助"我的'自画像'"这个话题帮助学生学会从多个方面介绍自己，写出自己的特点。

(一)关联教材体系，确定习作方向

横向关联单元内部和各单元之间，本单元的口语交际"自我介绍"让学生知道介绍自己的目的和介绍时需要注意什么，为习作做铺垫。本册六单元的"按一定顺序把事情的过程写清楚"进行写作，为学生提供了典型的写作思路，用清楚的事例介绍自己的特点。

统编教材表达训练的纵向序列清晰，突出了目标的层次性、发展性，体现了表达能力发展的螺旋上升。如下表：

**统编教材"写人"表达训练的纵向序列**

| 册次 | 单元 | 习作主题 | 具体要素 | 重点 |
|---|---|---|---|---|
| 三年级上册 | 一 | 猜猜他是谁 | 用几句话或一段话介绍一个同学，体会习作乐趣 | 中年级段的习作教学目标定位在"写清楚" |
| 三年级下册 | 六 | 身边那些有特点的人 | 根据表示人物特点的词语，写身边的一个人，尝试写出他的特点 | |
| 四年级上册 | 二 | 小小"动物园" | 从外貌、特长、性格等方面发现人的特点，并与某种动物相关联，从而写出家人特点 | |
| 四年级下册 | 七 | 我的"自画像" | 从外貌、性格、爱好等多个方面写出人物特点 | |
| 五年级上册 | 二 | 漫画"老师" | 选1~2件具体事情突出老师的特点 | 高年级段的习作教学目标是"写具体""表达真情实感" |
| 五年级下册 | 四 | 他____了 | 能选择某人给自己留下深刻印象的事情，把经过写清楚，把他当时的样子写具体 | |
| 五年级下册 | 五 | 形形色色的人 | 选择典型事例，通过描写人物的方法，具体表现人物特点 | |
| 六年级下册 | 八 | 有你，真好 | 通过事情写一个人，把事情写具体，表达真挚的情感 | |

本次习作的发展目标清晰地定位在多方面写出人物特点，把自己写得像自己。学生已有认知经验向习作目标的达成中，如何从多方面写出人物特点，把自己写得像自己是重、难点，也是他们在本课学习中的生长点。

教材由三部分内容组成，分别从选材、构思、表达和评改等角度给予了提示与指导。第一部分从"为了让新来的班主任更好地了解你"这句话入手，为学生从多方面介绍自己创设情境，提供思路；第二部分列举了四个具体而又相互关联的问题，顺次推进，帮助学生完成构思；第三部分是习作后的要求，提示学生写完后要与家人分享，有没有把自己写"像"，为本次习作的评改提供了依据。

(二)站在儿童立场，鼓励表达

本次习作任务站在儿童立场，关注身心特点，创设向刚来的老师介绍自己的真实情境，通过老师的自我介绍，让他们初步感知介绍自己时要从多方面入手，激发学生的表达欲望，让学生乐于表达。

【学习目标】

1.从多方面介绍自己，找到独特的"我"。

2.用具体事例把特点写清楚,展示最亮的"我"。

3.主动与家人分享习作,再根据他们的建议修改习作。

【学习评价】

1.是否从多方面来介绍自己。(他人评价:家人、教师、同学)

2.习作中是否运用具体实例将自己的特点描写清楚,给人留下深刻印象。

【学习活动】

## 活动一:
## 认识自己——多方面介绍,寻找独特的"我"

(一)走近话题

激趣导入(与热身环节相联系)。

为了让老师更好地了解你,今天,我们的介绍就从这里开始。

学生读课题:我的"自画像"。

(二)聚焦"自画像"

质疑交流。

看到课题,你们有什么想说的吗?

(三)打开思路,找准特点,多方面介绍自己

1.多方面介绍

我们可以从哪些方面来介绍自己呢?

生接龙完成。

2.外貌:回忆学法,迁移运用

曾经我们用善于观察的眼睛,发现了身边人的特点(出示例文:联系动物特点描写人物的外貌)。我们可以用这样的方法:抓住身材、长相、穿着等一两个最有特点的部位来介绍自己的外貌。

3.性格:最突出的性格特点。

4.爱好、特长:最喜欢、最拿手。

5.其他方面。

(四)选出最想介绍的几方面,发现独特的"我"

1.初次选材

我们身上有这么多的特点,为了展现最好的自己,你最想介绍哪几方面呢?请在人物卡片上打钩。

2.学生交流。

3.小结

通过交流,我们发现了最好的"我",原来每个人都像天上的星星,是那么独一无二。我们也在不知不觉中找到了"画像"的小妙招:多方面介绍,找准特点,发现最好的"我"(出示"画像"妙招1:多方面介绍,找准特点,发现最好的"我")

**设计意图:**

本次习作的对象是学生本人,只有对自己的外貌、兴趣、性格等有足够的了解,习作才有话可说,说得真实,说得具体。借助人物卡片,顺着教材提供的问题支架,迅速帮助学生明确写什么。回忆之前的习作,迁移写法。通过习作素材的筛选,学生认识自我,树立自信,在生生交互中生成新的写作资源,实现从作前的素材初拟到二次拟定的筛选。

## 活动二:
## 范文引路——学习例文,掌握写法,展示最亮的"我"

(一)再次选材

1.同学们在打钩的几方面中你最想介绍哪一方面,让自己成为星星中最亮的那颗,让老师一眼就看到你,对你留下深刻的印象?

2.同桌交流。

3.我发现大多数同学都把自己的拿手好戏或优秀品质讲给了同桌听。怎么才能介绍清楚呢,我们来看看学习小伙伴是怎么做的。

(二)学习例文,掌握写法

出示两段例文:

1.一个详细事例

(1)你认识了怎样的小可,是怎么了解到的?

(2)怎么把事情写具体的呢?

观察、勾画(连续动作、语言)。

2.多个不同事例

(1)刚才小可用一个大事例写出了她的拿手好戏,我们再来看看另一位小伙伴又是怎么介绍的呢。(生自由读)

(2)乐乐给你留下怎样的印象,是怎么知道的?

(3)乐乐用多个不同的事例来表现了他乐于助人的优秀品质。

3.小结方法

他们都是用了第二个小妙招(出示"画像"小妙招2:事例恰当,描写具体,写出最亮的"我")写出了最亮的"我"。

**设计意图:**

站在儿童的立场,每个孩子都想把自己最好的一面展现在别人面前,再次确定选材。出示例文,交流得出"通过一个详细的大事例或几个不同的小事例就能把特点写清楚"的小妙招,为本次习作提供了可视的思维支架,有助于提升学生的写作素养。

## 活动三:
## 牛刀小试——片段练写

明确习作要求。

用妙招2写写自己最想介绍的一个方面,用一段话写出最亮的"我",让别人一读就印象深刻。写之前看看"五星评价表",写完后对照评价表进行自评。

**设计意图:**

写作的过程是学生了解自己、认识世界的一个过程。自评量规表在习作前出示,发挥习作评价"以终为始"的导向作用。评价即学习,自评量规表成为学生自我管理、自我监测的元认知工具,通过目标的层级选择,进行反思、修改和提升。

## 活动四：
## 展示自我——习作展示评价

看到很多同学都跃跃欲试想展示最亮的自己。请学生分享。

自评：几星。互评：围绕评价表进行评价。

你展示出了最亮的自己，给老师留下了深刻的印象，为你高兴。

**设计意图：**

利用展示环节，激发学生的表达欲望，乐于表达，敢于表达，从"读"中会"说"，从"说"中乐"写"，并让学生积极参与习作的评议、修改，充分调动他们的参与热情。通过自评、互评发现自己习作中的优点与不足，用兴趣打开习作的大门，为之后连段成篇做铺垫。

## 活动五：
## 总结方法，乐于分享

通过"自画像"，在短短的时间里，老师很好地了解了你们，你们也更好地认识了自己。课后请用上妙招1，妙招2，参照评价表，按照一定的顺序完成习作。写完后再读给家人听一听，请他们提提意见，再改一改，相信你一定是最亮的自己。

| 内容 | 评价层级 | 自评 | 互评 |
| --- | --- | --- | --- |
| 多方面介绍，找准特点，事例写清楚，表现特点 | 1.特点找得准，一读就知道是你<br>2.事例很清楚，一读就印象深刻<br>3.评价很合理，一读就喜欢上你 | | |

**设计意图：**

与家人分享，增进与家人的感情，从家人的评价中更好地认识自己，完善习作。

【板书设计】

多方面介绍　　我的"自画像"　　事例写清楚

【学习工具】

(一)习作评价表

| 内容 | 评价层级 | | 自评 | 互评 |
|---|---|---|---|---|
| 用事例展示出最亮的"我" | 1.事例恰当,突出特点 | | | |
| | 2.描写清楚 | 一个详细事例。写出了当时的语言、动作、想法等 | | |
| | | 多个不同事例。清楚写出某一方面介绍 | | |
| | 3.用上了积累的好词佳句 | | | |
| | 4.语句通顺,标点正确 | | | |
| | 5.书写工整,美观 | | | |

(二)人物卡片

人 物 卡 片

我的照片

| 基本信息 | 我叫（　　），今年（　　）岁。 |
|---|---|
| 外貌特点 | |
| 性 格 | 我是个（　　　　）的孩子。 |
| 爱 好 | 我最喜欢（　　　　）。 |
| 特 长 | 我的拿手好戏是（　　　　）。 |
| …… | |

【课堂实录精彩片段】

(一)走近话题

师:今天我们的相识之旅就从这里开始。

生:我的"自画像"。

(二)聚焦"自画像"

师:看到课题,你们有什么想说的吗?

269

※素养导向下表达与交流理论主张与实践案例

自画像原本是指艺术家为自己绘制的肖像作品,在这里指的是用文字准确地介绍自己。

1.多方面介绍

师:请同学们打开语文书,想想可以从哪些方面来认识自己、介绍自己,让老师尽快了解你。

生:外貌、性格、最大的爱好和特长。

师:还可以介绍什么?

生:介绍自己的优缺点。

师:看来你是个认真学习的孩子,发现了书里面的泡泡语。我们在介绍时可以说自己的优点,也可以说自己的不足,公正客观地评价自己。

出示:我经常在学习和生活中帮助其他同学。每一次当别人需要我的帮助时我总是非常热情,不厌其烦地帮助她。

师:可以用一个词来形容这个同学,它是(乐于助人),你的词语用得真恰当。乐于助人是形容一个人的什么特征?

生:品质。

师:所以可以从人物品质进行介绍自己。

师:从多方面介绍自己,就能让别人全面了解你。(贴板书:多方面介绍)

除了这些,我们还可以介绍自己的外号、梦想、口头禅等,把你想介绍的其他方面补充在人物卡片上。

2.初次选材,找准特点,发现独特的"我"

(1)初次选材

师:这么多方面中,你最想介绍哪几个方面呢?(手势)请在人物卡片上打钩。

师:为什么想介绍这几方面呢?

生1:我觉得这几方面很好写。

生2:我觉得自己这些方面很不错。

师:看来你对自己很了解,清楚自己的特点,请你分享。

生3:我觉得这几方面能突出我的特点。这是我和别人不一样的地方。

师:你真了不起,善于发现自己的特点,对自己有清楚的认识。赶快分享一下吧。

(2)分享人物卡片,找准特点

师:与众不同的外貌特点能让人一眼就记住你,大家觉得她写得像不像呢?

生:不像。

师:为什么不像?

生:感觉和很多人很像。

师:曾经我们用善于观察的眼睛,发现了身边人的特点(链接四年级上册的习作"小小'动物园'"):抓住身材、长相、穿着等最有特点的部位来介绍外貌。现在我们一起运用这个方法找一找。

学生交流特点。

师:你觉得他们找得准吗? 是呀,真是"当局者迷,旁观者清",下去之后再修改修改。

师:他是这样的同学吗?

生:是。

师:看来他对自己的评价很中肯,找到了自己最突出的性格特点。

(3)小结

同学们,找准自己的特点(外貌找最独特的、性格找最主要、爱好找最喜欢、特长找最拿手),就能把自己写像。

通过刚才交流与碰撞,我们发现了与众不同的"我",不知不觉中我们还找到了"画像"的小妙招:(PPT出示)多方面介绍,找准特点,发现独特的我。

【评课点评】

本节课,教师运用新课标理念,深钻教材,精心设计教学过程,取得了较好的教学效果。

(一)依据教材,准确研读

本次写作是小学阶段写人的第四篇习作。本次写作内容是继三年级上册"猜猜他是谁"、三年级下册"身边有特点的人"和四年级上册"小小'动物园'"的又一篇写人作文。这些写人作文从关注他人到关注自己,学生根据学习经验,已经能写出他人在外貌、性格、兴趣爱好和品质上的特点。但要将自己的"自画像"写清楚还需要老师的引导,本节课,教师利用学生已有的知识经验,根据教材编写特点,通过补充材料拓宽学生选材的空间,为学生选择材料提供了很好的示范,打开了学生习作的思路。

(二)以学定教,分类指导

写作课如何指导学生写好作文,教师做了有效的探究。教师根据小学中段学生的特点,从训练学生写一段文字开始学习,交流中重视说与写有机结合,相互促进,教师以学定教,对学生写作中容易出现的写外貌"千人一面"、写性格"事例不典型"、写兴趣爱好没重点写等问题进行指导。

(三)习作书写,学科育人

学生通过"自画像"了解自己的特点和与众不同之处,从课堂走向生活,走进学生内心,正确看待自己,接受自己,悦纳自己,形成积极乐观的健康心理。

# 自我介绍
## ——四年级下册七单元口语交际

重庆市南岸区南坪实验金科小学校　罗玉婷　刘敏

【教材分析】

"自我介绍"是统编版义务教育教科书四年级下册七单元的口语交际内容。本单元以"人物品质"为主题,编排了《古诗三首》《黄继光》《"诺曼底号"遇难记》《挑山工》四篇课文,从不同方面展现了人的精神追求和高尚品格,学习"从人物的语言和动作描写中感受人物的品质"。同时,教材安排了口语交际——自我介绍,学习根据对象和目的选择自我介绍的内容和习作——我的"自画像",从不同的方面,用具体的事例来为自己画像,引导学生认识自己,展示自己。

本课的自我介绍,是独白类口语交际,旨在帮助学生学会根据对象和目的,在不同的情况下选取不同的介绍内容,有目的地介绍自己。这一类口语交际中的自我介绍,要求表达有层次、有条理,选取的材料能反映表达的目的,促进学生思维和语言能力的共同发展,使学生形成缜密的思维品质、良好的语言表达习惯。关于自我介绍,在一年级上册就有"我们做朋友"的口语交际,学习向他人作自我介绍,知道了"自我介绍时要讲清楚自己的爱好";三年级上册"名字里的故事",了解自己和他人名字的含义或来历,把了解的信息讲清楚。到四年级,学生在日常生活中已经积累了一定的自我介绍经验,知道自我介绍时要明确姓名、兴趣爱好等信息,但在不同场合针对不同对象和目的,选择合适的内容,做到清楚、有吸引力地介绍自己,他们还不具备相应的知识和能力。教材提供了四个与学生日常生活密切相关的交际情境:接站、转学、应聘、报名,分别指向了不同的交际目的——认出、记住、认可。如何进行自我介绍，教材提供了小贴士：介绍前想一想要向谁介绍，介绍自己的目的是什么，介绍时需要注意什么。

【学习目标】

1.通过情境模拟，学会自我介绍时能根据对象和目的，选择合适的自我介绍内容。

2.认真倾听，能给别人提出建议。能听取他人建议，完善自己的自我介绍。

3.通过自我介绍，能更全面地认识自己，肯定自己，大胆地展示自己。

【学习评价】

不同的情境中，学生是否能根据不同对象、目的选择合适的内容介绍自己。

【学习活动】

## 课前交流

1.师生互聊特点。

2.游戏：猜猜他是谁？

利用"个人小档案"，根据特点猜名字。

**设计意图：**

在七单元聚焦"人物"的学习中，学习了不同人物的精神品格后，学生根据自己的外貌、性格、特长等制作了个人小档案，了解自己和认知自己。课前的交流和游戏充分利用"个人小档案"梳理个人信息，感知每个人都是独一无二的自己，为接下来的口语交际和习作做好准备。同时，拉近师生距离，沟通师生的情感，让学生尽快融入学习中。

## 活动一：调研分享引课题

交流、梳理生活中的自我介绍场景。

1.交流课前调研中，学生遇到的自我介绍场景。

2.自我介绍场景分类梳理：应聘、转学、接站、报名……

揭示课题,板书课题,明确活动内容

**设计意图：**

让自我介绍的需求联系学生的生活。通过回忆交流和梳理分类,学生意识到自我介绍与我们的生活息息相关,明确我们为什么学习自我介绍,激发学习动机和兴趣。这是解决为什么表达的问题。

## 活动二:情境模拟习方法

(一)情境一:接站让新老师认出自己

1.情境创设引任务:去学校门口车站接新老师,电话中进行自我介绍,让老师一眼认出自己。

2.电话连线摸学情:请一个学生现场介绍。

3.全班评价提建议:怎么自我介绍才能让新老师一眼认出自己。

4.再次连线促改进:根据建议,完善自我介绍。

5.全班回顾建构方法:根据对象和目的选择合适的内容(体貌特征、标志性特点……)进行自我介绍,在接站中让别人认出自己。

小贴士:(PPT出示)介绍前想一想:向谁介绍,介绍的目的是什么,介绍时注意什么。

**设计意图：**

根据教材和课前调研,创设真实的交际语境——接站。通过第一轮电话介绍,了解学情。然后全班评价建议后,再次完善自我介绍,进行第二轮电话连线。最后回顾小结,建构自我介绍的思维路径:向谁介绍,介绍的目的是什么,介绍时要注意什么。本环节在情境模拟中初步建构方法(核心目标):要根据对象和目的选择合适的内容进行自我介绍。

(二)情境二:自我介绍让新老师记住自己

1.创设情境引任务:新老师来到班上,学生进行自我介绍,让老师印象深刻,记住自己。

2.师生互动选内容:学生自我介绍,教师指导。

3.跟着范例学表达:出示自我介绍范例,学习运用。

小贴士:姓名处多说几句,举个例子来讲一讲……

4.全班回顾总结方法:根据对象和目的选择合适的内容(姓名、兴趣爱好……)进行自我介绍,在初次见面时让别人记住自己。

5.运用方法练表达:同桌模拟,向新朋友介绍自己。

**设计意图:**

根据教材和课前调研,创设真实的交际语境——向新老师介绍自己。在真实的交际情境中进行自我介绍内容选择。通过范例再学习,运用"姓名处多说几句,举个例子来讲一讲"等方法将自我介绍说清楚。本环节在情境中运用方法:根据对象和目的选择合适的内容。通过范例学表达,同桌互说练表达。

(三)情境三:社团招聘让老师认可自己

1.模拟情境引任务:应聘社团,做自我介绍,让老师认可自己。

2.运用方法选内容:学生根据目的和内容在"个人小档案上"勾选要选择的内容,互提建议。

3.全班回顾结方法:根据对象和目的选择合适的内容(特长、优势……)进行自我介绍,在竞聘中让别人认可自己。

4.视频范例学表达:出示自我介绍范例,关注表达自信,落落大方。

5.现场竞聘练表达:抽生现场竞聘,全班同学倾听评议。

**设计意图:**

根据教材和课前调研,创设真实的交际语境——应聘社团。本环节引导学生关注交际目的变化自我介绍的内容也要相应改变。在复杂的社团应聘情境中,用方法选内容,用视频学表达,现场竞聘练表达。

## 活动三:总结梳理促延伸

观察板书说发现:对象不同,自我介绍的内容也不同。

链接调研延伸运用:链接课前调研,介绍目的归类并运用方法选恰当的内容。

积极鼓励生活运用:自我介绍和我们的生活息息相关,在今后的生活中相信大家一定能够运用今天学习的方法根据对象和目的选择恰当的内容,大胆表达自己,介绍自己。

**设计意图：**

板书回顾发现，总结梳理，突破难点，形成思维和方法。链接课前调研，运用方法交流表达。课内向课外延伸，鼓励大胆表达，解决生活的问题，实现育人目标。

【板书设计】

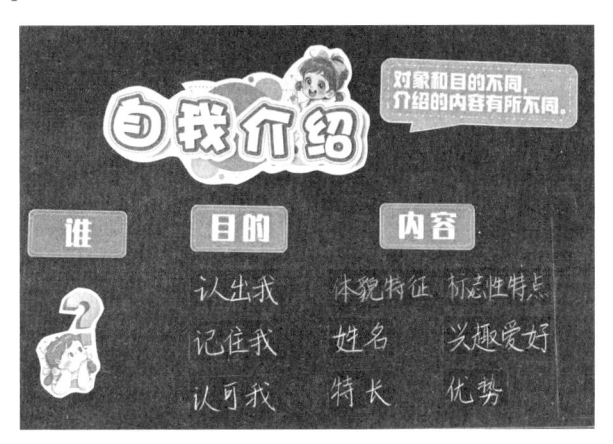

【学习工具】

【课堂实录精彩片段】

**课前谈话**

师:孩子们好,我是罗老师。咱们班的孩子真有精神。今天罗老师要和大家一起学习,课前我们一起来看一段微课。(播放微课)

师:孩子们,我们每个人都有各自的特点,通过本单元的学习,大家根据自己的特点制作了你的个人小档案,我们来看看这是谁的。

师:这个同学可了不起了(出示小档案上的特点)!大家猜一猜是谁?

生:是黎鑫。

师:档案的小主人起立。

生起立。

师:哇!你很了不起(大拇指),你就是班里的街舞小明星吧。

师:这个同学非常喜欢看书,一下课就被书粘住,是谁?

生:任好。

师:你很有特点,很高兴认识闪闪发光的你(握手)。

师:这个同学可有特点了!胖乎乎的,眼睛大大的,毛笔字还写得很好,是谁?最大的特点是他饭量可大了!这个有口福的孩子是谁呀!

生:是朱瑞霖。

师:瑞霖在哪里?(生起立)这么多特点就组成了这样独一无二的你。

师:孩子们,我们每个人有各自特点,都是独一无二的,就像你们各自档案卡记录的那样。好了,拿出你的档案卡,放在课桌左上角,等会我们上课再用它。准备好了就静息。

**活动一:**

师:孩子们,我们每个人都是独一无二的,很多时候我们要把独一无二的自己介绍给别人。课前老师了解到你们在日常生活中遇到过很多自我介绍的情境。这是谁写的?请你来读一读。

生:我在竞选班干部的时候作过自我介绍。

师:这个呢?

生:我在语言比赛时作过自我介绍。

师：我们一起来读读犹珂昕同学的。

生：(全班)我在进入新的班级时，做过自我介绍。

师：老师统计了你们遇到的这些自我介绍情境，参加选拔、到新班级、参加活动、表演展示前……还有去车站接陌生的客人、结识新朋友，都会介绍自己。生活中有这么多场景都要自我介绍(贴板贴)，不同的情境中该如何介绍自己呢？今天我们一起来学习自我介绍(全班齐读)。

**活动二：**

师：孩子们，班里要来一位新老师，他的车马上就要到了(播放PPT)，可他找不到我们教室，需要一位同学去车站接他。接他前，你要在电话里介绍自己，接站时让他能一眼认出你，拿出你的小档案，想想你要怎么给新老师介绍自己。(拿出手机)，谁来试试？

生：老师您好，我叫陈欢欢，我穿着蓝色的衣服，我在学校门口公交站等您。

(电话里)小朋友你好，我看到车站有很多穿蓝色衣服的女孩，我怎样判断谁是你呢？

生：……

师：陈老师不好意思，小朋友的自我介绍还不够清楚，我们全班同学一起帮她想想办法，等会再打给您，再见。

师：孩子们，她刚刚打电话给谁？

生：新老师。

师：做自我介绍目的是？

生：让陈老师一眼认出她。

师：车站这么多人，怎么介绍才能让陈老师一眼认出她呢？大家一起来帮她。

生：可以说说自己的穿着。

师：你和她想法一样，她刚刚也说了自己的穿着。我们每个人有这么多特点，为什么要说穿着呢？

生：因为老师才能认出她。

师：你很会思考。帮帮她，她可以如何介绍她的穿着。

生：她穿了蓝色的外套，里面穿了一件毛衣，上面有一只小熊。

师:对,介绍了穿着,远远地陈老师能一眼看到,还有什么能让陈老师一眼就看到并区别于别人的特征? 谁来补充?

生:她扎了高马尾,戴着一副眼镜。

师:为了让别人一眼认出我们,就要介绍自己的外貌特征。还有什么能让陈老师一眼就看到并区别与别人的特征? 谁来补充?

生:眼睛大大的。

师:注意目的——一眼认出,可不是凑到跟前才认出你。

师:车站有这么多人,老人、小孩、青年、高的、矮的、胖的、瘦的,咱们还可以说说什么让老师把她和别人区分开来。

生:我觉得还可以说说身高、体形。

师:体貌特征我们介绍清楚了,还有什么建议呢?

生:站的位置。

师:这个是好方法。

生:手上拿了什么。

师:哇,你真会思考! 还可以借助一点小道具。来(递上一束花),拿着它去接陈老师。

师:孩子,同学们给你提了这么多建议,知道该怎么说了吗? 我们再来给陈老师打个电话。

生:陈老师,您好,我是来接你的同学,我叫陈欢欢。我穿了一件蓝色的外套,里面穿了一件上面有小熊图案的毛衣。扎着高马尾,戴了一副眼镜。我手里拿了一束花,我在校门口的车站等您。

(电话里)好的,听了你的介绍,我应该能认出你了。谢谢你孩子,我们一会见,再见。(挂电话)

师:祝贺你孩子,也祝贺同学们。在你们的帮助下咱们成功接到了陈老师。掌声送给自己。

师:孩子们,想一想,接站时,为了让对方认出自己,她刚才介绍哪些内容? 会听的你来说一说。

生:说了外貌、穿着、发型……还有手里拿了什么。

师:对,介绍清楚典型的体貌特征、手里拿的东西等标志性特点的内容就能让对方一眼认出"我"。(板书:体貌特征、标志性特点等)

师:回忆一下整个自我介绍的过程,我们先明确了向谁介绍自己?(板书:谁)

生:陈老师。(板书:人)

师:目的是?(板书:目的)

生:让老师认出。(板书:认出"我")

师:然后根据对象和目的选择了这些内容。(板贴:内容)

师:孩子们真厉害,其实你们运用的方法就是书中给我们提示的方法。(出示PPT:介绍之前想一想向谁介绍自己,介绍的目的是什么)

生:(齐读)介绍之前想一想向谁介绍自己,介绍的目的是什么。

师:我们为了让老师一眼认出自己而选择合适的内容来介绍自己!

【评课点评】

"自我介绍"是四年级下册七单元的口语交际,旨在帮助学生学会根据对象和目的,在不同的情况下选取不同的介绍内容,有目的地介绍自己。本次"自我介绍"口语交际课程在整体设计、练习轮次、目标达成、知识建构、情境创设、学生练习以及育人价值方面都有出色的表现,学生的口语表达能力得到了显著提升。

该课堂创设了三个不同情境,学生在练习的过程中建构自我介绍的方法,能够在不同的语境中,根据自我介绍的对象和目的,选择介绍的内容来介绍自己,目标达成度较好。课堂氛围浓厚,学生在亲身实践中发现问题、解决问题,学生的主体作用得到充分的发挥。

本堂课不仅注重口语表达技巧的培养,还强调了自我介绍中个人品质的展现,让学生在介绍自己的过程中认识自己,积极展现自己,体现了语文学科的育人价值。

# 我是小小讲解员
## ——五年级下册七单元口语交际

重庆市南岸区天台岗小学校　杨璐

【教材分析】

(一)纵向分析

小学语文统编教材中有不同类型的口语交际,如交流讨论类、功能类、独白类等。五年级下册七单元口语交际"我是小小讲解员"属于独白类,独白类口语交际要求学生会倾听、会表达、能应对、讲礼仪,学生在口语交际前要准备好材料,熟悉交际的内容。明确交际的对象,还要有对象意识和场合意识,准备好后再在课堂上进行口语交际练习。通过分析教材,可以发现学生已经学习过一定量的独白类口语交际,在清楚讲述、生动表达等方面形成了一定的能力。

通过前期的学习,学生已经能够按照顺序讲,选择别人感兴趣的内容讲,运用合适的方法讲,如使用表情、手势、肢体语言等。学生还能够根据对象和目的的不同,选择不同的介绍内容。结合教材,本次口语交际的教学重点是根据提纲顺序讲解;根据听众的不同反应调整讲解内容。

| 位置 | 主题 | 语文要素 |
| --- | --- | --- |
| 一年级下册一单元 | 听故事，讲故事 | 听故事的时候，可以借助图画记住故事内容<br>讲故事的时候，声音要大一些，让别人听清楚 |
| 二年级上册六单元 | 看图讲故事 | 按顺序讲清楚图意<br>认真听，知道别人讲的是哪幅图的内容 |
| 三年级上册一单元 | 我的暑假生活 | 选择别人可能感兴趣的内容讲<br>借助图片或实物讲 |
| 三年级上册四单元 | 名字里的故事 | 把了解到的信息讲清楚<br>听别人讲话的时候，要礼貌地回应 |
| 三年级下册八单元 | 趣味故事会 | 运用合适的方法，把故事讲得更吸引人。(注意语气、表情的变化、加上适当的手势)<br>认真听别人讲故事，记住主要内容 |
| 四年级上册八单元 | 讲历史人物故事 | 用卡片提示讲述内容<br>使用恰当的语气和肢体语言，可以让讲述更生动 |
| 四年级下册二单元 | 说新闻 | 准确传达信息<br>清楚、连贯地讲述 |
| 四年级下册七单元 | 自我介绍 | 对象和目的不同，介绍的内容有所不同 |
| 五年级上册三单元 | 讲民间故事 | 讲故事的时候，可以适当丰富故事的细节。(适当添加人物对话、细致描绘人物形象)<br>讲故事的时候，可以配上相应的动作和表情 |

(二)横向分析

五年级下册七单元围绕"世界各地"的主题，编排了《威尼斯的小艇》《牧场之国》《金字塔》三篇课文，展示了世界各地丰富多彩的自然、人文景观魅力，激发学生了解各地及多元文化的兴趣，为本次口语交际的资料搜集奠定基础。

本单元的语文要素是体会静态描写和动态描写的表达效果，学生通过学习《威尼斯的小艇》《牧场之国》动静结合的表达方式，为介绍休闲、娱乐的自然景观做表达准备，学生通过学习非连续文本《金字塔》，学会用图文结合的方式来介绍人文景点，这种介绍方式更准确、客观，具有说服力，为介绍人文景点做好了表达准备。可以说，本单元课文与口语交际教学内容紧密联系，环环相扣。

本单元写作要求是"搜集资料，介绍一个地方"，即学生通过口语交际搜集资料、整理资料、清楚介绍事物的口语练习后，进行写作练习，教材的能力训练呈螺旋上升，学生逐步获得清楚介绍事物的能力。

【学习目标】

1.能根据讲解的地点和对象列出提纲,按照一定的顺序讲述。

2.能根据听众的反应,对讲解的内容作调整。

3.能认真倾听,能给讲解的同学提出建议,还可以对不明白的地方提问。

4.通过练习,产生讲解的兴趣,愿意在不同的地方尝试做讲解员,锻炼表达,传播文化。

【学习评价】

1.学生能根据讲解地点和对象列出适合讲解的提纲,按顺序讲清楚。

2.学生能观察听众的反应,与听众互动,调整讲解内容。

3.学生在扮演听众时认真倾听,与讲解员积极互动。

【学习活动】

## 活动一:出示任务,初试身手

(一)出示任务

同学们,欢迎来到职业训练营——我是小小讲解员。说到讲解员,生活中很多地方都有他们的身影,你在哪里见到过讲解员呢?

我们的天台岗小学经常会有来宾参观,所以学校要招募一批小小讲解员为来宾介绍校园,希望你们都能成为合格的校园讲解员,有信心吗?

(二)初试身手,明确如何讲清楚

1.课前,同学们已经以小组为单位,选择了校园讲解地点和接待的来宾:一大组的同学选择了给来自成都的教师讲解;二大组的同学选择给一年级新生家长讲解;三大组同学选择给幼儿园大班的小朋友讲解;四大组同学选择给社区的阿姨讲解,同学们通过实地察看、网上查找等方式搜集了资料,根据资料选择了讲解内容,列出了提纲。

2.老师知道你们已经根据提纲进行了练习,谁来试一试,可以带上你的提纲和手卡,其他同学认真听。

3.请你们说说她介绍了哪些内容呢。

4.学生交流:看来,这位讲解员讲解得非常清楚/这位讲解员讲得不太清楚,讲解时如何让听众听得清楚又感兴趣呢?学生交流。

要点一:根据讲解的对象和地点提纲,选择听众感兴趣的、重要的内容讲解。

要点二:按照一定的顺序讲解。

要点三:语速、语气要适当。

全体同学修改提纲和讲稿,为讲解做准备,同时将关键信息标记出来。

**设计意图:**

创设真实的情境,激发兴趣。明确讲解对象和地点,梳理对象意识,课上再次修改提纲和讲稿,为讲解清楚做准备。

## 活动二:情境练习,习得方法

同学们,客人即将到学校参观,接下来,请同学们根据提纲和讲解稿,练习向参观团的老师、学生或者家长讲解吧。谁来读同桌练习提示。

同桌练习。同桌互评。

学生交流,如何讲生动。

1.请一位同学带着提纲到台上讲解,同时观察听众的反应。请3位同学扮演相应的参观者。其他同学听一听他有没有讲清楚。

谁来评一评他有没有讲解清楚呢?

2.请问讲解员,你在讲解时观察到听众们有哪些反应?由这些反应可以判断出什么?

3.我们在讲解时要关注听众的哪些反应,该怎么判断呢?学生交流如何判断。

4.看微课:我给来参观校园的小朋友们担任讲解员,讲解时我观察了听众们的反应,心里做出了判断。当我讲到小朋友们开展篮球活动时,我观察到有的同学微笑地看着我,有的还在点头,还有同学在举手提问,我判断他们对这些内容很感兴趣。但是当我讲到篮球课程的特点时,我观察到有同学在玩手,有同学在做其他事情或者发呆,我心里判断他们对这些内容不太感兴趣。(板书:感兴趣、不感兴趣)

5.我们通过观察听众的语言、表情、动作,或者与听众互动,能判断出他们是否感兴趣。当我们观察、知晓了这些反应,又该怎么办呢?请同学们帮他想想办法。学生交流。

6.我们来看看校园讲解员在观察、知晓听众的不同反应后是怎么做的呢？

播放视频。当我发现听众们对篮球活动的内容很感兴趣时，我又增加了一些内容，讲了一个午间篮球比赛的例子，同学们听得津津有味。当我发现同学们对篮球课的特点不感兴趣时，我删除了一些介绍课程细节的句子。我还交换了讲解的顺序，先讲小朋友喜欢的篮球明星，再讲获奖历史。吸引同学们的注意。

当讲解员观察到了听众的不同反应，可以怎么做呢？（板书：加、减、换）

总结：讲解员可以根据听众的反应调整讲解的内容。（出示教材。同时板书：根据听众的反应调整内容）

此外，在讲解时，我们还可以用哪些方法来吸引听众呢？用动作和表情辅助。

**设计意图：**

通过模拟练习，观察与互动明确听众的反应。再进一步通过生生交流，建构如何根据听众反应调整内容，微课总结，突破本课的教学难点，即如何根据听众反应调整内容。

## 活动三：小组练习，迁移运用

有了这么多好的方法，我们就正式开启模拟练习。正所谓，台上一分钟，台下十年功，接下来请一位同学读小组讲解要求。

小组讲解要求：

1.小组成员根据情境轮流讲解，其他同学在讲解时模拟听众。

2.每个同学的讲解时间在2分钟内，讲解员观察听众的反应，与听众互动调整讲解内容。

3.小组成员还要给这位同学提出改进意见，不明白的地方可以提问。

4.小组合作时间为8分钟。

哪些同学得到了10、11、12颗星。请三位讲解员上台展示。其他同学根据评价表评价，还可以提问。

请老师、组长将点赞卡送给你心目中最优秀的讲解员。

延伸拓展：同学们参加讲解员训练营学会了如何担任讲解员，当有参观团来访时,欢迎大家积极报名担任讲解员,相信通过一次次的锻炼,你的表达能力会提升,你的自信会增加,还能让更多的人了解天台岗小学。走出校园,到社区、抗战博物馆、三峡博物馆等地方担任小小讲解员,介绍美丽重庆,弘扬独特的山城文化。

孩子们,知识需要讲解,文化需要传播,未来世界想要听到你们的声音。

**设计意图:**

在情境中练习讲解,讲解的同学做到讲清楚、讲生动,能根据听众反应积极调整。听的同学认真倾听,并给予讲解员反应,积极参与互动。在讲解和倾听中,感受讲解员的职业魅力,激发传播文化的热情。

【板书设计】

我是小小讲解员

按顺序讲解

根据听众反应调整内容 ┤感兴趣:加
　　　　　　　　　　 └不感兴趣:删、换

【学习工具】

| 内容 | | 组员 | 组员1: | 组员2: | 组员3: | 组员4: |
|---|---|---|---|---|---|---|
| 讲清楚 | 按照一定的顺序讲解 | | ☆☆☆ | ☆☆☆ | ☆☆☆ | ☆☆☆ |
| | 语速、语气适中 | | ☆☆☆ | ☆☆☆ | ☆☆☆ | ☆☆☆ |
| 讲生动 | 能根据听众的类型和反应,调整讲解内容 | | ☆☆☆ | ☆☆☆ | ☆☆☆ | ☆☆☆ |
| | 动作、表情辅助 | | ☆☆☆ | ☆☆☆ | ☆☆☆ | ☆☆☆ |
| | 总得星数 | | | | | |

【课堂实录精彩片段】

师:请问小小讲解员,你在讲解时观察到来参观的小朋友有哪些反应?由这些反应可以判断出什么?

生：当我讲到小朋友们开展篮球活动时，我观察到有的同学微笑地看着我，有的还在点头，还有同学在举手提问，我判断他们对这些内容很感兴趣。但是当我讲到篮球课程的特点时，我观察到有同学在玩手，有同学在做其他事情或者发呆，我心里判断他们对这些内容不太感兴趣。

师：你观察了听众们的反应，心里做出了判断。(板书：感兴趣、不感兴趣)我们通过观察听众的语言、表情、动作，或者与听众互动，能判断出他们是否感兴趣。当我们观察、知晓了这些反应，又该怎么办呢？

生：听众感兴趣的时候，我们可以多讲一些他们感兴趣的内容。

师：还有什么办法能吸引听众呢，请同学们帮他想想办法。

生：当发现听众们对篮球活动的内容很感兴趣时，可以增加一些内容，可以举一个午间篮球比赛的例子，使讲解过程更顺利。

生：当发现同学们对篮球课的特点不感兴趣时，可以删除一些介绍课程细节的句子，还可以交换讲解的顺序，先讲同学们喜欢的篮球明星，再讲获奖历史，以此吸引同学们的注意。

师：当讲解员观察到了听众的不同反应，可以怎么做呢？(板书：加、减、换)

学生总结：讲解员可以根据听众的反应调整讲解的内容。(播放微课：总结调整的方法)

【评课点评】

如何根据听众的反应调整讲解的内容是本节课的难点，要求讲解员先要熟悉讲解的内容，在讲解时观察听众的反应，同时与听众积极互动，吸引听众的注意，让讲解生动传神。

因此，在本环节教学时，先提示讲解员在讲解时要观察听众的反应，讲解结束后，请讲解员描述听众的反应，说说与听众的互动，从而判断出听众的内心反应是感兴趣想继续听，还是不感兴趣需要换一个内容。做出了判断后再进一步提问，遇到这些情况讲解员应该如何处理。讲解员可以提供自己的想法，但是不完整，因此教师提示其他学生积极参与思考，主动建构吸引听众的方法，如增加内容、删减内容、调整顺序等，集思广益，学生共同建构出学习的支架，最后用微课进行总结，帮助学生再次习得方法，为下一步的运用做准备。